NUEVOS RETOS DE LA ACTUACIÓN ADMINISTRATIVA EN LA POSPANDEMIA

Nuevos retos de la actuación administrativa en la pospandemia

Leopoldo Tolivar Alas
Director

Miriam Cueto Pérez
Coordinadora

Autores
Leopoldo Tolivar Alas
Miriam Cueto Pérez
Eva Mª Menéndez Sebastián
Alejandra Boto Álvarez
Diana Paola González Mendoza

GRUPO Servicios Públicos, Administraciones y Garantías (SPAG), Proyecto: IDE/2025/000014

Proyecto: PID2021-126784NB-I00

Colección: Atelier administrativo

Directores:
Joan Manuel Trayter Jiménez
(Catedrático de Derecho administrativo)
Belén Noguera de la Muela
(Catedrática de Derecho administrativo)

Este libro ha sido sometido a un riguroso proceso de revisión por pares.

© 2025 Los autores y las autoras
© 2025 Atelier
        Santa Dorotea 8, 08004 Barcelona
        e-mail: editorial@atelierlibros.es
        www.atelierlibrosjuridicos.com
        Tel. 93 295 45 60

I.S.B.N.: 979-13-87867-95-9
Depósito legal: B 22082-2025

Impresión: Winihard Gràfics, Avda. del Prat 7, 08180 Moià

ÍNDICE

PRESENTACIÓN.   11

INSUFICIENCIA O INIDONEIDAD CONCEPTUAL DE ALGUNAS INSTITUCIONES
TRAS LA POSPANDEMIA: EL EJEMPLO DE LA FUERZA MAYOR   17
Leopoldo Tolivar Alas

INTRODUCCIÓN   17
1. POSPANDEMIA, SERVICIOS Y REDIMENSIONAMIENTO DE LA FUERZA
    MAYOR.   18
    1.1. Nueva realidad y el mito de la nueva normalidad   18
    1.2. Público y privado: otra división clásica y, a veces, perturbadora . .   20
2. NÚMERUS CLAUSUS, ANALOGÍA Y LIMITACIONES DE ENCAJE   21
3. COVID-19, FUERZA MAYOR Y PRINCIPIO *REBUS SIC STANTIBUS*
    EN LA JURISPRUDENCIA   24
4. EL EJEMPLO DE LOS DAÑOS POR ELECTRICIDAD ATMOSFÉRICA.   27
CONCLUSIONES.   29
REFERENCIAS BIBLIOGRÁFICAS   32

NECESIDAD DE RECUPERAR EL DERECHO A LA ATENCIÓN CIUDADANA   33
Miriam Cueto Pérez

INTRODUCCIÓN   33
1. EL SERVICIO A LA CIUDADANÍA Y EL DERECHO A LA ATENCIÓN
    CIUDADANA.   39
    1.1. Configuración de la atención a la ciudadanía en la normativa
          estatal   39
          1.1.1. Previsiones legales para el sector público.   39
          1.1.2. Atención a la ciudadanía y mejora de la calidad de
                  servicios   41
    1.2. Previsiones autonómicas sobre atención ciudadana y calidad
          de los servicios   50

	1.2.1.	Principios de actuación: el derecho a una buena administración	50
	1.2.2.	Atención a la ciudadanía y calidad de los servicios públicos	57
2.		LA CITA PREVIA: CONFIGURACIÓN JURÍDICA Y NATURALEZA	65
	2.1.	La cita previa como instrumento organizativo	65
	2.2.	La regulación jurídica de la cita previa	70
3.		LA DOCTRINA JURISPRUDENCIAL SOBRE ATENCIÓN CIUDADANA	75
4.		RECAPITULACIÓN Y PROPUESTAS	85
NOTA BIBLIOGRÁFICA			87
OTRAS FUENTES			89

LA IMPORTANCIA DEL INFORME DE EVALUACIÓN DE IMPACTO RELATIVO A LOS DERECHOS FUNDAMENTALES (*FUNDAMENTAL RIGHTS IMPACT ASSESSMENT REPORT*) EN LA UTILIZACIÓN DE IA EN LOS SERVICIOS PÚBLICOS. 91

Eva Mª Menéndez Sebastián

1.		ENFOQUE Y CONTEXTO	92
2.		DE LA BUROCRACIA A LA INTELIGENCIA ARTIFICIAL: EL EQUILIBRIO PERMANENTE ENTRE EFICACIA ADMINISTRATIVA Y GARANTÍAS JURÍDICAS	93
	2.1.	IA simbólica *versus* IA conexionista	93
	2.2.	Potestades regladas y discrecionales	94
	2.3.	Mejora de servicios *versus* incremento del control	96
	2.4.	Eficacia y garantías: el dilema central	96
3.		El enfoque adoptado por el Reglamento europeo de IA	97
4.		El informe de evaluación de impacto relativo a los derechos fundamentales	100
	4.1.	Ámbito objetivo: ¿a qué sistemas de IA se les exige este control?	102
	4.2.	Ámbito subjetivo: la particularidad del sector público	105
	4.3.	Contenido de la evaluación	107
CONCLUSIONES			109
REFERENCIAS BIBLIOGRÁFICAS			110

DISPUTE BOARDS Y NECESIDADES ESTRATÉGICAS URGENTES EN MATERIA DE CONTRATACIÓN. 113

Alejandra Boto

PLANTEAMIENTO			113
1.		LOS *DISPUTE BOARDS*	114
	1.1.	Origen y perfiles generales	114
	1.2.	Ámbito de aplicación	116
	1.3.	La inutilidad lógica de la categoría	118
2.		PANELES TÉCNICOS VS. ÓRGANOS ADMINISTRATIVOS	119

2.1. Funciones: la importancia de la estabilidad frente al carácter
       ad hoc   120
2.2. Ámbitos: lo técnico y lo jurídico   122
CONCLUSIONES   122
REFERENCIAS BIBLIOGRÁFICAS   123

ALGUNAS ACCIONES DE LAS ENTIDADES LOCALES EN MOVILIDAD
URBANA SOSTENIBLE   127
Diana Paola González Mendoza

INTRODUCCIÓN   127
1. ¿QUÉ ES LA MOVILIDAD URBANA SOSTENIBLE? CÓMO SE
     INCARDINA EN EL ORDENAMIENTO JURÍDICO   132
     1.1. Delimitación conceptual   132
     1.2. Encaje en el reparto competencial   134
     1.3. El papel de las Entidades Locales en la movilidad urbana
            sostenible   136
2. LOS PLANES DE MOVILIDAD URBANA SOSTENIBLE COMO
     INSTRUMENTO DE PLANEACIÓN ESTRATÉGICO   137
3. LAS ZONAS DE BAJAS EMISIONES   140
4. EL SURGIMIENTO DE NUEVAS FORMAS DE MOVILIDAD:
     CARSHARING Y VEHÍCULOS DE MOVILIDAD PERSONAL   143
     4.1. *Carsharing* o vehículos de uso compartido y multiusuario   144
     4.2. Los Vehículos de Movilidad Personal   146
REFLEXIONES FINALES   148
REFERENCIAS BIBLIOGRÁFICAS   149

PRESENTACIÓN

La monografía que se presenta tiene como objeto recoger los resultados del último año de ejecución y cierre del proyecto de investigación del Plan Nacional, *Reorganización administrativa y de los servicios públicos a los ciudadanos en la postpandemia* (MCIU-22-PID2021-126784NB-I00), que bajo la dirección como Investigador Principal del Prof. Leopoldo Tolivar Alas se desarrolló en el área de Derecho Administrativo de la Universidad de Oviedo, por el grupo de investigación Servicios Públicos, Administraciones y Garantías (SPAG), en el que nos integramos sus discípulas las profesoras Eva María Menéndez Sebastián, Alejandra Boto Álvarez, Diana Paola González Mendoza y quien escribe estas líneas. Coincide este cierre de proyecto, con el reciente paso del prof. Tolivar Alas a la situación de Profesor Emérito, lo que supone un merecido reconocimiento de su querida Universidad de Oviedo y la alegría para quienes trabajamos con él de tenerle dos años más a nuestro lado, con plena actividad académica y ajeno totalmente a los cambios en la situación funcionarial. Por todo ello, esta breve presentación nos permite expresarle nuestro agradecimiento por todo este tiempo compartiendo su intensa labor investigadora, por el honor de crecer académicamente bajo su magisterio, por su sabia y certera dirección, por sus consejos y por sus desvelos con todas nosotras, a sabiendas de que su humildad le lleva a huir permanentemente de cualquier agradecimiento o halago, por lo que para él es natural e inherente a la labor académica. En mi caso son treinta y dos años de actividad académica, prácticamente los mismos que hace de su regreso a Oviedo, tras su paso como Catedrático por las Universidades de Murcia y de León, momento que coincide con la formación de su propio grupo de investigación, en el que hemos ido dando pasos, no solo quienes hemos desarrollado una carrera universitaria, sino un número muy importante de profesionales en distintos ámbitos jurídicos que aspiraban a seguir formándose en la disciplina a través de los estudios de doctorado, y que acudían a él por su conocimiento, pero también por su generosidad, cercanía, trato exquisito y dedicación infinita, lo que ha dado lugar a la dirección de veintitrés tesis doctorales a lo largo de este período.

En esa labor investigadora han ocupado una especial relevancia los proyectos de investigación obtenidos en concurrencia competitiva, como el que ha dado lugar a esta monografía, de forma que a pesar de los exiguos fondos que para la rama de Ciencias Jurídicas se dedica en los distintos Planes de I+D+i, el prof. Tolivar Alas desde el año 1993 ha logrado que de forma continuada nuestro grupo siempre obtuviese la concesión de proyectos de investigación del Plan Nacional (también del Plan autonómico), lo que nos ha permitido desarrollar distintas líneas de investigación (responsabilidad patrimonial de la administración, servicios sociales, fundaciones, patrimonio forestal, prestaciones del estado de bienestar, gestión de servicios socio-sanitarios, riesgos de la transformación de las Administraciones Públicas, buena administración...) que siempre han tenido como hilo conductor el impulso de una mejor administración al servicio de los ciudadanos, cuyos derechos y garantías deben ser objeto de una especial protección. Aparte de la siempre bienvenida financiación (aunque sea escasa) para desarrollar diferentes actividades, los proyectos nos obligan a mantener una producción científica continuada, a cumplir con los resultados comprometidos, a cohesionar las relaciones entre los miembros del grupo y a intensificar la colaboración con otros grupos de investigación, lo que supone un revulsivo importante especialmente para los que inician su carrera académica. Por todo ello, haber tenido la suerte y oportunidad de estar desde el inicio de nuestras carreras académicas vinculadas a la ejecución de proyectos (además de los innumerables contratos con entidades y empresas en los que igualmente hemos tomado parte) merece el reconocimiento del buen hacer del que siempre será nuestro maestro. En la universidad se olvida muchas veces que ejercer el magisterio académico no es una obligación, sino una labor generosa que se elige, y que solamente algunos tenemos la suerte de recibir; también se olvida que el desarrollo de una carrera académica además de exigir los esfuerzos y méritos propios, requiere de una adecuada dirección y del acompañamiento y complemento del resto de miembros del grupo académico en el que nos integramos, todos diferentes y todos necesarios; su curiosidad y sus inquietudes enriquecen la labor individual de cada uno, y al revés los resultados individuales hacen mejor al conjunto, así ha ocurrido en nuestro grupo a lo largo de todo este tiempo.

Bajo el título *Nuevos retos de la actuación administrativa en la pospandemia,* los trabajos incluidos abordan diferentes aspectos de la actividad de las Administraciones Públicas en torno a los objetivos del proyecto sobre cuestiones que afectan a instituciones claves del Derecho Administrativo, como la responsabilidad patrimonial, la contratación pública, la atención a la ciudadanía, la incorporación de la inteligencia artificial al funcionamiento de los servicios públicos o las nuevas fórmulas de movilidad sostenible que se han transformado o han surgido en esta nueva etapa.

El primer trabajo corresponde al prof. Tolivar Alas y aborda la complejidad del concepto de fuerza mayor, la ausencia de una adecuada definición por parte del ordenamiento jurídico, a la vez que una aplicación bastante errática por parte de los órganos judiciales. Esta complejidad se ha puesto en evidencia especialmente tras la crisis sanitaria, no solamente en relación con los supuestos de responsabilidad patrimonial o de las dificultades en la ejecución de contratos públicos derivadas de la pandemia, sino también en relación con otras catástrofes como el volcán de La Palma o la DANA en la Comunidad Valenciana, como "situaciones críticas", tal y como las denomina el autor. La fuerza mayor que aparece mencionada como causa de exclusión de la responsabilidad de la Administración en el art. 106.2 de la CE, ancla su configuración jurídica en el Derecho Privado, por lo que tiene una aplicación transversal que ha de ser tenida en cuenta a la hora de abordar su aplicación, siendo las relaciones contractuales buen ejemplo de ello; de hecho es la Ley de Contratos del Sector Público uno de los pocos ejemplos legislativos que delimita de forma clara qué ha de entenderse como fuerza mayor, aunque en la práctica dicha definición pueda verse superada, como se refleja en el estudio.

La maltrecha atención a la ciudadanía es el segundo tema que se aborda en la monografía, cuestión de la que me vengo ocupando desde hace algún tiempo. Bajo el título *Necesidad de recuperar el derecho a la atención ciudadana*, se aborda la crisis que atraviesan los servicios de atención al ciudadano en el ámbito de las Administraciones Públicas españolas, especialmente tras la pandemia de la COVID-19. El deterioro en la atención presencial y los retrasos en el cumplimiento de plazos de resolución por parte de las Administraciones Públicas ha llevado a una situación sin precedentes en nuestra historia reciente, convirtiéndose en una cuestión que ha trascendido del ámbito jurídico-administrativo adquiriendo unas dimensiones de problema social para la ciudadanía, que ve vulnerados sus derechos por aquellas instituciones que justamente tienen como finalidad atender sus demandas y necesidades. Por todo ello, resulta imprescindible una reacción inmediata que ponga fin a la situación generada y recupere la satisfacción del interés general como pilar fundamental de la actuación administrativa, ya que la atención ciudadana constituye una pieza esencial de los servicios que prestan las Administraciones, puesto que es previa o simultánea al ejercicio de derechos o a la presentación de solicitudes o recursos, lo que implica garantizar un derecho que a su vez forma parte ineludible el principio de una buena administración y del que se benefician especialmente las personas más vulnerables. La digitalización de las Administraciones Públicas y de sus procedimientos, constituyendo un avance indiscutible en las relaciones de estas con los ciudadanos, a la vez ha instalado inexplicablemente barreras insalvables para una parte de la ciudadanía, que resultan incompatibles con los principios de actuación de las Administraciones Públicas y con las garantías que le reconoce el ordenamiento jurídico; prácticas acomodadas, como la cita previa obligatoria, sin sustento legal alguno, no tienen encaje con el servicio efectivo a los ciudadanos ni con la proximidad, racionalización y agilidad que se predica de toda actuación administrativa. El derecho a la atención ciudadana sigue presente en el ordenamiento jurídico en sus múltiples modalidades (también la presencial), por lo que urge abandonar cualquier práctica perniciosa y obstructiva que limite el ejercicio de derechos o el cumplimiento de deberes por parte de los ciudadanos, aunque ello exija nuevas dotaciones de personal y formación específica para que la atención a la ciudadanía se desarrolle de una forma adecuada.

El tercer trabajo lo aborda la Prof. Menéndez Sebastián dedicando su atención a la aplicación de la Inteligencia Artificial (IA) a los servicios públicos y cómo esta puede afectar a los derechos fundamentales de los ciudadanos: para ello analiza la importancia de la evaluación de impacto de la integración de esta herramienta tecnológica con carácter previo, centrando el estudio en la forma en que los derechos pueden verse afectados (conocimiento de los parámetros para la toma de decisiones, protección de datos, ausencia de transparencia...) y los mecanismos que se han de articular para que no se produzcan violaciones de los mismos, comenzando por la aplicación del principio de buena administración, que ha de presidir la actuación administrativa en cualquiera de sus modalidades, incluida la actuación automatizada y que lleva a la salvaguarda de los derechos procedimentales de carácter fundamental como la motivación de las decisiones o la participación ciudadana en el diseño de los sistemas para su legitimación. También se menciona entre las garantías a considerar la responsabilidad patrimonial de las Administraciones Públicas o la creación de ciertas estructuras ad hoc como la Agencia Española de Supervisión de la IA o el Observatorio sobre el impacto social de los algoritmos, pero sin duda, la regulación con más impacto hasta la fecha y que presta especial atención a las garantías es el Reglamento europeo de Inteligencia Artificial, en el que se presta una especial atención al respeto a los derechos fundamentales y los riesgos de ciertos modelos o sistemas de IA que pueden conducir a resultados indeseables, como el caso de la aplicación informática Bosco diseñada para determinar si se cumplen los requisitos para ser beneficiario del bono social energético, al que finalmente el TS ha dado solución hace apenas unos días con una sentencia (STS, Sala Tercera, de 11 de septiembre de 2025, rec. 7878/2024) que, a mi juicio, marcará un antes y un después en la aplicación de los sistemas de IA desde las Administraciones Públicas y en las garantías de los particulares, puesto que, separándose de la solución de los pronunciamientos judiciales previos, reconoce el derecho al acceso al código fuente del logaritmo.

Dentro de los mecanismos de garantía que establece el Reglamento, la prof. Menéndez Sebastián, centra su atención en al informe de evaluación de impacto relativo a los derechos fundamentales, también conocido como FRIA (*Fundamental rights impact assessment*), analizando su configuración y su importancia como instrumento con especial relevancia para detectar los riesgos específicos para los derechos fundamentales de las personas o de grupos afectados y para diseñar las medidas de reacción frente a aquellos. En el estudio se analiza el ámbito objetivo y subjetivo de aplicación, con una especial atención al sector público y al contenido de la evaluación.

El trabajo de la prof. Boto Álvarez lleva por título *Dispute Boards y necesidades estratégicas urgentes en materia de contratación*. En el mismo se trata de analizar las bondades de esta opción como medio alternativo de resolución de conflictos en el ámbito de la contratación pública, a partir de la experiencia comparada. Esta opción implica la constitución de órganos especializados, independientes y externos al poder público, cuya actuación tiene carácter previo a la jurisdicción o al arbitraje, coincidiendo en este aspecto con el actual recurso especial en materia de contratación. Su principal característica viene dada por la inmediatez y la celeridad en la resolución de disputas que vayan surgiendo en la ejecución de un determinado proyecto, ayudando así a las partes a gestionar y controlar la ejecución de manera más eficiente y minimizando el riesgo de suspensión de la obra o servicio, lo que contribuiría de forma decidida al cumplimiento de los fines de la contratación pública. Pero junto con estas cuestiones ventajosas, la autora se centra en analizar las dificultades que presenta la incorporación de los *Dispute Boards* en el ámbito público por diversas causas, como las potestades exorbitantes de la Administración Pública, presentes incluso en el ámbito contractual, la existencia de un régimen común derivado de las Directivas de contratación de la UE donde el encaje de nuevas fórmulas puede resultar complejo en el ámbito del Derecho interno y finalmente por la legitimación de las decisiones y su encaje posterior con las resoluciones jurisdiccionales, junto con los problemas que pueden surgir por la existencia de dos regímenes paralelos en la solución de conflictos. Finalmente, el trabajo realiza una muy sugerente comparativa entre esta figura y la del responsable del contrato contemplado ahora con carácter preceptivo para todos los contratos públicos en la Ley 9/2017, de Contratos del Sector Público y también con los órganos resolutorios del recurso especial en materia de contratación, en la que se evidencian las dudas sobre la posible configuración de estos paneles técnicos y su finalidad que puede ir más allá de ser una alternativa para la resolución de conflictos, anclándose en un ámbito más estrictamente técnico, cuyo objetivo de su actuación sea la continuidad del contrato para salvaguardar el interés público.

Por último, en la monografía se incluye el estudio que lleva por título *Algunas acciones de las entidades locales en movilidad urbana sostenible* cuya autoría corresponde a la prof. Diana Paola González Mendoza en el que se abordan nuevas iniciativas surgidas en la pospandemia en materia de movilidad sostenible para dar cumplimiento a la Agenda 2030. Estas iniciativas tienen especial relevancia en el ámbito municipal y se definen en los Planes de movilidad urbana sostenible (PMUS) que contemplan, desde el viejo objetivo de incentivación al uso del transporte público a objetivos más ambiciosos como el uso de combustibles que reduzcan los gases de efecto invernadero y con ello los efectos adversos del cambio climático. Dentro de los instrumentos incluidos en los PMUS son objeto de especial atención las zonas de bajas emisiones, cuya implantación ha ido acompañada de una alta litigiosidad. Finalmente, se abordan alternativas de movilidad como los vehículos multiusuario o los vehículos de movilidad personal.

En Oviedo, octubre de 2025
Miriam Cueto Pérez

INSUFICIENCIA O INIDONEIDAD CONCEPTUAL DE ALGUNAS INSTITUCIONES TRAS LA POSPANDEMIA: EL EJEMPLO DE LA FUERZA MAYOR

Leopoldo Tolivar Alas
Catedrático de Derecho Administrativo
Universidad de Oviedo
ltolivar@uniovi.es

SUMARIO: INTRODUCCIÓN. 1. POSPANDEMIA, SERVICIOS Y REDIMENSIONAMIENTO DE LA FUERZA MAYOR. 1.1. Nueva realidad y el mito de la nueva normalidad. 1.2. Público y privado: otra división clásica y, a veces, perturbadora. 2. NÚMERUS CLAUSUS, ANALOGÍA Y LIMITACIONES DE ENCAJE. 3. COVID-19, FUERZA MAYOR Y PRINCIPIO REBUS SIC STANTIBUS EN LA JURISPRUDENCIA. 4. EL EJEMPLO DE LOS DAÑOS POR ELECTRICIDAD ATMOSFÉRICA. CONCLUSIONES. REFERENCIAS BIBLIOGRÁFICAS.

INTRODUCCIÓN

Aun cuando, al redactar esta obra final, derivada del Proyecto de Investigación reseñado, el país se halla aquejado de una aún no esclarecida ola de corrupciones, económicas, de tráfico de influencias y de comportamientos sórdidos, no desviaré mi atención del aspecto elegido como contribución, aunque sí me permito una breve reflexión sobre las expectativas que generan, para bien y para mal, las situaciones críticas. Aún sin saber si, de la trama que se está investigando, habrá consecuencias moralizantes y regeneradoras de la cosa pública.

Porque, como se dirá a continuación, de las situaciones excepcionales, positivas o lamentables, siempre se desprenden consecuencias supuestamente rectificadoras o preventivas en las que el Derecho es marco, pero también cuadro, contenido plástico o gráfico.

Digo que hay efectos positivos y negativos. Pongo precisamente el ejemplo de la COVID19, todavía presente en nuestras vidas, más acá del penoso recuerdo. De la emergencia ante su letalidad se derivó, de manera casi insólita, un desarrollo investigador espectacular, exitoso y, aunque no siempre coordinado por los intereses de las farmacéuticas y las ambiciones monopolísticas de los grupos punteros de investigación, condujo a la obtención de vacunas que detuvieron los efectos de tan contagiosa enfermedad e impidieron su propagación. Además, como siempre, pese a las desigualdades en el tercer mundo, se avistó una cierta universalidad a la hora de inocular los fármacos salvíficos a la población del planeta y, en Europa, sí se produjo un gran logro que nunca habían conseguido los Tratados de la Unión, pese a la libre circulación y el euro: la ciudadanía europea, igual ante los tratamientos, con independencia de su lugar de residencia o estancia.

Pero siempre que emerge la virtud o el avance de la humanidad, aparecen los flancos del negocio corrupto. Parece quedar lejos, pero primero fue el mercado, negro y de todos los colores, de los respiradores. Su escasez en los hospitales, al no haber precedentes de tal magnitud, llevó a contrataciones poco edificantes y también, en parte, al bochornoso espectáculo del no internamiento de enfermos ingresados en residencias de ancianos, con las consecuencias de todos conocidas. Luego, llegaron las mascarillas, con el intermedio de los guantes y el preludio y secuela de los hidrogeles. Y con los cubrebocas se hicieron ricas legiones de personas y empresas, con no pocos episodios de prevaricación por medio y contratos turbios, aún pendientes de la acción de la justicia, en la que querría confiar por más que se demore.

Las dos caras del ingenio humano. De las oportunidades para avanzar o para aprovecharse de forma insolidaria, ilegal y cruel.

1. POSPANDEMIA, SERVICIOS Y REDIMENSIONAMIENTO DE LA FUERZA MAYOR[1]

1.1. Nueva realidad y el mito de la nueva normalidad

Seguimos hablando de la pospandemia con un cierto sentido contradictorio. Por un lado, el término parece obedecer a una nueva realidad, en gran medida alusiva a la situación resultante de la superación del COVID-19; como si el es-

---

1. Siguiendo las nuevas recomendaciones de la RAE, comienzo por quitar la letra *te*, entre consonantes, a postpandemia, aunque ello no se considere incorrecto.

cenario excepcional se hubiera suplido por una nueva normalidad. Pero, por otra parte, somos conscientes de que la crisis sanitaria mundial tiene derivaciones notables en todos los sectores de la sociedad y, obviamente, de los poderes públicos. La pospandemia es, en este sentido, un haz de consecuencias y tratamientos absolutamente dinámico.

Pero es que, como en las profecías evangélicas sobre las calamidades y desastres que precederán al fin de los tiempos, los siniestros de gran magnitud no han dejado de sucederse desde que la vacunación universal —un orgullo en el caso de la Europa de los ciudadanos— minimizó la letalidad del virus. Tras una erupción volcánica ha llegado una DANA sobre la que los juristas —y en última instancia la Justicia— tendrán mucho que calibrar para diseccionar competencias, atribuir responsabilidades y cifrar los derechos eventuales de los damnificados. La diferencia entre indemnización debida y ayuda, como medida de fomento, no va a ser sencilla, como en no pocos supuestos del pasado.

Creo que, como intentaré explicar en sucesivos apartados, es hora de redimensionar la fuerza mayor. Concepto que nunca ha sido del todo pacífico en su amplitud y exigencias liberatorias y que, en el caso del Código Civil, ni se distingue debidamente del caso fortuito, lo que ya ocurría en las concepciones de algunos autores romanos, en lo que se llamó la doctrina monista y aún en el gran *Diccionario Razonado* de don Joaquín Escriche[2], en mitad del siglo XIX

---

2.   ESCRICHE, J. (1863): *Diccionario razonado de Legislación y Jurisprudencia*, París, Eugenio Maillefert y compañía. Este autor, cuya obra fue fuente principal de estudiantes y abogados antes de la Codificación (como he podido comprobar con el rector ovetense Fermín Canella), siguiendo aún la legislación de Partidas (la Novísima Recopilación se publica en 1805), define el caso fortuito como "el suceso inopinado o a la fuerza mayor, que no se puede prever ni resistir (Ley 11, Título 33, Partida 7); tales son las inundaciones, torrentes, naufragios, incendios, rayos, violencias, sediciones populares, ruinas de edificios causados por alguna desgracia imprevista y otros acontecimientos semejantes.

Nadie está obligado por la naturaleza de un contrato a prestar el caso fortuito, es decir que no hay contrato en que el uno de los contrayentes tenga que responder al otro de las pérdidas y daños causados por caso fortuito, pues la pérdida de la cosa que perece o experimenta algún menoscabo de este modo, recae sobre el contrayente propietario de ella La razón es que res domino suo perit et propterea nemini potest imputari quod humana providentia regi non potest.

Esta regla sin embargo tiene dos excepciones. La primera es cuando la cosa perece por culpa del que la tiene en su poder, pues el caso fortuito es entonces consecuencia de un hecho, no pudiendo dudarse que el que ha dado lugar con su falta, omisión o hecho al acontecimiento inesperado que produce el daño debe dar la correspondiente indemnización. Lo mismo ha de decirse si el caso fortuito es un resultado de la tardanza a entregar o resistir la cosa. De lo que hemos sentado se sigue también que, si la persona a quien concedemos el uso de una cosa para cierto objeto determinado, se sirve de ella para otro distinto se hace responsable por su imprudencia del daño que sobreviniere por casualidad. Si habiendo prestado yo mi caballo a Ticio se sirve de él para ir a otra parte y el animal perece por caso fortuito en el viaje, Ticio debe serme responsable de esta pérdida, porque este caso fortuito es un efecto de su falta pues si él no hubiera traspasado la ley de la convención, no se hubiese encontrado en el paraje en el que mi caballo ha tenido la desgracia.

La segunda excepción es cuando uno, por cláusula expresa, toma a su cargo los casos fortuitos haciéndose responsable de la pérdida o menoscabo que la cosa pudiera sufrir. De este modo, mientras la tengan su poder quia scilicet pacta dant legem contractibus. Es cierto que no se puede impedir el caso fortuito y que nadie puede obligarse a hacer imposibles imposibilium nulla est obligatio, más

vemos como sinónimas ambas instituciones liberatorias. Es más, la noción inclu-yente es el caso fortuito; la fuerza mayor es una manifestación del mismo[3]. La fuerza mayor está presente en las regulaciones contractuales (artículos 239, 254, 270 o 290 de la Ley de Contratos del Sector Público)[4] y extracontractuales (véase el artículo 106.2 de nuestra Constitución). La historia de esta figura es milenaria, aunque, curiosamente, algún autor clásico, posterior al año 79, no citara entre los ejemplos la destructiva lava que sepultó Pompeya y Herculano. Pero esto es una anécdota. Todavía, como se verá más adelante, el tribunal Supremo, en 2024, ante el silencio conceptual del Código Civil, no deslindará el caso fortuito de la fuerza mayor, lo que sí ha ocurrido en el Derecho Administrativo, tanto en el ámbito contractual como en el extracontractual, a partir de la correcta interpre-tación de la exclusión resarcitoria en materia de responsabilidad patrimonial del Estado, conforme al artículo 106.2 de la Constitución.

1.2. Público y privado: otra división clásica y, a veces, perturbadora

El Derecho Administrativo es, en gran medida, tributario de los principios y normas del Derecho Civil, aunque, especialmente en el campo de la responsabi-lidad patrimonial —que ahora quiere restringirse, en algún caso desde supuestas originalidades proestatales—, el Derecho público interno ha demostrado mejor evolución y más claridad para discernir las notas diferenciadoras del caso fortui-to. También la historia jurisprudencial y doctrinal de la "vis maior" en la contra-tación pública es digna de reconocimiento por su originalidad y garantismo.

En el ámbito iusprivatista, se ha barajado en la pandemia el principio "rebus sic stantibus" como alternativa más realista a las situaciones derivadas de la pan-demia. Segismundo ÁLVAREZ ROYO-VILLANOVA es uno de los autores que pionera-mente han visto esta cuestión, descartando una invocación masiva y tosca de la fuerza mayor en el ámbito contractual porque ha de interpretarse restrictivamen-te el concepto de imposibilidad[5]. Y así recuerda que la STS 597/2012 de 8 de octubre dice que "en cuanto a la imposibilidad sobrevenida, … ha de hacerse una interpretación restrictiva y casuística, atendiendo a 'los casos y circunstancias

---

el que toma sobre sí los casos fortuitos no se compromete a precaverlos sino sólo a reparar el daño que produzcan"... pp. 434 y s).

3. En cuanto a la fuerza mayor, es escuetamente definida como "el acontecimiento que no hemos podido precaver ni resistir, como por ejemplo la caída de un rayo, el granizo, la inundación, el hura-cán, la irrupción de enemigos, el acontecimiento de ladrones. Vis major est, dice Gayo, que consilio humano neque providere potest neque vitare potest". Y se remite al caso fortuito, como prueba de su práctica sinonimia (p.713).

4. Por todos, GARCÍA DE ENTERRÍA, E. y FERNÁNDEZ, T.R. (2024): *Curso de Derecho Adminis-trativo*, I, Civitas, Madrid, pp. 828-834.

5. ÁLVAREZ ROYO-VILLANOVA, S. (2020): "Pandemia, fuerza mayor y cláusula rebus sic stanti-bus a la luz de la Jurisprudencia", en *Diario La Ley*, nº 9619.

particulares'". Y concluye que "el que el imprevisto implique un retraso en el cumplimiento no supone ni que el obligado quede liberado ni que el acreedor pueda resolver. Como señala la STS 820/2013 de 17 de enero, la imposibilidad ha de ser definitiva y no meramente coyuntural". Pero la concatenación de efectos y los nuevos desastres naturales con costes públicos y de seguros estratosféricos, nos llevan a pensar que lo coyuntural se está volviendo estructural y muy singularmente para el campo de los servicios y responsabilidades públicas El pasado 5 de noviembre, la autoridad ministerial de Trabajo avanzó que, a pocos días de la tragedia de las inundaciones, ya se habían solicitado 31 expedientes de regulación temporal de empleo (ERTE) por fuerza mayor, que afectaban a 300 trabajadores, y otros 44 más de los que no se han detallado los perjudicados, como consecuencia de la DANA y sólo en la Comunidad Valenciana.

La pospandemia no es invocar el tópico de que nada volverá a ser igual o de que el teletrabajo o la redundante cita previa han llegado para quedarse. Si eso fuera así, sin más, menudo embate a los servicios públicos y a la atención y garantías de la ciudadanía. Matar la atención presencial o deshumanizar las oficinas públicas es un fracaso en la respuesta a los efectos demoledores de unas situaciones imprevisibles y, en parte, al menos, inevitables. Crear barreras burocráticas y brechas de todo orden no es motivo de satisfacción. De ahí que entienda que debe reformularse un derecho de excepción que, como algunos autores han notado, empieza a verse como una variante de lo que siempre conocimos como Derecho normal; incluso en las definiciones canónicas de alguna disciplina.

Y ahí creo que las tensiones que genera la invocación o refutación de la fuerza mayor merecen un nuevo tratamiento más ajustado a lo que ya no es aislado o coyuntural. Con todo el respeto, pese a sus contradicciones, a una evolución dogmática prolongada en los siglos, pero necesitada de una nueva visión. La relación entre el riesgo social y los servicios públicos es tan antigua como interesante. Pero la evolución es incontestable y el Derecho no puede sustentarse en una permanente inestabilidad por invocación de que o todo o nada es fuerza mayor. Y la casuística, vista la prolijidad y variedad de las situaciones sobrevenidas, tampoco es una herramienta útil. Creo, pues, que una revisión constructiva de los conceptos aquí citados, o incluso su superación, puede ser necesaria y no sólo útil a efectos prácticos, normalmente en el campo resarcitorio, pero no únicamente.

2. NÚMERUS CLAUSUS, ANALOGÍA Y LIMITACIONES DE ENCAJE

En anteriores líneas, reflexionaba sobre la ruptura conceptual que había supuesto el coronavirus. Sin duda, una catástrofe social y sanitaria absolutamente imprevisible e, inicialmente —aunque la Ciencia hizo maravillas y la Unión Europea, también—, inevitable para la ciudadanía y los Estados ajenos a la aún poco esclarecida aparición del retrovirus. El concepto de fuerza mayor, en su clásica descripción ejemplificativa (incluso, como luego recordaré, ceñida a numerus clausus en algunas materias), tomaba otra dimensión exorbitante y no porque, en el pasado, no haya habido pestes, fiebres de diversos apellidos nacionales y mil patologías contagiosas y letales.

Es curioso que la invocación a la fuerza mayor ("o situación de necesidad"), la hará el Real Decreto 926/2020, de 25 de octubre, por el que se declara el estado de alarma para contener la propagación de infecciones causadas por el SARS-CoV-2, para permitir la circulación nocturna o el paso a otra Comunidad autónoma (artículos 5 y 6), dejando muchos interrogantes de apreciación casuística de esta excepción.

Previamente, el Real Decreto-ley 8/2020, de 17 de marzo, de medidas urgentes extraordinarias para hacer frente al impacto económico y social del COVID-19, sí había visto la fuerza mayor en los efectos impeditivos y la necesidad preventiva de la pandemia: "las pérdidas de actividad consecuencia del COVID-19 tendrán la consideración de fuerza mayor a los efectos de la suspensión de los contratos o la reducción de la jornada". Quince veces se hace referencia a la "vis maior" en la disposición, a propósito de la suspensión, reducción o regulación temporal de empleo. Obsérvese que no se dice que la pandemia es una causa de fuerza mayor, sino que lo son sus consecuencias laborales. Y es que, al menos en materia de contratación pública, el COVID no se ha considerado una causa de fuerza mayor. Recordemos, aunque sea bien conocido que la Subsecretaría del Ministerio de Cultura y Deporte planteó esta cuestión tempranamente a la Junta Consultiva de Contratación del Estado por la ejecución de los contratos de obras a ejecutar en la ciudad autónoma de Melilla, dado que la frontera con Marruecos permanecía cerrada, haciendo imposible la importación de materiales destinados a ejecución de obra pública.

La primera de las cuestiones planteadas se centra en valorar si desde el punto de vista jurídico sería posible considerar la pandemia ocasionada por el COVID-19 como un caso de fuerza mayor semejante a los descritos en el artículo 239.2 a) de la Ley 9/2017, de 8 de noviembre, de Contratos del Sector Público (LCSP) a los efectos de la obtención de posibles indemnizaciones derivadas de daños debidamente acreditados por los contratistas que los hubiesen sufrido, de modo que tales situaciones quedarían excluidas de la aplicación del principio de riesgo y ventura del contratista. La Junta Consultiva, en su informe 30/20, como previamente había hecho la Abogacía General del Estado, se ciñe al "numerus clausus" de supuestos que pueden permitir la excepción de la aplicación del principio de riesgo y ventura. El artículo 239 de la LCSP, al que se remite el artículo 197, regula los casos de fuerza mayor en la ejecución de los contratos públicos de obras "y siempre que no exista actuación imprudente por parte del contratista, este tendrá derecho a una indemnización por los daños y perjuicios, que se le hubieren producido en la ejecución del contrato" en los casos de fuerza mayor, entendiendo por tales: a) Los incendios causados por la electricidad atmosférica; b) Los fenómenos naturales de efectos catastróficos, como maremotos, terremotos, erupciones volcánicas, movimientos del terreno, temporales marítimos, inundaciones u otros semejantes y c) Los destrozos ocasionados violentamente en tiempo de guerra, robos tumultuosos o alteraciones graves del orden público. Las dos primeras letras se refieren a catástrofes naturales y la tercera a la violencia humana. Cabría preguntarse si hoy, con la experiencia de la pandemia, impensada por el legislador estatal y la normativa europea en la que se basó la LCSP, se tendría en cuenta una situación como la del COVID19, con 570.000 muertos en el continente.

Para el contrato de obras la normativa de excepción previó un régimen especial paliativo de las suspensiones. Tal singularidad tuitiva está contenida en el artículo 34.3 del Real Decreto-Ley 8/2020, de 17 de marzo, de medidas urgentes extraordinarias para hacer frente al impacto económico y social del COVID-19; precepto que, bajo ciertas condiciones como sería la apreciación de la imposibilidad de ejecución del contrato, permite, previa solicitud del contratista, obtener la suspensión hasta que dicha prestación pueda reanudarse. Y de ser procedente, serán indemnizables, entre otros, los gastos salariales que efectivamente abone el contratista al personal adscrito a la ejecución ordinaria del contrato, durante el período de suspensión; los gastos por mantenimiento de la garantía definitiva, relativos al período de suspensión del contrato; los concernientes a las pólizas de seguro o los de alquileres o costes de mantenimiento de maquinaria, instalaciones y equipos siempre que el contratista acredite que estos medios no pudieron ser empleados para otros fines distintos. Ese régimen singular es claro cuando el propio artículo 34.3 declara que "no resultará de aplicación a las suspensiones a que se refiere el presente artículo lo dispuesto en el apartado 2.a) del artículo 208, ni en el artículo 239 de la Ley 9/2017, de 8 de noviembre". La Junta Consultiva deja abierta, con cautelas, la posible modificación del contrato por causa de un acontecimiento imprevisible —la doctrina francesa del riesgo—, para adaptarlo a las necesidades surgidas como consecuencia de las medidas adoptadas para luchar contra el COVID-19. Y, además de recordar la jurisprudencia de la Sala 3ª, restrictiva y literal en cuanto a la fuerza mayor en la contratación, entiende que, en el ámbito civil, origen de toda regulación negocial, en el mismo sentido se pronuncia la Sala Primera, Sección1ª del Tribunal Supremo, en su Sentencia 1321/2006 de 18 diciembre, donde señala que "la fuerza mayor ha de entenderse constituida por un acontecimiento surgido 'a posteriori' de la convención que hace inútil todo esfuerzo diligente puesto en la consecución de lo contratado (sentencia de 24 de diciembre de 1999)". Y, en un caso como el planteado en la consulta, de la no entrada de materiales a Melilla, la obligación ha podido seguir cumpliéndose, aunque por un precio o en condiciones diferentes, por lo que la aplicación del concepto de fuerza mayor no es posible desde el punto de vista jurídico. La fuerza mayor, o su aplicación, también ha importado, lógicamente, a la jurisdicción social, a propósito de los efectos en las suspensiones y regulaciones de empleo, como puede verse, aunque la resolución es puramente procesal, en la sentencia casacional por unificación de doctrina 571/2022, 22 de junio, de la Sala Cuarta.

La doctrina del numerus clausus en materia contractual es antigua, como lo evidencia la STS (Sala 3ª) de 12 de marzo de 2008, donde, a propósito de un servicio de telesquí, en un suceso muy anterior a la sentencia, el tribunal dirá que "resulta imposible, pese a los esfuerzos de la defensa de la parte actora, encajar las alegaciones que tienen como referencia una actuación de un tercero, aunque sea una Administración Pública, que además es socio de la actora, como es el Ayuntamiento de Vielha-Mijaran, como una causa de fuerza mayor, al no ser admisibles como causas de fuerza mayor otras que no sean las enumeradas en el artículo 46 del Decreto 923/1965, de 8 de abril, por el que se aprueba el texto articulado de la Ley de Contratos del Estado, aplicable por razones temporales, que es el precepto de referencia por así disponerlo el artículo 67 de la mencionada Ley".

Todo ello parece llevarnos a la conclusión del anterior epígrafe de estas reflexiones: las tensiones que genera la invocación o refutación de la fuerza mayor merecen un nuevo tratamiento más ajustado a lo que ya no es aislado o coyuntural. Con todo el respeto, pese a sus contradicciones, a una evolución dogmática prolongada en los siglos, pero necesitada de una nueva visión. La relación entre el riesgo social y los servicios públicos es tan antigua como interesante. Pero la evolución es incontestable y el Derecho no puede sustentarse en una permanente inestabilidad por invocación de que o todo o nada es fuerza mayor. Y la casuística, vista la prolijidad y variedad de las situaciones sobrevenidas, tampoco es una herramienta útil.

3. COVID-19, FUERZA MAYOR Y PRINCIPIO *REBUS SIC STANTIBUS* EN LA JURISPRUDENCIA

La sentencia dictada por el Pleno del Tribunal Supremo núm. 1070/2024, de 24 de julio, de la Sala Primera, niega que la pandemia por Covid-19 pueda considerarse fuerza mayor que justifique el incumplimiento de la obligación de pago de la renta en un arrendamiento de local de negocio.

En su Fundamento Jurídico Sexto, la Sala comienza advirtiendo de que "en el procedimiento en el que se plantea el recurso que ahora debemos resolver, la arrendataria demandada no formuló reconvención ni invocó la cláusula rebus sic stantibus. Desde la contestación a la demanda, mediante excepción, ha venido invocando tanto la existencia de un acuerdo de reducción de rentas y admisión de un pago tardío como la fuerza mayor que haría imposible el pago". Más tarde, en apelación, la arrendataria alegó que la sentencia del juzgado, tras descartar la existencia de un acuerdo entre la propietaria y la arrendataria sobre la cuantía y el pago de la renta, "debió desestimar la demanda de desahucio por concurrir causa de fuerza mayor, sobre lo que el juzgado no había hecho pronunciamiento alguno. La Audiencia, que confirmó la inexistencia de acuerdo, razonó que no haber podido desarrollar la arrendataria su negocio y obtener fondos para pagar la renta como consecuencia de la pandemia no era una objeción invocable por la vía del art. 444 de la Ley de Enjuiciamiento Civil, y que lo que procedía, como ya había hecho la arrendataria, era invocar la doctrina de la rebus sic stantibus en un proceso ordinario".

La demandada recurrente, en casación reitera, como ha venido diciendo en la instancia, que sí es posible alegar fuerza mayor vía excepción, y sostiene que en el caso debe apreciarse su concurrencia. "Y cita el artículo 1105 del Código Civil (que se refiere al caso fortuito como causa de exoneración de la responsabilidad del deudor por los daños y perjuicios ocasionados al acreedor como consecuencia de la lesión de su derecho de crédito), la demandada recurrente solicita que se considere que, por razón de la pandemia, suceso ajeno e imprevisible, le resultaba imposible el pago de la renta a que estaba obligada en virtud del contrato de arrendamiento concertado con la actora. La consecuencia que extrae la recurrente es que, manteniendo el contrato, no puede apreciarse la existencia del impago que sería presupuesto de la acción de desahucio y reclamación de rentas".

Para el TS este razonamiento de la recurrente no puede ser aceptado, primero porque "es dudoso que las concretas alegaciones que en este caso efectúa la arrendataria no presupongan una petición de modificación temporal (para el tiempo anterior a la presentación de la demanda de desahucio), puesto que presuponen que la arrendataria no estaba obligada a cumplir las obligaciones pactadas en el contrato sobre pago de la renta, y que la arrendadora debía aceptar como bien hecho el pago realizado (algunos meses nada, otros cerca del 50% de la renta)" Y las circunstancias sobrevenidas a las que se ha referido ampliamente la arrendataria en las dos instancias de este procedimiento son que, "como consecuencia de la situación de pandemia (inevitable e imprevisible), durante un tiempo se produjo el cierre del local, y luego hubo restricciones de aforo y de desplazamientos que habrían afectado al turismo en la ciudad de Barcelona, a la presencia de clientes y, en definitiva, a las ventas de la empresa, dando lugar a una reducción de los ingresos, lo que determinó que no pudiera pagar la renta".

Las alegaciones de que no se debe lo reclamado porque ha sobrevenido un suceso inevitable e imprevisible no se alejan mucho de la invocación de un cambio de circunstancias para excluir la aplicación de las previsiones contractuales sobre la renta, lo que propiamente no es un problema de fuerza mayor. En realidad, vienen a coincidir sustancialmente con lo que suele entenderse por la doctrina de la cláusula rebus sic stantibus, pues lo que justificaría a juicio de la arrendataria la falta de un pago correcto por su parte serían las dificultades a las que se enfrentó para obtener ingresos como consecuencia de las medidas legales y administrativas adoptadas por razón de la crisis sanitaria. Algo que anunció en la contestación de la demanda que iba a solicitar en el juicio ordinario que luego promovió contra la arrendadora con el fin de que se revisara judicialmente "la renta del contrato de arrendamiento suscrito..., así como las rentas abonadas durante el tiempo de pandemia".

En todo caso, como la recurrente invoca la causa de fuerza mayor que supuso el Covid-19 a los efectos, dice literalmente, "de que no pueda apreciarse la existencia de situación de impago, fundamentadora del desahucio", para el TS, así expresadas, sus alegaciones no pueden ser aceptadas ya que, "para que el deudor quede liberado de su obligación es preciso que la prestación sea imposible, conforme a los artículos.1182 y 1184 del Código Civil que, sin prejuzgar la facultad resolutoria del acreedor sinalagmático, permiten que el deudor de una prestación que ha devenido objetivamente imposible quede liberado de su obligación. Y en este caso la prestación debida por el deudor de pagar las rentas, en cuanto deuda de dinero, sigue siendo posible. Incluso, la misma recurrente las consignó para poder apelar en este procedimiento de desahucio. No puede afirmarse que la arrendataria quedara liberada de su obligación de pagar la renta por causa de fuerza mayor".

Recuerda la STS de 24 de julio de 2024, que su propia jurisprudencia ha venido negando que en las deudas pecuniarias el deudor pueda quedar liberado al amparo de los citados artículos 1182 y 1184 y cita la sentencia 820/2012, de 17 de enero de 2013, "seguida de otras, como la sentencia 266/2015, de 19 de mayo, donde se dijo:

> "El régimen de los arts. 1182 a 1184 del Código Civil, referido a la pérdida de la cosa debida como causa de extinción de la obligación de entregarla, y a la liberación del deudor cuando este lo sea de una obligación de hacer y la prestación resultare legal o físicamente imposible, se compadece mal con los hechos litigiosos... porque la obligación de estos no era la de entregar una cosa determinada, hipótesis del art. 1182, ni tampoco una obligación de hacer, hipótesis del art. 1184 del mismo Código, sino la de pagar una suma de dinero, siendo el dinero una cosa genérica sujeta a la regla de que el género nunca perece".

Por todo ello, la Sala plenaria desestima el recurso casacional porque la recurrente parte de que "la obligación de pago se hizo de imposible cumplimiento y de que por este motivo quedaría liberada de la deuda y la arrendadora no podría exigir que se pusieran en marcha los mecanismos que pone a su disposición el ordenamiento en caso de incumplimiento. Sin embargo, por lo dicho, las circunstancias que expone tendrían que ver con las dificultades para cumplir, pero son ajenas a la imposibilidad sobrevenida como causa de extinción de las obligaciones propia de la fuerza mayor que ha invocado en el recurso de casación".

El Pleno del Tribunal Supremo, sin embargo, da especial importancia, como se ha visto, al medio y momento procesal usado por la arrendataria ya que, en este supuesto, la regla, cláusula o principio rebus sic stantibus se esgrimió no en el juicio verbal de desahucio por falta de pago con reclamación de rentas, sino en un ordinario separado. Para el TS la arrendataria debió alegar la "rebus" por vía reconvencional y justificando la inexistencia de impago.

En todo caso, la cláusula "rebus sic stantibus" también es una excepción al principio "pacta sunt servanda" que también es un principio general del derecho, por encima de una implícita exigencia del equilibrio financiero de los contratos.

Recientes estudios de la relación entre fuerza mayor, caso fortuito y cláusula rebus sic stantibus en el ámbito privado, han puesto de manifiesto una problemática similar en ordenamientos de nuestras más próximas culturas científicas. Así, Carlos I. GÓMEZ LIGÜERRE, escribirá que

"En la Europa continental, la regulación de la cláusula rebus o sus equivalentes se ha hecho compatible con las previsiones en materia de fuerza mayor o imposibilidad material de cumplir. Tal es el caso del Code civil francés, que incorporó una regulación sobre la alteración sobrevenida de circunstancias en el vigente artículo 1195 Code con motivo de la última reforma de su derecho de obligaciones. La previsión legal, de nuevo cuño en aquella cultura legal, mantuvo la vigencia de la disposición general sobre imposibilidad del cumplimiento por causa de fuerza mayor (l'imposibilité d'exécuter) que se contiene en el artículo 1351 Code, que se complementa con el régimen especial para los casos de pérdida de la cosa que con templa el artículo 1351-1 Code".

En Italia, prosigue este autor, en el Codice civile italiano, la regulación de la excesiva onerosidad y la solución legal a ese supuesto en su artículo 1467, convive con la previsión del artículo 1218 del mismo texto legal, que libera de responsabilidad al deudor que incumple por causas que no le son imputables y cuyo principio se complementa con una detallada regulación de la imposibilidad sobrevenida en los artículos 1256 a 1259 del Codice civile".

En fin, en esta ejemplificación, GÓMEZ LIGÜERRE atribuye al ordenamiento alemán un carácter de modelo seguido por otras regulaciones nacionales: en Alemania, "la codificación de las reglas sobre destrucción de la base del negocio (Störung der Geschäftsgrundlage) en el §313 BGB, que ha servido de modelo para muchas otras regulaciones europeas y algunas de las propuestas formuladas en nuestro país, es compatible con la liberación del deudor cuya prestación deviene imposible en el §275 BGB (Auschluss der Leitungspflicht)"[6].

Invocar, como mal menor reductor de los compromisos adquiridos, el principio rebus sic stantibus, es un paliativo obligacional. Pero la pregunta del millón es, resumida y toscamente: entonces, ¿qué es jurídicamente una pandemia con cientos de miles de muertos?

4. EL EJEMPLO DE LOS DAÑOS POR ELECTRICIDAD ATMOSFÉRICA

Solo un apunte ejemplificativo de que hay, incluso en casos indudablemente señalados como de fuerza mayor, carencias regulatorias importantes. Me refiero a la electricidad atmosférica; vulgo, rayos. Según las estadísticas, cada año mueren en España por culpa de los rayos entre diez y doce personas y unas dos mil en todo el mundo. Pues bien, la concreción normativa en España de este supuesto sí previsto en la LCSP es penosa.

---

6. GÓMEZ LIGÜERRE, C.I. (2021): "Fuerza Mayor", en GREGORACI FERNÁNDEZ, B. y VELASCO CABALLERO, F. *Anuario de la Facultad de Derecho de la Universidad Autónoma de Madrid*, Tomo II (Derecho y política ante la pandemia. Reacciones y transformaciones en el Derecho Privado), pp. 63-74.

Si vamos a un buscador parajurídico, leeremos que, en España, la normativa que regula la instalación de pararrayos se encuentra en el Reglamento Electrotécnico de Baja Tensión (REBT) que establece las condiciones y requisitos que deben cumplir los sistemas de protección contra rayos en edificios e instalaciones. Según esta información, el citado REBT establece que los edificios de más de 28 metros de altura o con una superficie construida superior a 5.000 metros cuadrados deben disponer de un sistema de protección contra rayos. Ojo: vayan a la disposición, aprobada por Real Decreto 842/2002, de 2 de agosto y, en un buscador del propio texto, escriban "rayo" o "pararrayos". Sólo en las medidas para el control de las sobretensiones, se habla de la descarga directa o lejana del rayo y, en el punto 6 de la norma, como medida protectora, se indica que "con el fin de optimizar la continuidad de servicio en caso de destrucción del dispositivo de protección contra sobretensiones transitorias a causa de una descarga de rayo de intensidad superior a la máxima prevista, cuando el dispositivo de protección contra sobretensiones no lleve incorporada su propia protección, se debe instalar el dispositivo de protección recomendado por el fabricante, aguas arriba del dispositivo de protección contra sobretensiones, con objeto de mantener la continuidad de todo el sistema, evitando así el disparo del interruptor general". Pero las demás referencias al rayo van apellidadas de "ultravioleta", que nada tiene que ver con la electricidad que nos cae del cielo. Y la palabra "pararrayos", no aparece por ninguna parte. Debe de ser un término muy vulgar ya que, en articulado y anexos, sí se usa ambigua y profusamente la expresión "dispositivo de protección" que vale lo mismo para un roto que para un descosido. Y no es broma.

Y es que la regulación de los rayos y de sus medidas preventivas, no está en una disposición jurídica sino en la norma UNE-EN 62305, que establece el diseño y la instalación de los sistemas de protección contra rayos, así como su mantenimiento y revisión. Allí se dice que el sistema de protección contra rayos debe amparar todo el edificio, incluyendo las antenas de televisión, la chimenea, las tuberías y demás y que el pararrayos (aquí sí que se utiliza el término tan coloquial como preciso), debe estar conectado a una red de tierra que cumpla con los requisitos establecidos en la normativa técnica, que deberá ser revisado y mantenido periódicamente por personal cualificado; algo tan obvio como impreciso. También se recuerda que existen dos tipos de pararrayos permitidos por la normativa española: el más frecuente, el de punta Franklin (una varilla metálica puntiaguda que se instala en la parte más alta del edificio que conduce las descargas hacia el suelo) y el pararrayos con mallas conductoras.

Pero vuelvo, a esta pobreza regulatoria, porque esta normativa no es ni siquiera un reglamento administrativo, pese a su importancia, sino un producto, todo lo homologado y europeo que se quiera, pero de una entidad mercantil como AENOR, creada en 2017.

Esta regulación de rango ínfimo o ninguno prevé —¿con qué fuerza?— que el pararrayos debe estar diseñado y construido según las normas UNE-EN 62305-1, UNE-EN 62305-2, UNE-EN 62305-3 y sucesivas hasta 7, que recogen, entre otras, las exigencias técnicas para los componentes de conexión; los requisitos para vías de chispas de aislamiento; los requisitos para las fijaciones del conductor; las prescripciones para las arquetas de inspección de los electrodos de tierra y para los sellos de los electrodos de tierra o, en fin, los requisitos para los compuestos que mejoran las puestas a tierra.

Esta norma, lo he comprobado pese al escaso ardor con el que entro en estas regulaciones, es la versión oficial, en español, de la Norma Europea EN 62305-1.2010 que, a su vez, adopta la Norma Internacional IEC 62305-1:2010 y que anuló y sustituyó a la Norma UNE-EN 62305-1:200.

Pero me pregunto, en suma: supongamos que una entidad pública, por ejemplo, un municipio en la Consistorial, no tiene instalado un pararrayos, puntillosamente, conforme a las distintas entregas de la UNE-EN 62305 y en una tormenta descomunal, que las hay, un rayo causa daños, lesiones o muerte a personas que se hallan en el edificio. ¿Se exonera o no la Administración? Y podríamos poner el ejemplo adaptado a una situación contractual. Creo, sinceramente, que es poco serio. Ya que el artículo 239.2 a) de la Ley 9/2017, de 8 de noviembre sí prevé la fuerza mayor exoneratoria en el caso del rayo, ¿dejamos toda interpretación del hecho determinante a los jueces en una discrecionalidad inmensa o nos acogemos a la prosa de la UNE-EN 62305? Porque, la verdad, no creo que letrado alguno, por valor que le eche, invoque en la demanda o contestación, el principio iura novit curia.

CONCLUSIONES

Ya es un lugar común el señalar que, en lo que va de década, se han padecido y afrontado episodios de gran magnitud lesiva para la población, de etiología a veces dudosa o incluso desconocida —caso de la pandemia—; inevitable en su causa —como la erupción volcánica—; posiblemente mitigable en lo que a vidas humanas se refiere —caso de la DANA— o más que posiblemente evitable, como el apagón eléctrico del lunes, 28 de abril. Y queda, naturalmente, la guerra de Ucrania que, aunque no haya, de momento, involucrado a fuerzas españolas, sí lo ha hecho a nuestra economía y, con las sanciones y restricciones recíprocas —casi como los aranceles de Trump—, sin duda está incidiendo en grandes bloques y sectores de contratación exterior. La previsión, aún muy verde, de una defensa europea casi autárquica, nos lleva a preguntarnos también por la laxitud o restricción del concepto de guerra. Nada nuevo sobre lo que la doctrina ya ha debatido a propósito de las misiones internacionales —supuestamente de paz, pero siempre con ataúdes— o la desdichada guerra de Irak.

Nuestra Constitución, aunque contiene numerosas referencias, normalmente adjetivadas, a lo militar, se refiere en un sentido formal y restrictivo a la guerra, sólo en lo concerniente a la abolida pena de muerte (artículo 15); a la imposibilidad de iniciar una reforma constitucional "en tiempo de guerra" (artículo 169) o, fundamentalmente, en el artículo 63.3, conforme al cual, "al Rey corresponde, previa autorización de las Cortes Generales, declarar la guerra y hacer la paz". Estamos todavía con una visión de conflicto armado clásico entre potencias o bloques y la actualidad nos evidencia que podemos no saber dónde está el enemigo o quién es, pero es fácil apreciar que existe. El giro estadounidense con Ucrania y Rusia, que nada bueno aporta a la Unión Europea, es bien ilustrativo al respecto.

Como ya hemos señalado en epígrafes anteriores, lo que se entienda por guerra es importante a efectos de exoneración de las obligaciones contractuales, tanto en el ámbito privado como en el público. En este último, recordemos que el Decreto 923/1965, de 8 de abril, por el que se aprobó el texto articulado de la Ley de Contratos del Estado, partía en su artículo 46, de un inicial numerus clausus: "La ejecución del contrato se realizará a riesgo y ventura del contratista y éste no tendrá derecho a indemnización por causa de pérdidas, averías o perjuicios ocasionados en las obras sino en los casos de fuerza mayor" y a los efectos de esta Ley se considerarán como tales únicamente los incendios causados por la electricidad atmosférica (a los que nos referimos en la anterior colaboración); los daños causados por los terremotos y maremotos (se omitían las erupciones volcánicas); los que provengan de los movimientos del terreno en que estén construidas las obras o que directamente las afecten; los destrozos ocasionados violentamente a mano armada en tiempo de guerra, iciones populares o robos tumultuosos y las inundaciones catastróficas producidas como consecuencia del desbordamiento de ríos y arroyos, siempre que los daños no se hayan producido por la fragilidad de las defensas que hubiera debido construir el contratista en cumplimiento del contrato —tema que nos recuerda a otras fragilidades detectadas en Valencia—, y, como tantas veces, lo que era una lista cerrada de supuestos, se abría a la analogía y a la discrecionalidad técnica del Gobierno: "cualquier otro de efectos análogos a los anteriores, previo acuerdo del Concejo de Ministros".

Vemos, pues, que en el texto de 1965 se habla de tiempo de guerra, pero reforzando el supuesto con la exigencia de violencia y a mano armada.

Treinta años más tarde, el artículo 144.2.de la Ley 13/1995 de Contratos de las Administraciones Públicas estableció que tendrían la consideración de casos de fuerza mayor los incendios debidos a la electricidad atmosférica; los fenómenos naturales de efectos catastróficos, como maremotos, terremotos, erupciones volcánicas —que, al fin aparecen—, movimientos del terreno, temporales marítimos, inundaciones u otros semejantes". Aquí se abre la analogía, pero no se indica quién la entiende aplicable, si el intérprete del contrato o, finalmente, los tribunales. Y, en fin, aparecen como causa exoneratoria los destrozos ocasionados violentamente en tiempo de guerra, robos tumultuosos o alteraciones graves del orden público. Se mantiene la violencia en caso de guerra, pero desaparece la mención, algo redundante, al uso de fuerza armada.

Actualmente, el artículo 239 de la Ley 9/2017, de 8 de noviembre, de Contratos del Sector Público, establece, de forma idéntica a la Ley de 1995, que tienen la consideración de casos de fuerza mayor los siguientes: a) Los incendios causados por la electricidad atmosférica. b) Los fenómenos naturales de efectos catastróficos, como maremotos, terremotos, erupciones volcánicas, movimientos del terreno, temporales marítimos, inundaciones u otros semejantes y c) los destrozos ocasionados violentamente en tiempo de guerra, robos tumultuosos o alteraciones graves del orden público.

El problema exegético, en estos tiempos, no es tanto el "tiempo de guerra", sino el lugar. O, mejor dicho, si un conflicto deslocalizado, lejano a nuestras fronteras y muy distante de las batallas de trincheras, artillería y bombardeos aéreos (que aún existen, por desgracia y en nuestro continente), puede entenderse como guerra a efectos del derecho interno y sus previsiones contractuales. Creo que nadie —y así lo advierto— puede defender que los destrozos generados por una situación producida sin una declaración formal del Rey y de las Cortes, carece de amparo legal.

Una vez más —y los tiempos están resultando elocuentes— creo que debe revisarse la amplitud y consecuencias de lo que aún entendemos por fuerza mayor en todo el campo de los derechos y obligaciones patrimoniales. Conceptos que se han desbordado como una avenida fluvial y que no nos aportan soluciones inmediatas de cuándo, cómo y a quién hay que resarcir o exonerar. Y, si no, esperemos a ver cómo se tramitan los expedientes de responsabilidad por el apagón.

Con respeto a los dos milenios de existencia de algunas instituciones, todo debería pasar por iluminar y redimensionar, con el nombre institucional que se entienda oportuno, las múltiples e inagotables afectaciones que ciudadanía y tejido económico venimos soportando en el último lustro. Y que, en principio, no tendríamos el deber jurídico de soportar. Pero esa institución también merece —fuera de las restricciones modernas de algunas teorías de la responsabilidad estatal— una profunda revisión. Llevo años, sin éxito, proponiéndolo a mis doctorandos.

Ciertamente, es un signo de prudencia respetar construcciones forjadas tantos siglos atrás, pero resulta difícil encasillar a la fuerza, con los criterios de Gayo o la casuística romana, los problemas extraordinarios y muchas veces absolutamente novedosos de la era de la Inteligencia Artificial que, sin duda, generará una problemática difícil de encajar en los moldes conceptuales y sistemáticos repetidos a lo largo de la historia de nuestra civilización jurídica. Estas instituciones pueden sobrevivir, naturalmente, para dar respuesta a situaciones en las que sigan encontrando en ellas un acomodo eficaz, garantista o dirimente de lo resarcitorio. Pero el derecho evoluciona no sólo ante la fenomenología de la que tiene que ocuparse, sino también ante la justa, adecuada y proporcional respuesta que dichas novedades exigen. La pandemia y otras graves crisis, nacionales o universales, nos han evidenciado la capacidad de reacción de la sociedad y de las instancias públicas apoyadas en la ciencia, pero también nos han puesto de manifiesto la fosilización conceptual y la inidoneidad, al menos parcial, del Derecho positivo para procurar o restaurar la indemnidad y, formalmente, la plena defensa ante la pérdida o menoscabo de derechos e intereses legítimos.

REFERENCIAS BIBLIOGRÁFICAS

ÁLVAREZ ROYO-VILLANOVA, S. (2020): "Pandemia, fuerza mayor y cláusula rebus sic stantibus a la luz de la Jurisprudencia", en Diario La Ley, nº 9619.

ESCRICHE, J. (1863): *Diccionario Razonado de Legislación y Jurisprudencia*, París, Eugenio Maillefert y compañía.

GARCÍA DE ENTERRÍA, E. y FERNÁNDEZ, T.R. (2024): *Curso de Derecho Administrativo*, I, Civitas, Madrid, pp. 828-834.

GÓMEZ LIGÜERRE, C.I... (2021): "Fuerza Mayor", en GREGORACI FERNÁNDEZ, B. y VELASCO CABALLERO, F.. Anuario de la Facultad de Derecho de la Universidad Autónoma de Madrid, Tomo II (Derecho y política ante la pandemia. Reacciones y transformaciones en el Derecho Privado), pp. 63-74.

TOLIVAR ALAS, L (2024-2025): "Pospandemia, servicios y redimensionamiento de la fuerza mayor", en Blog espublico (I: 03-12-2024: II.14-03-2025 y III) [05-05-2025]. Disponible en web: https://www.administracionpublica.com/

NECESIDAD DE RECUPERAR EL DERECHO A LA ATENCIÓN CIUDADANA

Miriam Cueto Pérez
Catedrática de Derecho Administrativo
Universidad de Oviedo
mcuetop@uniovi.es

SUMARIO: INTRODUCCIÓN. 1. EL DERECHO A LA ATENCIÓN CIUDADANA Y SU REGULA-CIÓN. 1.1. Configuración del servicio de atención ciudadanía en la normativa estatal. 1.1.1. Previsiones legales para el sector público. 1.1.2 Atención ciudadana y mejora de la calidad de los servicios. 1.2. Previsiones autonómicas sobre atención ciudadana y calidad de los servicios. 1.2.1 Principios de actuación: el derecho a una buena administración. 1.2.2 Atención a la ciudadanía y calidad de los servicios públicos 2. LA CITA PREVIA: NATURALEZA Y REGULACIÓN. 2.1 La cita previa como instrumento organizativo. 2.2. La regulación jurídica de la cita previa. 3. LA DOCTRINA JURISPRUDENCIAL SOBRE ATENCIÓN CIUDADANA: LA CITA PREVIA OBLIGATORIA 4. RECAPITULACIÓN Y PROPUESTAS. NOTA BIBLIOGRÁFICA. OTRAS FUENTES.

INTRODUCCIÓN

A pesar de que han transcurrido ya cinco años desde el inicio de la crisis sanitaria, el impacto generado en las Administraciones públicas se mantiene muy presente en el día a día de su actuación. Sin poner en duda que una parte de dicho impacto ha traído consigo transformaciones que deben ser valoradas positivamente, como el evidente impulso en la digitalización de las organizaciones y también una cierta mejora acelerada en las competencias digitales de empleados públicos y de la propia ciudadanía, no podemos obviar que ha habido un claro empeoramiento de aquella parte de la actividad administrativa que podemos encuadrar con carácter general bajo el término atención ciudadana. La digitalización no puede justificar ni servir de eximente, ni siquiera de atenuante para la situación de bloqueo en el que se encuentran sumidas una buena parte de las Administraciones públicas. Que estamos ante un problema ha sido puesto de manifiesto desde distintas perspectivas por una buena parte de la doctrina. Se ha hablado de colapso en la Administración (C. Remió)[1], de vulnerabilidad administrativa (A. Nogueira)[2] y de administración y burocracia defensiva (A. Boto)[3], lo que pone de manifiesto una necesidad imperiosa de recuperar el principio de actuación conforme al interés general en el ámbito público[4]. La atención a la ciudadanía que prestan las administraciones en nuestro país claramente tiene que ser imperiosamente mejor en pleno siglo XXI, con todos los medios e instrumentos que tienen a su alcance; la adminsitración ha de ser proactiva y próxima a los ciudadanos, debe mostrar empatía,sin que sean admisibles las situaciones de desamparo, desatención y frecuentemente de indefensión que se vienen produciendo, ante la impasividad de los responsables públicos. Resulta difícil conciliar el principio de buena administración con el "maltrato" que se le inflige al ciudadano que se acerca a los organismos públicos para solicitar información, atención o ayuda para ejercer sus derechos o cumplir con sus obligaciones.

Y no solo la doctrina ha fijado su atención en esta situación, sino que en los últimos tiempos los medios de comunicación se han hecho eco de forma profusa de esta problemática porque las relaciones con la Administración se han convertido en una verdadera preocupación social, lo que se refleja de forma reiterada en noticias y reportajes sobre la cuestión, con una intensidad que no

---

1. RAMIÓ, C. (2024): *El colapso de la Administración en España. Un análisis políticamente incorrecto,* Catarata.

2. NOGUEIRA LÓPEZ, A. (2023): "Una Administración para el 99%. Reforma administrativa para la igualdad real", *Revista Catalana de Dret Públic,* n.º 67, pp.18-35.

3. BOTO, A. (2023): "Nuevas barreras burocráticas: la Administración defensiva digital", *Documentación Administrativa,* n.º 10, pp. 40-58.

4. NIETO, A. (1991): "La Administración sirve con objetividad los intereses generales", *Estudios sobre la CE. Homenaje al profesor E. García de Enterría,* Tomo III, Civitas, pp. 2185-2253. GARCÍA DE ENTERRÍA, E. (1996): "Una nota sobre el interés general como concepto jurídico indeterminado", *REDA,* nº 89, p. 73. Señala que el interés general funciona para *"excluir ciertas actuaciones y para incluir otras, como un canon delimitador pero que se hace bastante preciso en cuanto es cuestionado en un caso concreto"* Más recientemente ACOSTA, P (2016): "El interés general como principio inspirador de las políticas públicas", *Revista General de Derecho Administrativo,* nº 41, señala que *"la idea de servicio al interés general es además un principio de actuación de las Administraciones públicas, principio que guía su quehacer y que da sentido a su propia existencia";* FERNÁNDEZ ESPINAR-LÓPEZ, L.C. (2024): "El interés público/interés general como renovada técnica de control de los elementos discrecionales de las actuaciones administrativas", en García-Escudero Márquez, P. (dir.), *Constitución, Administración y Parlamento.* Homenaje a Fernando Sainz Moreno, Congreso de los Diputados, pp. 685-734. Afirma que el "interés general" o "interés público": *"no sólo constituye el fin último de la actividad administrativa, sino que se configura como el presupuesto de su legalidad en numerosas decisiones y actos administrativos".*

tiene precedentes[5]. El escritor Muñoz Molina en su artículo *"Vuelva usted nunca"* deja una amarga sensación sobre todo lo que está ocurriendo[6] y la escritora Sara Mesa en su libro *Silencio Administrativo. La pobreza en el laberinto burocrático,* nos envuelve en la impotencia que sienten cada día muchos ciudadanos y ciudadanas especialmente vulnerables.[7] Desde una perspectiva más institucional, la atención ciudadana ha pasado a tener una especial incidencia en los Informes del Defensor del Pueblo y de sus homólogos autonómicos de forma constante, lo cual simplemente es el reflejo de las abundantes quejas que les llegan desde la ciudadanía, que ve cómo la situación de falta de una atención adecuada se agrava sin que de momento se vean visos de una solución inmediata. Una de las cuestiones que más malestar ha creado es la imposibilidad de acceder a las dependencias administrativas de cualquier tipo si previamente no se ha obtenido una cita previa, medida organizativa que en muchos casos ni siquiera está prevista en las normas, y que además ha resultado aún más dañina por el hecho de que en un buen número de casos se exige que se obtenga exclusivamente de forma digital o vía telefónica. En los tiempos de la transparencia, del gobierno abierto, de la rendición de cuentas y de la participación no deja de llamar la atención que se cierren las puertas de las sedes administrativas a los ciudadanos,

---

5. Basta con hacer referencia a estas cuestiones en cualquier buscador para ver la preocupación social que se ha generado en torno a las mismas: Los gestores administrativos denuncian un mercado ilegal de citas previas ante el colapso de la Administración. Disponible en web: https://www.eleconomista.es/legal/noticias/12456628/09/23/los-gestores-administrativos-denuncian-un-mercado-ilegal-de-consecucion-de-citas-previas-ante-el-colapso-de-la-administracion.html; "La administración está colapsada; no atiende y no responde al ciudadano", https://esdiario.com/economia/230204/102820/administracion-colapso-tramites-cita-previa-ventanilla.html; La OCU denuncia el trámite imposible de la DGT, https://www.bing.com/ck/a?!&&p=c58be3ae05b8f68545e585d979b5b0c6ff3f3e46ac73c227fc882f95556 2a2b0JmltdHM9MTc1OTE5MDQwMA&ptn=3&ver=2&hsh=4&fclid=067bba90-a4ce-6533-3d8b-a822a5b76 40c&psq=la+ocu+denuncia+el+tr%c3%a1mite+imposible&u=a1aHR0cHM6Ly9tb3Rvci5lbHBhaXMuY29tL2 NvbmR1Y2lyL3RyYW1pdGUtaW1wb3NpYmxlLWNpdGEtcHJldmlhLWRndC1zZWd1bi1sYS1vY3Uv.

6. Jugando con el título de aquel "Vuelva usted mañana" de Mariano José de Larra publicado en 1833 señala que "La Administración española son trámites obligatoriamente digitales que se quedan atascados sin motivo aparente en páginas web defectuosas, y otros quizás más simple os fáciles, que, sin embargo, muchas personas no pueden cumplimentar porque son mayores y torpes y no se manejan en internet, o porque no tienen ordenador, ni tienen nadie que les ayude…" y "oficinas delante de las cuales las personas guardan cola desde antes del amanecer como en una estampa de sumisión y paciencia del antiguo bloque comunista, si no han tenido la picardía, o el dinero suficiente, para comprar un número, o si el guarda de seguridad privada de la puerta no les ha espantado con malos modos". Publicado en *El País* 7 de mayo de 2023.

7. Edición digital. Capítulo 10. El laberinto burocrático. p.44.
"El solicitante ha de estar siempre localizable porque en cualquier momento le pueden reclamar más papeles. Ha de tener todo en orden, durante meses, meses y meses hasta que el procedimiento acabe, sin saber cuánto tiempo durará la tramitación ni en qué estado se encuentra. El silencio administrativo es unilateral, porque a la otra parte se le exige comunicación constante, veraz, rápida y eficiente. El laberinto burocrático tiene el poder de callar apelando a sus razones —«falta personal», «faltan recursos», «se han retrasado partidas», «las ayudas son nuevas», «estamos definiendo los criterios», «estamos saturados»…"
Sara Mesa, vuelve al asunto de la carga burocrática en su nueva novela Oposición. Anagrama. 2025.

olvidando que los edificios administrativos se destinan entre otros fines a la atención al público[8].

El informe del Defensor del Pueblo publicado en el año 2023 recoge un apartado bajo el ilustrativo título: *"Administraciones y servicios públicos saturados: acceso a registros y dependencias administrativas, cita previa y asistencia a la ciudadanía"*, en el que se analiza toda esta realidad y se indentifica algunas de las circunstancias que nos han llevado a esta situación. Entre ellas aparece de nuevo de forma especialmente relevante la necesidad de obtener una cita previa para acceder a la atención presencial en muchas Administraciones. Textualmente se señala que *"Tras la normalización y recuperación de todas las actividades, la pervivencia de estos sistemas [de cita previa], con carácter general u obligatorio, se traduce en deficiencias en la atención y la asistencia que la Administración Pública está obligada a prestar para atender sus obligaciones legales (artículo 103.1 de la Constitución, plasmada en los artículos 21 de la Ley 39/2015, de 1 de octubre, del Procedimiento Administrativo Común de las Administraciones públicas, y 3 de la Ley 40/2015, de 1 de octubre, de Régimen Jurídico del Sector Público), reconducibles en último término al derecho a la buena administración"*. Estamos ante un buen resumen de la realidad en la que nos encontramos y a la que habrá que poner fin con la adopción de medidas o simplemente volviendo a la situación previa existente, porque resulta más que evidente que esta problemática no tenía las mismas dimensiones en los momentos anteriores a la crisis sanitaria. Además, y esto es lo que desde el punto de vista jurídico puede tener un mayor interés, la situación no se se genera porque se hayan producido cambios sustanciales en la normativa, el derecho a la atención a la ciudadanía sigue en los mismos términos, los principios de actuación no se han modificado y los derechos de los particulares formalmente tampoco. Entonces, ¿qué está ocurriendo?

Aprobadas las Leyes 39/2015, de Procedimiento Administrativo Común de las Administraciones públicas y 40/2015, de Régimen Jurídico del Sector Público, en cuyos preámbulos ambas anunciaban mejoras y avances en la protección de los derechos de los ciudadanos y en la digitalización de las relaciones de la ciudadanía con la administración, apenas tres años después de su entrada en vigor fue necesario afrontar la pandemia, con todas las implicaciones que ello supuso en el funcionamiento de las administraciones públicas. La necesidad de evitar des-

---

8. El art. 155 de la Ley 33/2003, de 3 de noviembre, de Patrimonio de las Administraciones públicas, considera edificios administrativos los edificios destinados a oficinas y dependencias auxiliares de los órganos constitucionales del Estado y de la Administración General del Estado y sus organismos públicos (destinados a servicios administrativos y también los destinados a otros servicios públicos que se determinen reglamentariamente, previa consideración como demaniales en el art. 5.3. El RD 1373/2009, de 28 de agosto, por el que se aprueba el Reglamento General de la LPAP, establece que "a los efectos señalados en el artículo 155 de la Ley, tendrán la consideración de edificios administrativos los destinados a los siguientes servicios: de representación en el exterior, docentes, sanitarios, de investigación, asistenciales, de *atención al público*, culturales, turísticos, de transporte, deportivos, judiciales, penitenciarios, de vigilancia y control, comisarías y cuarteles".

plazamientos a las sedes administrativas, blindó a los organismos públicos y redujo la atención al público a los mínimos imprescindibles, lo cual en aquellos momentos tenía una justificación clara y era conforme con el interés general, pero superado ese momento habrá que apartar las inercias creadas y regresar de verdad a la normalidad en el funcionamiento de lasaAdministraciones públicas[9]. Y esa normalidad exige recuperar una atención a la ciudadanía de calidad y en esa atención a la ciudadanía de calidad cabe pedir, junto con la existencia de unas buenas páginas web institucionales con información clara, completa, bien organizada y asequible sobre los diferentes procedimientos, requisitos, trámites, obtención de documentos u órganos responsables de la tramitación en cada uno de los ámbitos de actuación administrativa, que evitará a buen seguro desplazamientos innecesarios a una parte considerable de la población, la posibilidad de acudir presencialmente a las sedes administrativas y recibir toda esa información mediante la interlocución con empleados públicos, que puedan atender las consultas que sean necesarias para el caso concreto que ocupe a un determinado ciudadano, pues es evidente que hay muchas situaciones en las que se precisa la interactuación con una persona física conocedora de la materia y con la que se puedan lograr las aclaraciones pertinentes, sin la sensación de que se causa molestia o se recibe un favor[10]. No olvidemos que la principal razón de ser de las administraciones públicas es la satisfacción de las necesidades de la ciudadanía y para ello los responsables públicos deben habilitar los medios necesarios.

Señalado todo esto, resulta evidente que semejante descalabro no se ha producido de la noche a la mañana y que el impacto de la pandemia simplemente ha servido para reventar las costuras de un traje que ya venía resultando ajustado desde algún tiempo atrás, pero también lo es que la supuesta vuelta a la normalidad no se ha culminado en el ámbito de actuación de las Administraciones públicas y ello se ha hecho muy visible ante toda la ciudadanía, lo que resulta preocupante, puesto que genera desconfianza y rechazo hacia las mismas. Se ha generalizado la idea de que las Administraciones públicas descuidan la atención y el servicio público, que dan la espalda a los ciudadanos ejerciendo una burocracia defensiva que perjudica sus derechos, imponiéndoles obligaciones adicionales a las contempladas en el ordenamiento jurídico (como está ocurriendo con la obligatoriedad de relacionarse digitalmente con la Administra-

---

9. El Consejo de Ministros aprobó el Acuerdo por el que se declaró, el día 5 de julio de 2023, la finalización de la situación de crisis sanitaria ocasionada por la COVID-19.

10. VAQUER CABALLERÍA, M. (2023): "El humanismo del derecho administrativo de nuestro tiempo", *Revista de Administración Pública*, n.º 222, pp. 33-64 señala que "*El procedimiento es una forma de comunicación entre las Administraciones y las personas interesadas en la relación jurídico-administrativa de que se trate, donde recabar y verificar la información necesaria para decidir, desde luego, pero también compartir conocimiento, generar empatía y confianza mutuas, asistir en la superación de las dificultades para participar en él, construir consensos, instruir sobre las consecuencias de dicha decisión y propiciar su aceptación y cumplimiento voluntario por el destinatario. Resulta empobrecedor y arriesgado, según creo, reducir todo ello a un proceso racional de gestión de la información*". p. 58.

ción) y trámites adicionales, o no dando una respuesta en plazo a sus solicitudes, olvidando que su actuación siempre debe regirse por el interés general[11].

Ante esta situación, no podemos perder de vista, las implicaciones que supone el derecho a una buena adminitración, recogido en el art. 41 de la Carta Europea de Derechos Fundamentales[12], puesto que constituirá una de las principales vías de defensa frente a la irregular actuación de las Administraciones públicas. Este derecho, que inexplicablemente no fue incluido expresamente en las Leyes 39 y 40/2015, cuando ya había sido incorporado en muchos de los Estatutos de Autonomía[13] y en algunas leyes autonómicas, como la Ley 4/2006, de 30 de junio, de transparencia y de buenas prácticas en la Administración pública gallega[14] o la Ley 2/2010, de 11 de marzo, de derechos de los ciudadanos en sus relaciones con la administración de Castilla y León[15], permite afrontar toda la problemática que se está planteando, pues proscribe claramente cualquier actuación que suponga arbitrariedad en la actuación, inhibición ante las obligaciones de los poderes públicos, falta de respeto a los ciudadanos en la atención, retrasos indebidos, cargas adicionales a las fijadas en las leyes, conculcación de derechos y causación de perjuicios que este no tenga el deber jurídico de soportar.

En este trabajo se va a tratar de delimitar jurídicamente el derecho a la atención ciudadana (también presencial), que permanece inalterable a pesar del avance de la imprescindible digitalización administrativa. En segundo lugar, se abordará cuál ha de ser la configuración y el encaje de la cita previa, como instrumento compatible y no excluyente, con ese deber de atención ciudadana y con el derecho a una buena administración, por último, apuntaremos la posición de los tribunales en relación con los incumplimientos de esa obligatoria atención

---

11. Con anterioridad a la crisis sanitaria, es cierto que ya existían problemas estructurales en la Administración que avisaban de que podríamos llegar a una situación complicada: el envejecimiento de los empleados públicos, la falta de planificación del relevo generacional, la necesidad de modificar las rpts eliminando puestos de trabajo en sectores o ámbitos que ya no resultaban necesarios para crearlos en aquellos otros donde la demanda de personal resultaba mayor. Así, a modo de ejemplo, el Informe del Defensor del Pueblo de 2019 ya ponía en evidencia ámbitos en los que las dificultades para obtener cita previa on line y acceder de forma inmediata resultaba complicado, como ocurría con los Registros Civiles, o en ciertas oficinas consulares respecto a ciertos trámites en materia de extranjería, pero no se trataba de una problemática generalizada.

12. Conforme a este precepto, el ciudadano tiene derecho a un tratamiento de sus asuntos imparcial y equitativo por parte de las instituciones; a una resolución en un plazo razonable, a ser oído en el procedimiento, al acceso al expediente, a una resolución motivada por parte de la Administración y a reclamar la responsabilidad de los poderes públicos.

13. Así, el Estatuto de Cataluña (art. 30), el de Andalucía (art. 31), Aragón (art. 15.2), Castilla y León (art. 12), Illes Baleares (art. 14), Comunidad Valenciana (art. 9.1) y Extremadura (art. 39).

14. Ya derogada. Ahora el derecho a la buena administración se desarrolla en la Ley 1/2015, de 1 de abril, de garantía de la calidad de los servicios públicos y de la buena administración de Galicia.

15. Art. 1.1: "La presente ley tiene por objeto fundamental regular y desarrollar el derecho a una buena Administración reconocido en el artículo 12 del Estatuto de Autonomía de Castilla y León, en el marco del propio Estatuto de Autonomía y de la legislación básica del Estado"

a los ciudadanos, cuando estos les causan lesiones en el ejercicio de sus derechos o en el cumplimiento de sus obligaciones.

1. EL SERVICIO A LA CIUDADANÍA Y EL DERECHO A LA ATENCIÓN CIUDADANA

1.1. Configuración de la atención a la ciudadanía en la normativa estatal

1.1.1. Previsiones legales para el sector público

El derecho a la atención ciudadana no aparece enunciado como tal en las actuales Leyes 39 y 40/2015, tampoco, como se ha señalado, el derecho a una buena administración que incluiría al anterior, pero tanto una como otra contienen otras previsiones que permiten la configuración de este derecho de los ciudadanos y correlativo deber de las Administraciones públicas. Su configuración enlaza con los principios de actuación de la Administración Pública empezando por el art. 103.1 que señala que la Administración sirve con objetividad los intereses generales y actúa con sometimiento pleno a la Ley y al Derecho, pero también con lo establecido en el art. 9.2 de la CE, donde se afirma que corresponde a los poderes públicos promover las condiciones para que la libertad y la igualdad del individuo y de los grupos en que se integra sean reales y efectivas a la vez que también deben remover los obstáculos que impidan o dificulten su plenitud y facilitar la participación de todos los ciudadanos en la vida política, económica, cultural y social. Justamente una buena atención ciudadana por parte de los poderes públicos constituye una herramienta indispensable para consagrar la igualdad de los ciudadanos y para remover aquellos obstáculos que dificulten la participación. A fin de cuentas la propia existencia de las administraciones públicas, sus prerrogativas y su complejidad organizativa se justifica en la atención a las necesidades de los ciudadanos, en el acceso a los servicios públicos y en la gestión de ayudas disponibles en los diferentes sectores y en el apoyo para el cumplimiento de sus deberes y obligaciones. La ciudadanía debe situarse en el centro de la actuación pública como destinataria última de las políticas y de los servicios públicos.

La Ley 39/2015 regula, como bien es sabido, por un lado, los derechos de las personas en sus relaciones con las Administraciones públicas (art. 13) y, por otro, los derechos de los interesados en el procedimiento (art. 53). En la regulación de los primeros, la Ley presta una especial atención a las relaciones digitales, así contempla el derecho de las personas a ser asistidas en el uso de medios electrónicos en sus relaciones con las Administraciones públicas (apartado b), de conformidad con la apuesta preferente y la implantación generalizada de un procedimiento electrónico. Este derecho se regula ampliamente en el art. 12 aclarando que esa asistencia corresponde a aquellos "interesados" no obligados a relacionarse de forma electrónica con la Administración, conforme al art. 14.2 y 3[16]. En todo caso se regula un supuesto de atención ciudadana que llega a contemplar la posibilidad de que el funcionario pueda suplantar al interesado en un trámite procedimental mediante el uso del sistema de firma electrónica del que esté dotado para ello, siempre que el interesado que carezca de los medios electrónicos necesarios se identifique ante el funcionario y preste su consentimiento expreso para esta actuación, de lo que deberá quedar constancia. En el art. 13 también se incluyen otros derechos, como el de ser tratados con respeto y deferencia por las autoridades y empleados públicos, que habrán de facilitarles el ejercicio de sus derechos y el cumplimiento de sus obligaciones (apartado e)), que podemos relacionar directamente con la atención a la ciudadanía, y en concreto con la atención a la ciudadanía presencial. No parece que en las relaciones digitales se pueda hablar de falta de respeto por parte de autoridades y empleados públicos, aunque algunas tramitaciones puedan llevar a la desesperación de los particulares[17]. Más importante aún es la segunda parte del precepto que da lugar a una obligación por parte de las autoridades y empleados públicos, pues señala que *habrán de facilitarles* el ejercicio de sus derechos y el cumplimiento de sus obligaciones (*Hacer fácil o posible la ejecución de algo o la consecución de un fin*, nos indica la RAE respecto a la palabra "facilitar"), lo que parece exigir una conducta activa por parte de las administraciones. En el art. 53 de la Ley 39/2015 se señalan derechos de los interesados en el procedimiento, entre los que se incluye el derecho a obtener información y orientación acerca de los requisitos jurídicos o técnicos que las disposiciones vigentes impongan a los proyectos, actuaciones o solicitudes que se propongan realizar (apartado f). A pesar de que se considera un derecho de los interesados, este derecho parece que se refiere realmente a un derecho que se ejercería por las personas antes de la iniciación del concreto procedimiento (requisitos jurídicos o técnicos que la normativa imponga respecto a solicitudes que se quieran presentar). La doctrina ha considerado que se trata de una información general que no precisa de legitimación alguna y que en principio podría ser facilitada por las administraciones competentes en relación con los distintos procedimientos, por lo que su ubicación en la Ley tal vez resultase más adecuada en el art. 13. Pero además de los incluidos en ambos listados, la Ley consagra otros derechos como el de inicio del procedimiento, el derecho a una resolución y notificación (en plazo) o el derecho a que el acto se ejecute, cuestión que se salva al

---

16. Sobre esta trascendente cuestión me remito a los trabajos de las profesoras SÁNCHEZ LAMELAS, A. (2023): "La reciente jurisprudencia sobre la obligación de utilizar medios electrónicos en las relaciones administrativas, *RAP*, n.º 220, pp. 183-217; ARIAS MARTÍNEZ, M.A. (2024): "La brecha digital y la progresiva reducción del derecho de opción a relacionarse electrónicamente con la Administración previsto en el artículo 14 de la LPAC", *Revista Vasca de Administración Pública*, n.º 130, pp. 27-58. También a la monografía de BELTRÁN CASTELLANOS, J.M. (2024): *La brecha digital en las relaciones de la ciudadanía con las Administraciones públicas,* Valencia, Tirant lo Blanch, 2024.

17. Sí podría haber faltas de respeto en la atención telefónica y en la modalidad de videoconferencia.

señalar el art. 53 que los derechos que establece son *"además del resto reconocidos en la Ley"*.

En la Ley 40/2015 se recogen varios principios de actuación que directamente podemos relacionar con la atención ciudadana y también con el principio de buena administración, como así vienen considerando los tribunales[18]. Así, en el art. 3 señala que las Administraciones deberán respetar en su actuación y relaciones, entre otros, los principios de *servicio efectivo a los ciudadanos*; simplicidad, claridad y *proximidad a los ciudadanos;* participación, objetividad y transparencia de la actuación administrativa; racionalización y agilidad de los procedimientos administrativos y de las actividades materiales de gestión; buena fe, confianza legítima y lealtad institucional; responsabilidad por la gestión pública. Sin embargo, no se menciona en ningún momento el derecho a la atención ciudadana (aunque como se verá en el siguiente epígrafe ya contaba con regulación estatal desde el año 1996), tampoco el derecho a unos servicios públicos de calidad; la calidad solamente aparece mencionada en la Ley en relación con el funcionamiento electrónico del sector público (arts. 38.3, 41.2, 46.3). Siguiendo con la normativa estatal, no está de más mencionar que el art. 54 del Texto Refundido del Estatuto Básico del Empleado Público, aprobado por el Real Decreto Legislativo 5/2015, de 30 de octubre, en su art. 54 al regular los principios de conducta señala que los empleados públicos tratarán con atención y respeto a los ciudadanos, que el desempeño de las tareas correspondientes a su puesto de trabajo se realizará de forma diligente y cumpliendo la jornada y el horario establecidos, que informarán a los ciudadanos sobre aquellas materias o asuntos que tengan derecho a conocer *y facilitarán el ejercicio de sus derechos y el cumplimiento de sus obligaciones*. Esta última expresión es exactamente la misma que se utiliza en el art. 13 de la Ley 39/2015 y no deja lugar a dudas de que se refiere a tareas que se desarrollarán con carácter principal de forma presencial.

Realmente tras las referencias realizadas, se puede afirmar que las Leyes 39 y 40/2015 pudieron ser más explícitas a la hora de ocuparse de la atención a la ciudadanía, y que resultaron un tanto parcas a la hora de reconocer derechos a los particulares en sus relaciones con las Administraciones públicas, especialmente si se tiene en cuenta que en las fechas de su aprobación, tal y como se verá en el siguiente epígrafe, algunas Leyes autonómicas ya habían incluido reconocimientos explícitos de otros derechos que de forma más decidida reforzaban la posición jurídica de los particulares. Claramente se perdió una buena oportunidad de haber incorporado algún avance en la materia que nos ocupa.

1.1.2. Atención a la ciudadanía y mejora de la calidad de servicios

Para completar la normativa estatal en esta materia, es necesario mencionar dos normas más, ambas plenamente vigentes: por un lado, el RD 208/1996, de

---

18. Entre otras, SSTS 1667/2020, de 3 de diciembre, Rec. 8332/2019, ECLI:ES:2020:4161y 5 de diciembre de 2023, Rec. 104/2022, ES:TS:2023:5523.

9 de febrero, por los que se regulan los servicios de información administrativa y atención al ciudadano, y el RD 951/2005, de 29 de julio, por el que se establece el marco general para la mejora de la calidad de la Administración General del Estado. Ciertamente son normas que acumulan ya un cierto tiempo, ambas aprobadas estando vigente la Ley 30/1992, de 26 de noviembre, de Régimen Jurídico del Sector Público y Procedimiento Administrativo Común, y cuya actualización no estaría de más, pero dado que los derechos reconocidos a las personas en sus relaciones con la Administración, como a los interesados en el procedimiento no han experimentado cambios sustanciales ni grandes avances en las Leyes 39 y 40/2015 respecto a lo señalado en la Ley 30/1992, mantienen su vigencia y además resulta conveniente recordarla, pues de las mismas se pueden deducir un cierto refuerzo de la posición jurídica de los ciudadanos frente a la Administración, aunque limitado al ámbito estatal[19]. El RD 208/1996 señala que tanto la CE, como posteriormente la Ley 30/92 instauran un nuevo concepto de las relaciones entre las administraciones públicas y los ciudadanos, destacando de esta última norma tres derechos que la misma contemplaba, el derecho a conocer, en cualquier momento, el estado de la tramitación de los procedimientos en los que tengan la condición de interesados, y obtener copias de documentos contenidos en ellos (actual art. 53 a) de la Ley 39/2015), el derecho a identificar a las autoridades y al personal al servicio de las Administraciones públicas bajo cuya responsabilidad se tramiten los procedimientos (actual art. 53 b)) y el derecho a obtener información y orientación acerca de los requisitos jurídicos o técnicos que las disposiciones vigentes impongan a los proyectos, actuaciones o solicitudes que se propongan realizar (actual art. 53 f)).

Respecto a la información que pueden obtener los ciudadanos se diferencia entre la información general[20], señalando respecto a esta, que se facilitará *obligatoriamente a los ciudadanos, sin exigir para ello la acreditación de legitimación alguna* (art. 2), y la información particular[21], que sólo podría ser facilitada a las personas que tengan la condición de interesados en cada procedimiento o a sus representantes legales (art. 3). En este mismo precepto se apunta la nece-

---

19. Así lo recuerda, la STSJ de Valencia, Sala de lo contencioso-administrativo, de 9 de diciembre de 2008, Rec. 190/2007, al señalar que el RD 208/1996 se trata de legislación estatal solo aplicable al ámbito de la administración general del Estado, en relación con la impugnación de una Ordenanza local sobre atención ciudadana.

20. Se define en el art. 2 como aquella información administrativa relativa a la identificación, fines, competencia, estructura, funcionamiento y localización de organismos y unidades administrativas; la referida a los requisitos jurídicos o técnicos que las disposiciones impongan a los proyectos, actuaciones o solicitudes que los ciudadanos se propongan realizar; la referente a la tramitación de procedimientos, a los servicios públicos y prestaciones, así como a cualesquiera otros datos que aquellos tengan necesidad de conocer en sus relaciones con las Administraciones públicas, en su conjunto, o con alguno de sus ámbitos de actuación,

21. Esta información sería la concerniente al estado o contenido de los procedimientos en tramitación, y a la identificación de las autoridades y personal al servicio de la Administración General del Estado y de las entidades de derecho público bajo cuya responsabilidad se tramiten aquellos procedimientos (art. 3).

sidad de asegurar que se ofrece una *"respuesta ágil y puntual a los interesados".* En el art. 4 se contemplan las funciones que se vinculan a la atención al ciudadano, señalando que la atención *personalizada* (es necesario incidir sobre este término que utiliza la norma, algo personalizado parece que exige una atención individualizada y directa) incluye: la recepción y acogida a los ciudadanos, al objeto de facilitarles la orientación y ayuda que precisen en el momento inicial de su visita, y, en particular, la relativa a la localización de dependencias y funcionarios. Esta función claramente se diseña pensando en la atención presencial, tal y como corresponde al momento de aprobación de la norma; tienen difícil encaje con esta previsión las repetidas escenas vividas en los últimos tiempos en dependencias administrativas donde los ciudadanos son "invitados" a no acceder, ni a permanecer en las mismas si no cuentan con la consiguiente cita previa y donde abundantes carteles les recuerdan que para realizar cualquier trámite es necesario tener el consiguiente "salvaconducto"[22].

En segundo lugar, se conempla la función de orientación e información, cuya finalidad es la de ofrecer las aclaraciones y ayudas de índole práctica que los ciudadanos requieran sobre procedimientos, trámites, requisitos y documentación para los proyectos, actuaciones o solicitudes que se propongan realizar, o para acceder al disfrute de un servicio público o beneficiarse de una prestación. Aclarando a continuación, que esta forma de *"facilitar a los ciudadanos el ejercicio de sus derechos"* en ningún caso podrá entrañar una interpretación normativa, ni consideración jurídica o económica, sino una simple determinación de conceptos, información de opciones legales o *colaboración en la cumplimentación de impresos o solicitudes* (esto es lo que requieren con frecuencia los ciudadanos). Con esta previsión, se trata de evitar cualquier responsabilidad por parte de la Administración como consecuencia de la información facilitada, si bien en el caso de que se pueda probar que realmente la información trasladada ha podido causar una lesión en los interese del particular, difícilmente se podrá defender un deber del ciudadano de soportar los perjuicios que se puedan generar. En tercer lugar, la Administración debe desarrollar labores de gestión en relación con los procedimientos administrativos, que comprenderá *la recepción de la documentación inicial de un expediente cuando así se haya dispuesto reglamentariamente,* así como las *actuaciones de trámite y resolución de las cuestiones cuya urgencia y simplicidad demanden una respuesta inmediata.* En cuarto lugar, podemos agrupar dos funciones, por un lado, la de recepción de las iniciativas o sugerencias formuladas por los ciudadanos o por los propios empleados públicos, para mejorar la calidad de los servicios, incrementar el rendimiento o el ahorro del gasto público, simplificar trámites o suprimir los que sean innecesarios, o cualquier otra medida que suponga un mayor grado de satisfacción de la sociedad en sus relaciones con la Administración General del Estado y con las entidades de derecho público dependientes de la misma, y por

---

22. BELTRÁN CASTELLANOS, J.M. (2025): "Tiene usted cita previa?, *Revista de Derecho Público: Teoría y Método,* Vol. 11, 2025 pp. 41-73.

otro lado, la de recepción de las quejas y reclamaciones de los ciudadanos por *las tardanzas, desatenciones o por cualquier otro tipo de actuación irregular que observen en el funcionamiento de las dependencias administrativas*. De nuevo claramente, esta redacción nos indica que estamos ante una atención de carácter presencial y que se considera motivo de queja y de actuación irregular las tardanzas y desatenciones, que por desgracia, en los últimos tiempos se han generalizado. Por último, se menciona la función de asistencia los ciudadanos en el ejercicio del derecho de petición, reconocido en el art. 29 de la CE, y regulado en la LO 4/2001, de 12 de noviembre, reguladora del derecho de petición, obligando a la Administración a dar respuesta a estas peticiones, lo que ha llevado a que el art. 24.1 de la Ley 39/2015 incluya estas peticiones entre los supuestos de silencio desestimatorio, aún cuando no tengan el carácter de iniciadoras del procedimiento, como sí ocurre con las solicitudes[23].

Aunque anticuado en su terminología tras casi 30 años de vigencia, este Real Decreto sigue siendo de aplicación a todos los ámbitos de actuación de la Administración General del Estado[24], incluidos los servicios de la Seguridad Social, los servicios de extranjería, MUFACE o la Dirección General de Tráfico, por mencionar solamente algunos de los ámbitos donde más conflictividad se ha generado en los últimos tiempos con la atención a la ciudadanía. Resulta inexplicable, que con esta norma vigente, se estén produciendo continuos atropellos de derechos de los ciudadanos, y una injustificable falta de apoyo, ayuda y empatía para facilitar la realización de trámites administrativos.

Junto a esta norma, nos encontramos con el RD 951/2005, de 29 de julio, por el que se establece el marco general para la mejora de la calidad de la Administración General del Estado. La mejora de la calidad en la actuación de las Administraciones públicas debería haber experimentado una clara actualización desde 2005, pero aún así y criticando la falta de avances en la materia, se debe señalar que algunas previsiones de la norma también podrían ser alegadas por los ciudadanos en sus relaciones, al menos en el ámbito del sector público estatal. En su exposición de motivos se encuentra la exigencia de que se desarrollen los

---

23. El TS ha entendido que se produce vulneración del derecho a la tutela judicial efectiva, cuando la Administración inadmite sin motivación una solicitud amparada en el derecho de petición. El derecho de petición señala que *"sí comprende la obligación de ese destinatario de tramitar la petición y observar en su eventual declaración de inadmisibilidad determinadas exigencias legales"*, STS, Sala de lo contencioso-administrativo, de 31 de enero de 2007, recurso 7920/2002, RJ 2007/2554). También el TC en su sentencia 108/2011, de 20 de junio, considera vulnerado el derecho de petición del art. 29 de la CE por una inadmisión improcedente en el ámbito parlamentario, reafirmando su reconocimiento como instrumento de participación política.

24. Con la única excepción contemplada en la DA única, relativa al INSALUD, pues en aplicación de las especialidades de la legislación sanitaria se señalaba que se aprobarían las disposiciones precisar para regular la información y atención a los ciudadanos en los hospitales e instituciones sanitarias dependientes de dicho Instituto. Como es bien sabido, hace tiempo que las transferencias sobre competencias en materia de sanidad han tenido lugar y en estos momentos son las CCAA las competentes de regular dicha atención en los términos de la Ley 16/2003, de 28 de mayo, de Cohesión y Calidad del Sistema Nacional de Salud.

principios de actuación de las Administraciones públicas *"para lograr efectivamente la mejora de los servicios públicos atendiendo a las demandas de los ciudadanos"*. En el art. 3 de esta norma se señalan una serie de programas de calidad[25], de entre los cuales vamos a destacar por su importancia, por un lado, el Programa de análisis de la demanda y de evaluación de la satisfacción de los usuarios de los servicios y por otro, el Programa de cartas de servicios, si bien el análisis se hará comenzando por este último, por ser el que mayor repercusión ha tenido.

Las cartas de servicios fueron consideradas en su momento como un avance importante para el logro de unas Administraciones públicas eficaces, eficientes y comprometidas con la atención al ciudadano y la calidad de los servicios públicos[26], vinculándose a la consecución del derecho a una buena administración, sin embargo, el transcurso del tiempo ha venido a demostrar que su eficacia es relativa, por no mencionar el hecho de que son muchos los ciudadanos que ignoran totalmente su existencia, sin obviar entre otras circunstancias el hecho de que en el ámbito estatal no se establecieron con carácter obligatorio, lo que ha llevado a que las consecuencias de su incumplimiento se diluyeran. Las cartas de servicios se definen como documentos que constituyen el instrumento a través del cual los órganos, organismos y entidades de la Administración General del Estado informan a los ciudadanos y usuarios sobre los servicios que tienen encomendados, sobre los derechos que les asisten en relación con aquellos y sobre los compromisos de calidad en su prestación (art. 8). En cuanto al procedimiento de elaboración se señala que se tramitarán conforme al procedimiento que determine el Ministerio competente en materia de Administraciones públi-

---

25. Integran el marco general para la mejora de la calidad en la Administración General del Estado los siguientes programas:

a) Programa de análisis de la demanda y de evaluación de la satisfacción de los usuarios de los servicios.

b) Programa de cartas de servicios.

c) Programa de quejas y sugerencias.

d) Programa de evaluación de la calidad de las organizaciones.

e) Programa de reconocimiento.

f) Programa del Observatorio de la Calidad de los Servicios Públicos.

26. La "Carta de Compromisos con la Calidad de las Administraciones públicas españolas", aprobada el 16 de noviembre de 2009 por la Conferencia Sectorial de Administración Pública y publicada por la Agencia de Evaluación de la Calidad de las Políticas Públicas y la Calidad de los Servicios (AEVAL), estableció en su compromiso octavo el deber de las Administraciones Públicas española, en sus tres niveles territoriales, de elaborar y difundir Cartas de Servicios. La Red Interadministrativa de Calidad en los Servicios Públicos en la reunión del 25 de noviembre 2014 aprobó el Marco Común de las Cartas de Servicios en las Administraciones Públicas españolas en cuya elaboración intervino AEVAL. La supresión de la Agencia se produce en 2017 por medio del RD 769/2017, de 28 de julio, sin embargo, la Ley 27/2022, de 20 de diciembre, de institucionalización de la evaluación de políticas públicas en la Administración General del Estado, la recupera con otra denominación, señalando en su preámbulo y reiterándolo en el art 29 del texto legal que se autoriza la creación de la Agencia Estatal de Evaluación de Políticas Públicas con la finalidad de asegurar una calidad homogénea en la práctica de la evaluación, con lo cual de nuevo revive el organismo, aunque de momento la creación anunciada no se ha producido.

cas, señalando el art. 10 que se impulsará la implantación generalizada de las cartas de servicios, prestándose colaboración a los órganos y organismos que la requieran en su elaboración. Además, se prevé que las cartas se actualicen periódicamente en función de las circunstancias y, en cualquier caso, al menos cada tres años.

Respecto a la difusión, las cartas de servicios y sus posteriores actualizaciones serán aprobadas mediante resolución del Subsecretario del departamento al que pertenezca el órgano o esté vinculado o adscrito el organismo proponente, siendo publicada dicha resolución en el BOE, lo que dará cuenta de la aprobación de la carta y de su disponibilidad para el público. A partir de ese momento, cada órgano u organismo llevará a cabo las acciones divulgativas de su carta que estime más eficaces, *garantizando siempre que puedan ser conocidas por los usuarios en todas sus dependencias con atención al público, en el servicio de atención e información al ciudadano del correspondiente ministerio y a través de Internet* (art. 11). Esta obligación de tener a disposición las cartas en las entidades administrativas no se cumple en algunos supuestos, señalándose que las cartas de servicios estarán disponibles en la sede electrónica del Ministerio u organismo público correspondiente, remitiéndose al Portal de la Transparencia de la Administración General del Estado, así como al Punto de Acceso General de la Administración General del Estado (PAG), con el fin de garantizar el acceso a esta información por parte de los ciudadanos y usuarios[27]. Lo más sorprendente es que para nada se hace referencia a lo dispuesto en el RD 951/2015 y, sin embargo, se dice que esta forma de difusión se hace *"de conformidad con lo dispuesto en la Ley 39/2015, de 1 de octubre, del Procedimiento Administrativo Común de las Administraciones públicas, y el Reglamento de actuación y funcionamiento del sector público por medios electrónicos, aprobado por el Real Decreto 203/2021, de 30 de marzo"*. ¿En algún precepto de la Ley 39/2015 o del RD 203/2021 se hace referencia a las cartas de servicios? La respuesta es negativa, con lo cual, aunque las Administraciones públicas deben tener actualizados y disponibles sus inventarios de información administrativa (en el propio RD 951/2005, ya se contemplaba esta posibilidad)[28], ello no lleva consigo la desaparición de las cartas de servicios de las dependencias administrativas para que todos los ciudadanos puedan tener acceso a ellas[29]. No parece admisible en ningún modo que solamente los ciudadanos que puedan acceder electrónicamente a la información puedan ser conocedores de las cartas de servicios, en un

---

27. Así, por citar alguna reciente la Resolución 400/38509/2024, de 27 de noviembre, de la Subsecretaría, por la que se aprueba la Carta de servicios convencional del Instituto Social de las Fuerzas Armadas o la Resolución de 30 de agosto de 2024, de la Subsecretaría, por la que se aprueba la actualización de la Carta de Servicios de Información y Atención al Ciudadano del Ministerio de Industria y Turismo.

28. Así se señala en el art. 9 del RD 4/2010, de 8 de enero, de por el que se aprueba el Esquema Nacional de Interoperabilidad en el ámbito de la Administración electrónica.

29. GAMERO CASADO, E., FERNÁNDEZ RAMOS, S. (2023): *Manual básico de Derecho Administrativo*, Tecnos, vigésima edición, p. 127.

ejemplo más, de cómo los ciudadanos que no se relacionan digitalmente con las administraciones públicas parece que han visto mermados sus derechos. La calidad y el buen funcionamiento de las administraciones públicas exige no excluir a una parte de la ciudadanía del acceso a la información sobre servicios y prestaciones, ni de la posibilidad de trasladar quejas y sugerencias o la de manifestar su mucha o poca satisfacción con la atención recibida. No parece que la discriminación de los ciudadanos en función de sus capacidades digitales sea compatible con la mejora de la calidad en la prestación de servicios, mucho menos con el derecho a una buena administración. La Administración debe avanzar lo máximo posible en calidad y desarrollo de los servicios digitales puesto que los ciudadanos tienen derecho a relacionarse con la Administración de forma electrónica (art. 12, Ley 39/2015), pero ello no puede implicar dejar atrás a una buena parte de la ciudadanía, ni privarles en modo alguno de sus derechos en las relaciones con las Administraciones públicas[30], porque recordemos que el art. 14.1 de la Ley 39/2015 recoge la posibilidad de elección "en todo momento" respecto a la forma de comunicarse con las Administraciones públicas para el ejercicio de sus derechos y obligaciones, sin que se imponga en exclusiva el uso de medios electrónicos[31].

En cuanto al contenido de las cartas de servicios, estas se expresarán de forma clara, sencilla y comprensible para los ciudadanos y podrán tener distinto carácter, incluyendo los datos identificativos y fines del órgano u organismo; los principales servicios que presta; los derechos concretos de los ciudadanos y usuarios en relación con dichos servicios; fórmulas de colaboración o participación de los usuarios en la mejora de los servicios; una relación sucinta y actualizada de la normativa reguladora de las principales prestaciones y servicios, así como el acceso al sistema de quejas y sugerencias. Respecto a los compromisos de calidad se contempla que contengan los diferentes niveles o estándares de calidad que se ofrecen y, en todo caso, los plazos previstos para la tramitación de los procedimientos, así como, en su caso, para la prestación de los servicios,

---

30. ARIAS MARTÍNEZ, M.A (2024): *cit.* pp. 33-34; GAMERO CASADO, E. (2021): "Cambio de tendencia en la jurisprudencia del Tribunal Supremo sobre administración digital (Comentario de varias sentencias de 2021 que flexibilizan el cumplimiento de requisitos por los ciudadanos o aumentan las exigencias a la Administración en las relaciones electrónicas)", *Revista Andaluza de Administración Pública*, n.º 110, 2021, pp. 163-182.

31. BELTRÁN CASTELLANOS, J.M. (2024: 89). Señala expresamente que *"la legislación debería haber mantenido la relación con las Administraciones públicas por medios electrónicos como un derecho de los ciudadanos y como una obligación correlativa para las Administraciones. De manera que todas las personas pudieran elegir en todo momento si se comunican con la Administración a través de medios electrónicos o no. Siendo así las cosas, si la relación electrónica con la Administración fuera siempre y en todo caso opcional (sin excepción, incluso para las personas jurídicas), hoy no tendría sentido hablar de brecha digital en este ámbito, quien quisiera utilizar las innegables ventajas de lo electrónico podría, pues para quien es capaz y dispone de los medios, puede suponer un importante ahorro de costes (particularmente, de desplazamientos) y de tiempo (sin colas ni esperas). Y para quien prefiriese la relación tradicional, presencial, la atención personal y guiada por un empleado o empleada pública, podría recurrir a ella".* Creo que se puede estar totalmente de acuerdo con estas afirmaciones.

los mecanismos de información y comunicación disponibles, ya sea general o personalizada y los horarios, lugares y canales de atención al público (esta información tiene una especial relevancia porque da lugar a la satisfacción del derecho a la información de los particulares); finalmente, las cartas pueden incluir medidas que aseguren la igualdad de género, que faciliten al acceso al servicio, que mejoren las condiciones de la prestación, medidas relacionadas con el medio ambiente o con la prevención de riesgos laborales, así como los indicadores utilizados para la evaluación de la calidad y específicamente para el seguimiento de los compromisos (art. 9). Una especial relevancia desde el punto de vista de los usuarios para la operatividad de las cartas de servicios son las medidas de subsanación en caso de incumplimiento de los compromisos declarados, acordes con el contenido y régimen jurídico de prestación del servicio. En este punto, la norma se aleja de la posibilidad de que el incumplimiento de los mismos dé lugar a un supuesto de responsabilidad patrimonial[32], más bien parece entender que esos incumplimientos entrarían dentro de los inconvenientes y molestias que los particulares tienen el deber jurídico de soportar sin indemnización alguna, pero sin duda su fijación y el grado de su cumplimiento, permite visualizar los llamados estándares de calidad del servicio, que como es conocido, son frecuentemente utilizados ante la administración y ante los tribunales para la fijación del funcionamiento de los servicios públicos como normal o anormal. Lo que sí señala la norma con claridad es que las cartas deben contener el modo de formular las reclamaciones por incumplimiento de los compromisos, cuyo reconocimiento corresponderá al titular del órgano u organismo al que se refiera la carta. Además, se aclara, que en el supuesto de que se prevean medidas de subsanación de contenido económico, estas requerirán informe preceptivo favorable del Ministerio de Hacienda, si bien estas previsiones no son frecuentes[33], salvo en servicios liberalizados cuya compensación viene impuesta muchas veces por la normativa europea, como ocurre con el transporte ferroviario, donde además las compensaciones mínimas por los incumplimientos de los compromisos de calidad se encuentran fijados en las propias normas reguladoras, lo que las dota de carácter obligatorio a diferencia de lo que ocurre con las cartas de servicios, con la posibilidad de que si los incumplimientos se vuelven frecuentes se puedan reducir los compromisos de calidad/puntualidad para evi-

---

32. Se señala que "en ningún caso darán lugar a responsabilidad patrimonial por parte de la Administración", (art. 9, apartado c)) lo cual no puede ser señalado con tanta rotundidad en un Real Decreto porque el hecho de que estemos ante un supuesto de responsabilidad patrimonial dependerá de que se haya producido una lesión resarcible de acuerdo con el art. 34 de la Ley 40/2015.

33. CARAZA CRISTÍN, M.M. (2018): "Análisis sobre la implantación del singular modelo de Cartas de Servicios en Cataluña", *REALA*, Nueva Época, nº 9, pp. 41-59 señala esta autora que las formas de compensación más frecuentes son la *"petición de disculpas; explicación de cuáles hayan sido las circunstancias que provocaron el incumplimiento en cuestión; comunicación de las medidas adoptadas para evitar que se vuelva a producir dicho incumplimiento; reparación del daño o perjuicio causados; y compensación o resarcimiento económico o de otra índole".*

tar que se disparen los importes de las indemnizaciones, como ha sucedido de forma reciente en nuestro país[34].

Por último, dentro de los contenidos de carácter complementario, se incluyen las direcciones telefónicas, telemáticas y postales de todas las oficinas donde se prestan cada uno de los servicios, indicando claramente la forma de acceso y los medios de transporte público. En relación con las direcciones telefónicas, cuyo conocimiento y disponibilidad tanto puede ayudar a facilitar la atención ciudadana, se debe denunciar su práctica desaparición de las páginas web y de los portales de transparencia; el listado completo de las direcciones telefónicas de los distintos servicios y unidades debe estar disponible y su ocultación no se compensa con una remisión genérica a las líneas generales de atención ciudadana, como es el 060, que es lo que hacen las actuales Cartas de Servicios de la AGE, incumpliendo frontalmente lo dispuesto en la norma que comentamos[35]. Los números de teléfonos de cada servicio, unidad o responsable se ha convertido en una información poco menos que secreta, sin que haya ningún motivo o justificación para ello, más allá de la de privar a los ciudadanos de su derecho a ser atendidos vía telefónica. La cuestión está llegando a lo ridículo, pues esta barrera no afecta ya solamente a los ciudadanos, sino que es frecuente que los propios empleados públicos que trabajamos en las Administraciones tengamos dificultades para localizar los números de teléfono de ciertos órganos de nuestra propia entidad. Igualmente, se debe incluir la dirección postal, telefónica y telemática de la unidad operativa responsable para todo lo relacionado con la carta de servicios, incluidas las reclamaciones por incumplimiento de los compromisos y otros datos de interés sobre la organización y sus servicios.

Finalmente, en relación con el RD 951/2005 haremos referencia a las previsiones sobre el programa de análisis de la demanda y de evaluación de la satisfacción de los usuarios de los servicios, que se recoge en el art. 5 y conforme al cual los órganos y organismos de la AGE realizarán estudios de análisis de la demanda y de evaluación de la satisfacción de los usuarios con respecto a los servicios de cuya prestación sean responsables. El objeto de estos estudios es la detección de las necesidades y expectativas de los usuarios acerca de los aspec-

---

34. Los retrasos reiterados tanto en los servicios de alta velocidad como de media distancia han llevado a que a partir del 1 de julio de 2024 RENFE haya optado por reducir su compromiso de puntualidad, generando derecho a indemnizar solamente a partir de retrasos de una hora en alta velocidad (50% del importe del billete) y a partir de 90 minutos el reembolso total. En todo caso, se mantiene dentro de las exigencias mínimas que se fijan en la normativa europea y nacional, como no podría ser de otra forma.

35. Así, la Carta de Servicios del Portal de Transparencia de la Administración General del Estado para el periodo 2025-2028, aprobada por Resolución de 23 de mayo de 2025, de la Subsecretaría del Ministerio de Transformación Digital y de la Función Pública.

En la de MUFACE 2025-2028 aparecen los teléfonos de las delegaciones provinciales, pero igualmente se remite al 060; también se señala un servicio de atención telefónica personalizado para mayores de 75 años, cuyos números de teléfono no se facilitan y que cuya averiguación exige acudir a la página web. Por lo tanto, si alguna persona no tiene acceso digital a la página web le resultará prácticamente imposible localizar dichos teléfonos.

tos esenciales del servicio, en especial sus requisitos, formas y medios para acceder al mismo y los tiempos de respuesta. En cuanto a los trabajos de evaluación de la satisfacción de los usuarios, estos tendrán por objeto la medición de la percepción que tienen los mismos sobre la organización y los servicios que se les han prestado. Sin embargo, en los últimos tiempos la sensación generalizada es que justamente las Administraciones han decidido vivir ajenas a esas necesidades y expectativas de los ciudadanos, si no fuera así difícilmente se entendería que se haya podido llegar al punto que hemos llegado.

La última norma que va a ser mencionada en este apartado es la Ley 27/2022, de 20 de diciembre, de institucionalización de la evaluación de políticas públicas en la Administración General del Estado, cuyo Preámbulo recuerda que: *"La pandemia ha puesto de manifiesto el papel clave, esencial e insustituible del Estado para dar una respuesta eficaz desde los servicios públicos en entornos de enorme incertidumbre y ha supuesto un ejemplo paradigmático de que el fin último de las administraciones públicas es servir a los ciudadanos y ciudadanas, garantizar sus derechos y libertades y ofrecer servicios y prestaciones públicas acordes a una sociedad cohesionada y justa, vertebrando el modelo de Estado autonómico y del bienestar en el conjunto del país"* y fija como objetivos finales de la evaluación pública los siguientes: optimizar el proceso de toma de decisiones públicas, mejorar la planificación y los instrumentos de la acción pública, impulsar la innovación en la actuación del sector público, colaborar en la consecución de la eficiencia en la asignación y utilización de los recursos públicos, permitir, con sistemas de recogida, valoración y difusión de la información, el control de responsabilidades y la rendición de cuentas a la sociedad y contribuir a mejorar la situación de los retos de la sociedad y del desarrollo sostenible) que debieran servir para impulsar la mejora de la actuación administrativa, pero que dado lo reciente de la norma todavía no se percibe su posible incidencia en los distintos ámbitos de actuación. En todo caso, siendo indispensable la evaluación de la actuación pública, la experiencia nos dice que la evaluación no sirve si a continuación no se adoptan de forma inmediata las medidas necesarias para reconducir las carencias y malas prácticas detectadas.

1.2. Previsiones autonómicas sobre atención ciudadana y calidad de los servicios

1.2.1. Principios de actuación: el derecho a una buena administración

En el ámbito autonómico, con carácter general podemos afirmar que, a partir de los Estatutos de Autonomía de tercera generación,[36] se muestra un mayor interés por parte del legislador en concretar nuevos derechos de los ciudadanos

---

36. Se denominan así a los Estatutos que siguieron al nuevo Estatuto catalán de 2006 (LO 6/2006, de 19 de julio).

en sus relaciones con las Administraciones Públicas. Las normas estatutarias han recogido nuevos derechos como el derecho de los ciudadanos a una buena administración[37], ya señalado, pero también el derecho a acceder en condiciones de igualdad a los servicios públicos, a la calidad de dichos servicios, a que existan cartas de derechos de los usuarios o el derecho a presentar quejas, reclamaciones, peticiones o recursos ante las Administraciones[38] e incluso a que estos *sean resueltos en los plazos adecuados*[39]. Esta última previsión refuerza sin duda la posición jurídica del administrado, puesto que la resolución en plazo constituye uno de los puntos débiles de la actuación administrativa que más afecta a

---

37. Sin ánimo exhaustivo, existen en estos momentos abundantes trabajos en la doctrina en relación con la buena administración desde diferentes perspectivas: PONCE SOLÉ, J. (2001): *Deber de buena administración y derecho al procedimiento administrativo debido: las bases constitucionales del procedimiento administrativo y del ejercicio de la discrecionalidad,* Lex Nova; (2019): *La lucha por el buen gobierno y el derecho a una buena administración mediante el estándar jurídico de diligencia debida,* Editorial Universidad de Alcalá. (2022): "Propuestas concretas para mejorar la regulación del buen gobierno y hacer efectiva la específica obligación jurídica de diligencia debida derivada del derecho a una buena administración", en Bermúdez Sánchez, J.A. (coord..), *La reforma de la regulación de transparencia y buen gobierno en España,* pp. 267-301; RODRÍGUEZ-ARANA MUÑOZ, J. (2010): "El derecho fundamental a la buena administración en la Constitución Española y en la Unión Europea", *Revista Galega de Administración Pública,* núm. 40, pp. 233-263; BARNÉS VÁZQUEZ, J. (2019): "Buena administración, principio democrático y procedimiento administrativo", *Revista digital de Derecho Administrativo,* 21; MATILLA CORREA, A. (2020): *La buena administración como noción jurídica-administrativa,* Dykinson; MENÉNDEZ SEBASTIÁN, E. (2020): "La buena administración en la gestión de los servicios públicos", en Tolivar Alas, L. y Cueto Pérez, M. (Dir.), *La prestación de servicios socio-sanitarios: nuevo marco de la contratación pública,* pp. 171-199; (2021) *De la función consultiva clásica a la buena administración. Evolución en el Estado social y democrático de Derecho,* Marcial Pons; MENÉNDEZ SEBASTIÁN, E y BALLINA DÍAZ, J. (2022): *Sostenibilidad social y ciudadanía administrativa digital,* REUS, en especial, pp. 49-77;

38. Así, en el art. 29.5 el Estatuto de Cataluña se señala que: *"Todas las personas tienen derecho a dirigir peticiones y a plantear quejas, en la forma y con los efectos que establecen las leyes, a las instituciones y la Administración de la Generalitat, así como a los entes locales de Cataluña, en materias de las respectivas competencias. La ley debe establecer las condiciones de ejercicio y los efectos de este derecho y las obligaciones de las instituciones receptoras".* En el art. 31 por su parte se reconoce que: *"Todas las personas tienen derecho a acceder en condiciones de igualdad a los servicios públicos y a los servicios económicos de interés general. Las Administraciones públicas deben fijar las condiciones de acceso y los estándares de calidad de estos servicios, con independencia del régimen de su prestación"* y que *"Las leyes deben regular (…) los casos en que las Administraciones públicas de Cataluña y los servicios públicos que de ella dependen deben adoptar una carta de derechos de los usuarios y de obligaciones de los prestadores".* El Estatuto de Autonomía de Castilla y León, (Ley Orgánica 14/2007, de 30 de noviembre, de reforma del Estatuto de Autonomía de Castilla y León) señala en su art. 11.6 el derecho a el derecho a presentar peticiones ante cualquier Administración de la Comunidad y en el art. 12 el derecho a recibir información suficiente sobre los servicios y prestaciones a los que pueden acceder y sobre las condiciones del acceso a los mismos y a presentar quejas sobre el funcionamiento de los servicios públicos. En el Estatuto de Autonomía de las Islas Baleares (Ley Orgánica 1/2007, de 28 de febrero, de reforma del Estatuto de Autonomía) en su art. 14 se señala que todos los ciudadanos tienen derecho a que las Administraciones públicas traten sus asuntos de forma objetiva e imparcial y en un plazo razonable, a gozar de servicios públicos de calidad, por dar cuenta de algunos ejemplos sin ánimo exhaustivo.

39. Así en el Estatuto de Aragón en su art. 16 y en el art. 14 del Estatuto de las Islas Baleares

los ciudadanos, y que se configura en la Ley 39/2015, como un deber de la Administración (arts. 20 y 21), pero no como un derecho de los particulares, aunque estos pueden exigir la responsabilidad por los retrasos o dificultades en la tramitación del procedimiento a los responsables (art. 20.2)[40].

En cuanto al desarrollo normativo de estas previsiones estatutarias podemos fijarnos en algunas regulaciones que suponen avances evidentes respecto a lo dispuesto en las Leyes 39 y 40/2015. Así, la ya mencionada Ley 2/2010, de 11 de marzo, de Derechos de los Ciudadanos en sus relaciones con la Administración de la Comunidad de Castilla y León y de Gestión Pública, reformada en 2015 y 2017, constituye un referente temprano en el refuerzo de la posición jurídica de los ciudadanos frente a la Administración, siendo la Ley 3/2022, 12 de mayo, del sector público del País Vasco, la más reciente y decidida en la regulación del *"funcionamiento del sector público al servicio a la ciudadanía"* legitimado en el interés general. Otras Leyes que tendremos en cuenta en el análisis serán la Ley 26/2010, de 3 de agosto, de régimen jurídico y de procedimiento de las administraciones públicas de Cataluña, en la que como ocurre con la de Castilla y León, se recoge expresamente el derecho a una buena administración, con todas las implicaciones que ello supone, junto con la Ley 19/2014, de 29 de diciembre, de transparencia, acceso a la información pública y buen gobierno de Cataluña, que es un referente en la regulación de las cartas de servicios, así como la Ley 1/2015, de 1 de abril, de garantía de la calidad de los servicios públicos y de la buena administración de Galicia, sucesora de la Ley 4/2006, pionera en el reconocimiento del derecho a la buena administración.

En primer lugar, se hará referencia a los principios de actuación de la administración que se recogen en estas leyes autonómicas, entre los que cabe destacar la legitimación de la actuación administrativa en la satisfacción de las necesidades reales de los ciudadanos (art. 5 Ley 2/2010 Castilla y León), de forma que la legitimidad democrática de su actuación se asienta en la búsqueda del interés general y la voluntad de servir a la sociedad (art. 63 Ley 3/22 País Vasco); otro principio presente es el principio de simplicidad y comprensibilidad, que implica que la Administración ha de utilizar técnicas y métodos que permitan la simplificación de trámites, *la eliminación de procedimientos innecesarios y la disminución de los tiempos de espera o de respuesta,* junto con la utilización de un lenguaje accesible, claro y comprensible para los ciudadanos en normas,

---

40. GARCÍA DE ENTERRÍA, E. y FERNÁNDEZ RODRIGUEZ, T.R.(2024): *Curso de Derecho Administrativo*, vol II, decimoctava edición, pp. 513-515, se señala que mucho más eficaz, que recoger la responsabilidad disciplinaria del personal al servicio de la administración, hubiese sido declarar la responsabilidad de la propia administración, *"si el incumplimiento de los plazos, expresión clara de un funcionamiento anormal del servicio, deriva en daño efectivo y evaluable económicamente para los interesados"* pero la Ley *"no ha tenido tampoco el valor necesario"*. Lo cual se ha visto agravado *"por una jurisprudencia no muy beligerante en este punto"*, que solamente reconoce la responsabilidad cuando se producen retrasos totalmente sangrantes y abusivos.

procedimientos administrativos y medios públicos de información de los servicios[41].

De especial relevancia para el objeto de este trabajo resulta el principio *de anticipación o proactividad* de la Administración, principio que ahora ha sido expresamente incorporado a algunos ámbitos, como los de transparencia y protección de datos[42], de manera que el diseño de políticas públicas y la gestión y prestación de servicios públicos ha de anticiparse a los problemas y demandas de los ciudadanos. Este principio tiene una especial relevancia para impulsar la transformación de una Administración pasiva a una Administración proactiva cuya gestión se adelante a las necesidades planteadas por los ciudadanos, facilitando en todo momento la realización de trámites, el traslado de información y el cumplimiento de plazos por parte de los particulares. La digitalización de los procedimientos, la enorme cantidad de información y de datos interoperables en manos del sector público y la incorporación de la inteligencia artificial a la gestión debería dar un impulso a esta nueva forma de actuar (una verdadera Administración del siglo XXI). Esa proactividad debe llevar a que muchos trámites, incluso el reconocimiento de derechos, se realicen por la Administración de forma automática sin necesidad de que el ciudadano lo demande. La Administración debe superar inercias obstaculizadoras, como la de seguir exigiendo la aportación de documentos que ya obren en su poder, a pesar del derecho reconocido a no presentarlos (art. 53 y 28 de la Ley 39/2015)[43] o la falta de reconocimiento jurídico de una determinada situación jurídica, aunque sea la

---

41. En la LDCCYL se señala expresamente que las resoluciones de la Administración *"se redactarán en términos claros y sencillos, utilizando un lenguaje que, respetando las exigencias técnicas y jurídicas, resulte comprensible"* (art. 19.2).

42. La Ley 19/2013, de 9 de diciembre, de transparencia, acceso a la información pública y buen gobierno (cap. II del Título I, arts. 5 y ss.); Reglamento (UE) 2016/679 del Parlamento Europeo y del Consejo, de 27 de abril de 2016, relativo a la protección de las personas físicas en lo que respecta al tratamiento de datos personales y a la libre circulación de estos datos y por el que se deroga la Directiva 95/46/CE (Reglamento general de protección de datos) recoge en su art. 5.2 el principio de responsabilidad proactiva.

43. STS 20 de abril de 2009, rec. 4522/2005 (RJ 4044/2009) y más recientemente la STS de 12 de enero de 2023 (JUR\2023\93788):ECLI:ES:TS:2023:118. En este último supuesto se declara el derecho de un solicitante de renovación de residencia temporal en España a no presentar la certificación de estar al corriente de pago en las cotizaciones a la Seguridad Social al haber autorizado en su solicitud que la Administración pudiese acceder a la documentación, sin que pueda ser requerido *"a la aportación de documentos en los que funda la solicitud, cuando éstos obran ya en poder de las Administraciones o han sido elaborados por ellas, teniendo éstas obligación de solicitarlos de la correspondiente Administración a través de interconexión telemática"*. Este derecho se relaciona con el derecho a una buena administración y con la obligación de la Administración de ser proactiva en la tramitación de los procedimientos. En el mismo sentido la STSJ de Aragón de 7 de noviembre de 2024 ECLI:ES:TSJAR:2024:1873 que anula la resolución de desistimiento dictada tras el requerimiento de subsanación en una solicitud para entrar en la bolsa de alquiler social de vivienda al amparo del art. 28.2 de la Ley 39/2015, por haber requerido la aportación de documentación que obraba en poder de otra Administración sin que la solicitante hubiese obtenido en el plazo de subsanación dicha documentación. Tempranamente sobre esta cuestión TOLIVAR ALAS, L. (1993): "Sobre el carácter novedoso de algunos derechos procedimentales", *REDA*, n 80, pp. 623-634.

Administración plenamente conocedora de la misma y del derecho del particular a obtener una determinada prestación[44]. Por último, y relacionado con el anterior se va a hacer referencia al principio de *mejora continua*, cuya consecución supone que las administraciones implantarán procesos de constante evaluación al objeto de detectar deficiencias y carencias y proceder a su corrección, con la finalidad de lograr una mejor y más eficiente prestación de servicios a la ciudadanía, especialmente reduciendo de forma progresiva los tiempos de respuesta.

Todos estos principios de actuación dan lugar a su vez al desarrollo de una serie de derechos para los particulares, que van claramente más allá de lo dispuesto en las Leyes 39 y 40/2015 y que refuerzan claramente su posición jurídica. Entre estos derechos señalaremos los que se integran en el derecho a una buena administración, cuya concreción queda en manos de cada legislador, sin que como veremos se dé un tratamiento homogéneo en cada una de las regulaciones, incluyendo a veces el derecho a la atención ciudadana y el derecho a unos servicios públicos de calidad en ese principio y en otros casos considerando a estos últimos con carácter autónomo.

Como se acaba de señalar, el *derecho a una buena administración* se perfila de forma diferente en las distintas Leyes autonómicas, lo que no ha de extrañar dadas las dificultades para la delimitación del concepto[45]. Así la Ley 2/2010 de Castilla y León dedica prácticamente todo su contenido a configurar este derecho a través del reconocimiento de otros derechos desarrollados en el Título I de la Ley, partiendo del derecho de los ciudadanos al acceso a los servicios públicos, señala en primer lugar en el art. 9 *que los ciudadanos tienen derecho a elegir el medio o canal de acceso a los servicios prestados por la Administración, en los términos establecidos en la normativa reguladora del procedimiento administrativo común* (por lo tanto, se considera que hay un derecho de elección en la forma de relacionarse con la Administración, lo que afecta al servicio de atención ciudadana), garantizando el acceso a los servicios en condiciones de igualdad. De igual forma se contempla la presencia de los ciudadanos en las dependencias administrativas, señalando la posibilidad de que los mismos puedan acceder sin barreras físicas o arquitectónicas a cualquier edificio, sin más limitaciones que las impuestas por la propia ordenación de ese libre acceso. Además de estos derechos que se engloban en el cap. I, la Ley contempla otros cinco capítulos que regulan el derecho a la información, los derechos procedimentales, el derecho a formular quejas, el derecho a exigir responsabilidades y el derecho a la participación. Sin embargo, la Ley 26/2010, de 3 de agosto, de régimen jurídico y de procedimiento de las administraciones públicas de Cataluña, coetánea a la de Castilla y León, regula el derecho a una buena administración de los ciudadanos en el art. 22 de una forma mucho más limitada, señalan-

---

44. A modo de ejemplo, a día de hoy sería posible que un alumno de una universidad pública que ha obtenido beca el primer curso, ya no tuviese que solicitar su renovación curso tras curso, puesto que la Administración puede tener acceso a su expediente académico y a la situación económica de su unidad familiar, y podría proceder a la renovación de forma automática.

45. MENÉNDEZ SEBASTIAN, E. y BALLINA DÍAZ (2022: 54 y ss).

do que incluye el derecho a que la actuación administrativa sea proporcional a la finalidad perseguida, a participar en la toma de decisiones y, especialmente, el derecho de audiencia y el derecho a presentar alegaciones en cualquier fase del procedimiento administrativo, así como el derecho a que las decisiones de las administraciones públicas estén motivadas (por lo tanto, con un contenido bastante ajustado a lo que recoge el art. 41 de la Carta Europea de Derechos Fundamentales). Además, incluye el derecho a obtener una resolución expresa y a que se les notifique dentro del plazo legalmente establecido, lo cual supone un avance puesto que, como ya se ha señalado, el derecho a la resolución en plazo no se encuentra reconocido en la normativa estatal, y finalmente, el derecho a no aportar los datos o los documentos que ya se encuentren en poder de las administraciones públicas o de los cuales estas puedan disponer y el derecho a conocer en cualquier momento el estado de tramitación de los procedimientos en los que son personas interesadas (derechos que sí aparecen en la legislación estatal). La Ley, sin embargo, también reconoce *el derecho a la no-discriminación y a una atención adecuada* (art. 21), por lo tanto, no integra este derecho en el derecho a una buena administración, y su contenido se centra en el derecho de los ciudadanos a ser atendidos con el respeto y la consideración que merece su dignidad, sin discriminación por razón de nacimiento, sexo, raza, origen, religión, orientación sexual, opinión o cualquier otra circunstancia personal o social, el derecho a obtener de las administraciones públicas *servicios de atención, información y orientación para el ejercicio y la protección de sus derechos e intereses, en el cumplimiento de sus deberes y obligaciones y en la redacción de documentos administrativos* y ese derecho incluye a su vez el derecho a escoger, entre los medios que en cada momento estén disponibles, el que los ciudadanos deseen utilizar para recibir los servicios de atención, información y orientación, *que pueden ser la asistencia a oficinas presenciales, la atención telefónica,* en la medida en que los criterios de seguridad lo permitan, los medios electrónicos u otros que sean técnicamente posibles y económicamente proporcionales. Y si este precepto precedía al derecho a la buena administración a continuación, el art. 23 lo sucede recogiendo el derecho a unos servicios públicos de calidad, lo que implica *acceder en condiciones de igualdad, plantear las sugerencias y las quejas relativas al funcionamiento de la actividad administrativa,* obligando a que el Gobierno autonómico *estableciese por decreto el procedimiento específico para la atención y la respuesta a las sugerencias, reclamaciones y quejas con relación a la prestación de los mismos.* Esta última previsión podría también formar parte perfectamente del derecho a la atención ciudadana.

La Ley 1/2015 de Galicia señala en su art. 3 que la buena administración implica el derecho a recibir un trato respetuoso, imparcial y sin discriminaciones, *a recibir atención, orientación e información de carácter general dentro de los límites establecidos en la normativa,* a identificar a las autoridades y al personal al servicio del sector público autonómico bajo cuya responsabilidad se tramiten los procedimientos, *a presentar sugerencias y quejas sobre la prestación de los servicios públicos, que contribuyan a su mejor funcionamiento,* y lo que resulta fundamental en estos momentos, *el derecho a relacionarse con la Administración autonómica a través de cualquiera de las modalidades de atención a la ciudadanía.* A continuación, la Ley dedica todo el Título I al derecho a una buena administración y a la eficacia administrativa, con un amplio desarrollo de la atención a la ciudadanía (arts. 6 a 17), por lo tanto, en este caso sí se integra en el derecho a una buena administración, para luego centrarse en la gestión, evaluación y supervisión de la calidad de los servicios públicos y en la propia calidad de los mismos (Títulos II y III).

Por último, se hará referencia a la Ley 3/2022 del País Vasco, que dado su carácter más reciente regula de una forma mucho más detallada el contenido del derecho a una buena administración que tienen los ciudadanos (art. 64), incluyendo en el mismo un largo listado de derechos que en algunos casos incluyen a su vez el reconocimiento de otros derechos. De esta enumeración se mencionarán aquellos aspectos que resultan más novedosos para el objeto de este trabajo. Se incluye, el derecho a que los asuntos de los ciudadanos sean tratados dentro de un plazo razonable, pudiendo conocer los motivos de las demoras que sean inevitables (habrá que concretar cuáles son las demoras inevitables); también el derecho a la defensa de los derechos reconocidos por la legislación en su relación con la Administración pública, a través de los recursos correspondientes; derecho a la simplicidad de los trámites y procedimientos de la Administración pública y a no presentar los documentos no exigidos por las normas aplicables a los procedimientos o que se hallen ya en poder de la Administración pública. De especial relevancia resulta que se reconozca de forma expresa el derecho a poder acceder de forma igualitaria a unos servicios públicos de calidad, *incluyendo un servicio que garantice una atención adecuada, y siendo dichos servicios prestados sin interrupciones y de forma que sean continuamente evaluables.* También se incluye el derecho a formular sus solicitudes, sugerencias, agradecimientos o quejas, utilizando los canales, medios e instrumentos facilitados por la Administración y de acuerdo, en su caso, a la regulación orgánica del derecho de petición; por último, vamos a resaltar que se incluye el derecho a conocer cuáles son sus derechos y deberes en relación con los servicios prestados por las administraciones públicas y *a ser asesoradas o asesorados y, en su caso, ayudadas,* para el efectivo ejercicio de sus derechos y la correcta recepción de dichos servicios públicos, sin perjuicio del asesoramiento que, sobre estas mismas materias, puedan prestar de forma profesional empresas o personas particulares[46]. La expresión derecho a ser ayudada tiene un contenido que obliga a la Administración a ser proactiva a prestar ayuda, lo que implica

---

46. Además de los señalados en el texto, se incluye como parte del derecho a una buena administración en el art.64.3:

b) el derecho a la participación en los asuntos públicos en los términos que esta ley establece.

c) Derecho de audiencia previa respecto a toda medida individual que le afecte, conforme dispongan las normas de procedimiento administrativa común.

d) Derecho a una información pública veraz y de calidad, incluyendo el acceso a los archivos y registros existentes en la Administración pública, en los términos que la ley establezca, así como el

que ha de intentar eliminar por todos los medios los obstáculos que se encuentren los ciudadanos en sus relaciones con la Administración.

1.2.2. Atención a la ciudadanía y calidad de los servicios públicos

En cuanto a las previsiones sobre *atención ciudadana*, la mayoría de las leyes analizadas entienden que este derecho se integra o forma parte del derecho a una buena administración (Castilla y León, Galicia, y País Vasco). Y de nuevo es necesario afirmar que en el Derecho autonómico la atención a la ciudadanía presenta claramente un mayor desarrollo que en el ámbito estatal y se configura como un conjunto de medios que el sector público autonómico pone a disposición de los ciudadanos para facilitarles el ejercicio de sus derechos, el cumplimiento de sus obligaciones y el acceso a los servicios públicos. Esto implica para la Administración pública el deber de generar los mecanismos adecuados para alcanzar la calidad de la prestación del servicio, teniendo en cuenta las necesidades y expectativas de la ciudadanía, a fin de lograr una relación más sencilla entre esta y el sector público. La atención a la ciudadanía implica el recibimiento y la acogida, la orientación, la información, la recepción y el registro de documentos, así como la admisión de sugerencias y de quejas. La Ley 3/2022 del País Vasco habla indistintamente de atención ciudadana, atención a la ciudadanía y de interacción con la ciudadanía, esta última expresión consistiría en *"crear un espacio constructivo de relaciones que permitan a la ciudadanía el ejercicio de sus derechos, el cumplimiento de sus obligaciones y el acceso a la información, como base, por una parte, para el logro de una ciudadanía informada, participativa, activa y corresponsable con los asuntos públicos, y, por otra, para la consecución de una administración más abierta y accesible a la ciudadanía y más transparente en su gestión".*

Lo más importante en estos momentos es que se mantenga/establezca un sistema de atención multicanal (art. 75 Ley 3/2022 del País Vasco, arts. 6 y ss. de la Ley 1/2015 de Galicia, art. 21.3 de la Ley 26/2010 de Cataluña) que facilite la comunicación a través de canales presenciales, telefónicos o telemáticos mediante el uso de medios basados en internet, siempre que se garantice un verdadero derecho de elección por parte de la ciudadanía, en cuanto a la forma

---

acceso al expediente que le afecte, dentro del respeto a los intereses legítimos de la confidencialidad, de la protección de sus datos de carácter personal y del secreto profesional y comercial.

e) Derecho a la motivación de las decisiones públicas y, en particular, de las que afecten a sus intereses, en los términos previstos en las leyes de procedimiento.

f) Derecho a la reparación de los daños causados por la Administración o sus entes institucionales o instrumentales en el ejercicio de sus funciones, de conformidad con lo previsto por las leyes vigentes en materia de responsabilidad patrimonial de la Administración.

g) Se garantizará el derecho de la ciudadanía a relacionarse en euskera con los sujetos integrantes del conjunto del sector público vasco, para lo que se garantizarán los derechos lingüísticos de toda la ciudadanía.

l) Derecho a identificar a las autoridades o al personal bajo cuya responsabilidad se presta el servicio.

en la que se quiere relacionar con la Administración, respetando lo dispuesto en el art. 14.1 de la Ley 39/2015[47], que recoge el derecho de las personas físicas a

---

47. El contenido del art. 14 de la Ley 39/2015 en la práctica no está ofreciendo a la ciudadanía suficientes garantías en el ejercicio de ese derecho de elección. Que en el propio precepto en su apartado tercero se permita que vía reglamentaria las Administraciones públicas puedan establecer la obligación de relacionarse a través de medios electrónicos para determinados procedimientos y para ciertos colectivos de personas físicas, que por razón de *"su capacidad económica, técnica, dedicación profesional u otros motivos quede acreditado que tienen acceso y disponibilidad de los medios electrónicos necesarios",* está limitando el ejercicio de este derecho, pues permite aumentar indiscriminadamente los colectivos obligados a relacionarse con la Administración telemáticamente. Esto ha llevado en los últimos tiempos a un goteo constante de regulaciones, tanto en el ámbito estatal como autonómico (lo que genera importantes dudas desde el punto de vista competencial), que eliminan el derecho de opción de los particulares. De hecho el art. 3.3 del RD 203/2021, de 30 de marzo, que aprueba el Reglamento de actuación y funcionamiento del sector público por medios electrónicos, autoriza a que en el ámbito estatal pueda fijarse esta obligatoriedad por una simple Orden Ministerial, lo cual ha sido objeto de fundadas críticas, primero, porque a mi juicio, se trata de una norma reglamentaria que va más allá de lo señalado en la Ley 39/2015 y desconoce que con carácter general se ha venido entendiendo que la potestad reglamentaria de los Ministros es una potestad reglamentaria minorada y de carácter interno (doméstica) y no ad extra y menos si su objeto es limitar derechos de los particulares en sus relaciones con las Administraciones Públicas (art. 62.1 a) Ley 40/2015), por mucho que se aclare que será para procedimientos que afecten a su ámbito competencial. El TS además de forma coetánea a la aprobación del Reglamento se pronunció expresamente en contra de esta posibilidad, así la sentencia de 6 de mayo de 2021, sentencia 635/2021, Rec. 150/2020 ECLI:ES:TS:2021:1587, en la que considera que no es posible mediante Orden Ministerial imponer que la elección de plazas MIR se haga de forma electrónica y que el ejercicio de la potestad reglamentaria ha de concretarse en un Real Decreto, donde quede reflejado el supuesto de hecho que legitime la extensión de la obligación de relacionarse de forma electrónica puesto que esa extensión solo es posible en el caso de personas físicas que *"por razón de su capacidad económica, técnica, dedicación profesional u otros motivos quede acreditado que tienen acceso y disponibilidad de los medios electrónicos necesarios".* Con posterioridad, la STS de 11 de julio de 2023, Sent. 3295/2023, ECLI:ES:TS:2023:3295 anuló la Orden *HAC/277/2019, de 4 de marzo,* por la que el Ministerio de Hacienda establecía *la exigencia de que la declaración del IRPF fuese presentada con carácter obligatorio por medios electrónicos a través de Internet,* por carecer de habilitación legal suficiente en la normativa tributaria para establecer dicha obligación. La legislación tributaria recogía solamente el derecho de los contribuyentes a relacionarse electrónicamente con la Administración, pero no la obligación. El criterio de la sentencia sólo ha sido de aplicación unos meses, puesto que el Gobierno por medio del Real Decreto-Ley 8/2023, de 27 de diciembre, por el que se adoptan medidas para afrontar las consecuencias económicas y sociales derivadas de los conflictos en Ucrania y Oriente Próximo, así como para paliar los efectos de la sequía, ha establecido la obligatoriedad mediante la modificación de la Ley 35/2006, de 28 de noviembre, del Impuesto sobre la Renta de las Personas Físicas. En el otro supuesto mencionado, la Ley 44/2003, de 21 de noviembre, de ordenación de las profesiones sanitarias, se modificó mediante el Real Decreto-Ley 29/2020, de 29 de septiembre, de manera que, a partir de su entrada en vigor se habilita al ministro, a través de las convocatorias anuales de plazas MIR, a imponer a los participantes la obligación de relacionarse electrónicamente con la Administración. Sin embargo, la reciente modificación del Real Decreto 589/2022, de 19 de julio, en el que se fijan entre otras cuestiones las normas aplicables a las pruebas anuales de acceso a plazas de formación en especialidades en Ciencias de la Salud, a través del Real Decreto 203/2025, de 18 de marzo, permite que la elección se pueda hacer tanto a través de medios electrónicos o de forma presencial, ante la demanda generalizada de los aspirantes, que no estuvieron en ningún momento satisfechos con el sistema de elección impuesto desde el año 2020, pues el sistema telemático no permitía una elección en tiempo real de las plazas sin adjudicar. Sorprendentemente, el TS cambia su criterio en su sentencia de 25 de mayo de 2022, Rec. 163/2021,

elegir la forma de relacionarse con la Administración, lo que implica que la Administración debe mantener su red de oficinas físicas para llevar a cabo la atención presencial, por mucho que se siga incrementando y mejorando la atención telemática. Además, el derecho a la atención ciudadana no puede entenderse que excluye a las personas que tengan la obligación de relacionarse telemáticamente con la Administración porque en concreto lo que se dice en el art. 14.2 de la Ley 39/2015 es que los sujetos obligados lo estarán "para la realización de cualquier trámite de un procedimiento administrativo", pero no se justifica que pierdan su derecho, a que como personas en sus relaciones con la Administración se las atienda, se les informe y en su caso se les ayude en el cumplimiento de sus derechos y obligaciones. En este sentido, no se entiende muy bien que el art. 12 de la Ley solo recoja la obligación de la Administración a asistir en el uso de medios electrónicos a los no obligados a relacionarse a través de esos medios conforme al art. 14.2 y 3, pero tampoco impide que la Administración pueda extender la atención ciudadana en relación a los mismos, entender lo contrario, no parece que tenga muy buen encaje con la idea de que la administración en todo momento actúa conforme al interés general y por y para el servicio a los ciudadanos (los obligados a relacionarse de forma electrónica lo siguen siendo). De hecho, en el RD 203/2021, de 30 de marzo, que aprueba el Reglamento de actuación y funcionamiento del sector público por medios electrónicos, podría entenderse que se da cobertura a toda la ciudadanía, al señalar en su art. 4 que las Administraciones públicas prestarán la asistencia necesaria para facilitar el acceso de las personas interesadas a los servicios electrónicos proporcionados en su ámbito competencial a través de diferentes canales.[48]

En relación con esta cuestión, algunas normativas autonómicas como la Ley 4/2019, de 17 de julio, de administración digital de Galicia, expresamente señala entre sus fines (art. 3), la efectividad de los derechos a la calidad de los servicios públicos y a una buena administración reconocidos en los artículos 2 y 3 de la Ley 1/2015, bajo los principios, de calidad, simplificación, claridad, buena fe, imparcialidad, confianza legítima, proximidad a la ciudadanía, coordinación y cooperación con las otras administraciones públicas y de mejora en la prestación de los servicios públicos y el funcionamiento del sector público autonómico, aprovechando las capacidades de las tecnologías de la información y la comunicación, de acuerdo con los principios y normas de calidad, eficacia, transparencia y buena administración previstos en la Ley 1/2015, de calidad de

---

ECLI:ES:TS:2022:2286 y considera ajustada a derecho la previsión del art. 3.3 del RD 203/2021, en desarrollo del art. 14.3. de la Ley 39/2015.

La ampliación indiscriminada de sujetos obligados a relacionarse con la Administración de forma electrónica a través de Órdenes Ministeriales, que muchas veces incluso tienen naturaleza de actos es criticada de forma muy bien fundada por la profesora SÁNCHEZ LAMELAS (2023: 194-197; 211-214). En el mismo sentido ARIAS MARTÍNEZ, M.A. (2024:35 y ss).

48. *a) Presencial, a través de las oficinas de asistencia que se determinen. b) Portales de internet y sedes electrónicas. c) Redes sociales. d) Telefónico. e) Correo electrónico. f) Cualquier otro canal que pueda establecerse de acuerdo con lo previsto en el artículo 12 de la Ley 39/2015, de 1 de octubre.*

los servicios públicos y de buena administración, y en la Ley 1/2016, de 18 de enero, de transparencia y buen gobierno de Galicia (art. 4). Por lo tanto, se hace una remisión a la normativa que venimos exponiendo, lo que lleva a pensar que no hay una exclusión del derecho a la atención ciudadana en el ámbito de las relaciones digitales con la Administración, aunque estas tengan carácter obligatorio para ciertas personas físicas o jurídicas.

En todo caso, la administración no puede reproducir comportamientos de algunas entidades privadas como ha ocurrido con las entidades financieras que han dejado a una buena parte de la población sin atención física tras el cierre en los últimos años de un importante número de oficinas[49]. Se trata de evitar que la imparable transformación digital de las Administraciones deje atrás a una parte de la población, a toda aquella que no tenga competencias digitales suficientes[50] o equipos informáticos disponibles o una adecuada conectividad o una suficiente formación para asumir la tramitación de un procedimiento administrativo o insuficientes medios económicos o que se encuentren en una situación de vulnerabilidad por cualquier causa[51]. Un reciente Informe del CIS sobre edadismo refleja cómo las personas mayores sienten que no saben cómo gestionar las

---

49. El sector financiero ha llevado a cabo una profunda transformación de su estructura en los últimos años con una reducción drástica del número de oficinas físicas de las entidades bancarias, de forma que han desaparecido más del 60% de las oficinas, lo que ha tenido un especial impacto en las zonas rurales, siendo muchos los municipios que ya no cuentan con ninguna oficina, cuando conforme a los propios informes del Banco de España los usuarios prefieren ser atendidos en una oficina física frente a las alternativas ofrecidas por las entidades. Esto unido a una imposición directa o indirecta de la banca on line ha llevado a que incluso se hayan planteado iniciativas para reclamar la adopción de medidas que faciliten el acceso a los servicios bancarios tanto a las personas residentes en zonas rurales, como aquellas que carecen de competencias digitales para operar a través de los servicios bancarios telemáticos. La campaña *"Soy mayor, no idiota"* lanzada en enero de 2022, llevó a que en febrero del mismo año las principales asociaciones de entidades de crédito firmaran, en presencia de la Vicepresidenta Primera y Ministra de Asuntos Económicos y Transformación Digital y del Gobernador del Banco de España, la actualización del "Protocolo estratégico para reforzar el compromiso social y sostenible de la banca" Informe del Banco de España sobre *La accesibilidad presencial a los servicios bancarios en España: Informe de seguimiento 2024*. Por su parte, el Defensor del Pueblo ha publicado en el año 2024 un informe extraordinario *"Retos de la inclusión financiera: servicios bancarios y personas vulnerables"*, en el que ha dictado recomendaciones dirigidas a la Secretaría de Estado de Economía y Apoyo a la Empresa, al Banco de España, a la Comisión Nacional de los Mercados y de la Competencia (CNMC), al Servicio Ejecutivo de la Comisión de Prevención del Blanqueo de Capitales e Infracciones Monetarias (SEPBLAC) y a la Sociedad Correos y Telégrafos.

50. Conforme al Informe de Competencias Digitales de 2024 elaborado por el Observatorio Nacional de Tecnología y Sociedad. el 40% de los hombres tienen competencias avanzadas y el 26,5% básicas, mientras que en las mujeres son el 37,8% y el 28,1% respectivamente. Por lo tanto, casi el 35% de la población carecería de competencias digitales suficientes y si atendemos a las avanzadas, que en muchos casos son necesarias para la tramitación de procedimientos ante las Administraciones públicas, estaríamos ante más del 60% de la población. https://www.ontsi.es/sites/ontsi/files/2024-08/Competencias-Digitales-23.pdf

51. ARIAS MARTÍNEZ, M.A (2024:31).

solicitudes que se ven obligadas a hacer por internet[52] y que les resulta muy difícil hacer trámites ante organismos públicos de la Administración[53].

Por lo tanto, la atención ciudadana ha de satisfacer las demandas de todos los ciudadanos, minimizando posibles brechas que lleven a exclusiones discriminatorias o que generen obstáculos y barreras que les impidan el ejercicio de los derechos que les son inherentes como personas y ciudadanos. Si los particulares necesitan ayuda y atención presencial en las dependencias administrativas para lograr tramitar un procedimiento, la alternativa no puede ser que se los aboque a una tramitación necesariamente telemática que no son capaces de asumir. Por todo ello, el servicio de atención ciudadana debe someterse igual que el resto de los servicios, a estándares de calidad que aseguren la eficacia de todos los canales y las diferentes modalidades de atención. La normativa recoge la atención ciudadana como un derecho que incluye diversos aspectos, como el derecho a ser atendidos de forma respetuosa, confidencial y adaptada a sus circunstancias físicas, psíquicas, sensoriales, sociales y culturales, garantizando la igualdad en la atención, sin discriminación alguna (por ejemplo, art. 10 de la Ley 2/2010 de Castilla y León). Se trata en definitiva de *proporcionar y ofrecer la ayuda* que el ciudadano necesite sobre procedimientos, trámites, requerimientos y documentación precisa para poder presentar solicitudes, escritos y comunicaciones. Con carácter general, además esa ayuda se debe ofrecer de modo inmediato, excepto que por la naturaleza y complejidad de la petición formulada no pueda ser atendida en el momento en que se solicite, caso en el que se facilitará con posterioridad, debiendo fijarse en ese supuesto un plazo máximo para dar respuesta, por cualquiera de los medios habilitados al efecto. (art. 9 de la Ley 1/2015 de Galicia). A nivel legislativo se puede afirmar que el derecho a la atención ciudadana está reconocido y recogido con garantías aceptables para la protección de la ciudadanía, cuestión distinta es cómo resulta su aplicación en la práctica. En el momento actual el respeto a estas garantías debe ser plenamente efectivo, para lograr revertir la sensación de abandono por parte de las Administraciones que tiene una buena parte de la sociedad; son muchas las personas que por razón de edad, de condición socioeconómica o de capacidad se sienten discriminadas e impotentes ante una Administración que lejos de atenderles les ignora y les impone barreras de acceso. Por ello es necesario que se dediquen de forma prioritaria los medios suficientes para lograr una atención ciudadana cercana y resolutiva para la ciudadanía.

---

52. Resultados provisionales Estudio 3493: Edadismo, febrero 2025. CIS

53. El 48,1% de los encuestados mayores de 65 años reconoce que "en muchas o bastantes ocasiones" hablando por teléfono con una administración pública le han dicho que necesita cita previa, que debe solicitarla por internet y que no sabe cómo hacerlo; un 33,7% asegura que "en muchas o bastantes ocasiones" les han dicho en una oficina pública que tienen que hacer por internet un trámite sin darles la opción de hacerlo presencialmente. Un 53,9% afirma que le resulta "muy difícil o difícil" hacer trámites en organismos de la administración pública y un 47,2% dice que les cuesta mucho solventar contratos o incidencias con proveedores de electricidad, telefonía y seguros.

Por último, en este recorrido por la normativa autonómica se hará referencia a la calidad de los servicios, no en vano, hay que recordar que las CCAA gestionan una buena parte de los principales servicios públicos: educación, sanidad, servicios sociales, vivienda... El derecho al acceso y al uso de unos servicios públicos de calidad se integra en ocasiones en el derecho a una buena administración (País Vasco, art. 64.3 j) de la Ley 2/2023) y en otros en cambio se formula de forma separada (Cataluña, art. 58 de la Ley 19/2014). En todo caso ese acceso se debe producir en condiciones de igualdad y su prestación debe servir con objetividad a los intereses generales. Otros aspectos a tener en cuenta son la proximidad, la eficiencia, la eficacia, la transparencia y la participación de los ciudadanos en su definición, oferta, evaluación y seguimiento y finalmente la responsabilidad de la Administración que se derive de la prestación de estos.

En cuanto a la calidad, palabra clave claramente sobreutilizada, tanto en el ámbito público como en el privado en materia de servicios públicos, estará determinada por la relación existente entre los resultados que se desean obtener, los que efectivamente se consiguen, los que esperan los ciudadanos usuarios de los servicios públicos de que se trate y lo que define la legislación vigente en relación con cada uno de ellos (art. 57.3 de la Ley 2/2010 de Castilla y León). El compromiso de la Administración en la garantía de esa calidad puede abarcar un amplio espectro, desde la garantía de unas "condiciones mínimas y razonables de calidad", hasta unos estándares de calidad más exigentes que se sitúen por encima de los que se consideren estándares medios de prestación (art. 59.1 de la Ley 19/2014 de Cataluña). Entre los sistemas de gestión de la calidad de los servicios, sin tener carácter exclusivo, las cartas de servicios tienen una clara relevancia, especialmente si las mismas no se limitan al ámbito informativo (Castilla-León y País Vasco) y pasan a tener carácter obligatorio, generando sus incumplimientos consecuencias jurídicas (Galicia y Cataluña). Con carácter general, las administraciones autonómicas, ponen a disposición de los ciudadanos cartas de servicios para informarles sobre los servicios que tienen encomendados los órganos administrativos, unidades y centros a que se refieren, la identificación de los responsables de la gestión, así como sobre sus derechos en relación con ellos, condiciones de acceso los compromisos de calidad en su prestación, que se manifiestan a través de los estándares de calidad, los indicadores de gestión que permitan seguir el grado de cumplimiento de esos compromisos, la forma de presentar quejas, sugerencias y reclamaciones (también agradecimientos)[54].

Las cartas de servicios normalmente tienen carácter potestativo, se aprueban o no sin mayores consecuencias a pesar de su previsión legal. Cataluña ha tratado de ir más allá en esta materia y en el art. 23.3 de la LRJPA obliga a su aprobación por las administraciones públicas y su puesta a disposición de los ciudadanos, empresas y profesionales, como instrumentos para la mejora de la

---

54. En el País Vasco se incluye esta particularidad, el art. 75 de la Ley 2 se refiere a la gestión del acceso al sistema de quejas, sugerencias y agradecimientos,

calidad de los servicios, concretando que las unidades orgánicas con un rango mínimo de Dirección General deben disponer de una carta de servicios por cada uno de los servicios finalistas que prestan[55]. En cuanto a las consecuencias de su incumplimiento, normalmente no tendrán efectos vinculantes, ni se considera que tengan carácter normativo (expresamente, art. 42.2 Ley 1/2015 de Galicia)[56], a pesar de que su aprobación se hace normalmente por Orden o Resolución del titular de la consejería o departamento del que dependa la prestación del servicio y pueden requerir informe favorable de la consejería competente en materia de calidad (Galicia, Cataluña). Su entrada en vigor se producirá a partir de su publicación en los boletines oficiales.

En la regulación catalana se considera que los estándares mínimos de calidad declarados en las cartas de servicios son exigibles cuando el servicio se presta en las condiciones normales para las que se establecieron (lo cual evidentemente se determinará por la administración), con lo cual es una exigencia condicionada. En cambio, si se producen perturbaciones ajenas, que se considere (de nuevo por la administración) que alteran el funcionamiento del servicio, dichos estándares ya no serían exigibles. También se contempla que si concurren *razones excepcionales sobrevenidas que afecten a su funcionamiento de manera extraordinaria,* puedan suspenderse temporalmente uno o algunos de los estándares mínimos de calidad declarados en la carta y los derechos directamente derivados de esta. Por lo tanto, la exigibilidad queda limitada a lo que decida en cada momento la administración, si bien la suspensión exige que se haga mediante resolución motivada del titular del departamento o departamentos que aprobaron la carta, determinando la causa, el alcance y las consecuencias de la suspensión. La duración de la suspensión en ningún caso puede extenderse más allá de la causa excepcional que la motiva y, en su caso, del plazo estrictamente necesario para remover los obstáculos ocasionados. Esta nueva regulación puso fin al reconocimiento de la obligatoriedad de los estándares de calidad de las cartas de servicios que en su redacción inicial había recogido la Ley 19/2014 en su art. 59.2, en el que se decía literalmente que *"el contenido de las cartas de servicio es vinculante para la Administración y los usuarios, y puede ser invocado en vía de recurso o reclamación".* Las razones que han llevado a la modificación del texto inicial por la Ley 5/2020, de 29 de abril, de medidas fiscales, financieras, administrativas y del sector público y de creación del impuesto sobre las instalaciones que inciden en el medio ambiente, resultan evidentes, una regulación tan protectora con los usuarios acabó siendo desincentivadora y llevó

---

55. Ahora bien, esta obligatoriedad que se incluye a partir de la reforma llevada a cabo por la Ley 16/2015, de 24 de julio, no ha dado lugar a una aprobación generalizada de cartas de servicios, tal y como se señala en el reciente *Informe sobre Cartas de Servicios en Cataluña del Síndic de Greuges, octubre 2024.* Solamente un 12 % de las entidades de la Administración cuentan con ellas. En los municipios de menos de 5000 habitantes la presencia de cartas de servicios se sitúa en torno a un 5%.

56. Tampoco en la Ley 5/2013, de 20 de junio, de calidad de los servicios públicos de Aragón, art. 20.2: *"Las Cartas de Servicios no tienen el carácter de disposiciones normativas y no surten efectos jurídicos vinculantes"*

a que se aprobasen muy pocas cartas de servicios, lo cual impidió verdaderos avances en gestión de la calidad y puso en evidencia que la administración aún no está preparada para asumir progresos importantes en la protección de los usuarios[57]. Por otro lado, también es necesario llamar la atención sobre la fecha en la que se produjo esta reforma, pues la misma tiene lugar durante la declaración del estado de alarma por la crisis sanitaria, momento en que los servicios púbicos sufrieron fuertes tensiones por la situación excepcional en la que se encontraban, de ahí las previsiones sobre las circunstancias extraordinarias que ahora se contemplan en la Ley. Por último, el carácter reglamentario, que también se señalaba de las mismas obligaba a su tramitación conforme al procedimiento de aprobación de las disposiciones generales, lo cual impedía una tramitación rápida y ágil. En Galicia, la Ley considera como funcionamiento anormal el incumplimiento de los estándares mínimos de calidad fijados en el régimen jurídico de cada servicio público, lo que dará lugar al derecho de la persona usuaria a ser indemnizada en la cuantía determinada que al efecto se precise y sin perjuicio de la responsabilidad patrimonial de la Administración a la que pueda dar lugar. Además, si la Administración titular del servicio entiende que se produjeron lesiones en los bienes y derechos de las personas usuarias susceptibles de ser indemnizadas, iniciará de oficio el procedimiento de responsabilidad patrimonial (arts. 40.2 y 3 de la Ley 1/2015), lo cual se debe encuadrar en la aplicación del principio de proactividad: si la Administración es consciente de que se ha producido una lesión, no hace falta que el particular tome la iniciativa y reclame[58].

Las cartas deben fijar su periodo de vigencia, así como de evaluación y de actualización, deben tener formato impreso y electrónico y deben estar a disposición de todos los usuarios (ya hemos señalado la necesidad de que sigan disponibles en papel para el acceso de todos los ciudadanos). Además, como ya se ha señalado, se publican en el diario oficial de la respectiva Comunidad Autónoma y deben contar con un programa eficaz de difusión. También se debe garantizar la accesibilidad a las mismas de personas con discapacidad mediante su difusión por medio de soportes adaptados. En relación con la calidad de los servicios, las normativas recogen el derecho a realizar propuestas de actuación o mejora y sugerencias con relación al funcionamiento de los servicios públicos, así como la posibilidad de formular quejas y reclamaciones. De manera que se genere un compromiso con los usuarios y sirvan de estímulo para cambiar modelos y transformar la actuación administrativa y la prestación de los servicios

---

57. Informe del Síndic de Greuges sobre Las Cartas de Servicios en Cataluña, octubre 2024 señala que *"El riesgo a las reclamaciones por responsabilidad patrimonial de compromisos de la Administración no estipulados por una normativa, sino aceptados de forma voluntaria, es una de las causas que explican el bajo número de cartas de servicio publicadas y la falta de uso de estos instrumentos regulados como garantía de buena administración en el conjunto de la Administración catalana".* P.74

58. Al cierre de este trabajo se desconoce si esta previsión está siendo aplicada por la Administración Pública gallega.

públicos. En algunos supuestos se recoge la obligación de que las quejas sean contestadas de forma motivada e individual (Ley 1/2015 de Galicia, art. 38.2), e incluso se fija un plazo máximo para dar respuesta por escrito (Ley 2/2010 de Castilla y León, art. 24.2)[59], señalando que la interposición de las mismas no paralizará los plazos establecidos en la legislación para la interposición de recursos administrativos ni el ejercicio de las restantes acciones o derechos que, de conformidad con la normativa reguladora de cada procedimiento, puedan ejercitar los interesados, no teniendo carácter de recurso[60]. En otros supuestos, se contempla el deber de dar a conocer de forma anonimizada las propuestas y sugerencias recibidas, reconociendo y haciendo públicas las iniciativas ciudadanas, cuya aplicación conlleve una mejora sustancial de los servicios públicos[61].

El procedimiento de quejas tendrá que ser plenamente accesible a la ciudadanía, pudiendo ser asistidos los ciudadanos para el ejercicio de este derecho, bien por el personal de las oficinas de asistencia en materia de registro, en el caso de la presentación presencial, o bien a través de los teléfonos de información, en otro caso. Algunas regulaciones recogen expresamente la necesidad de garantizar las distintas modalidades de presentación de quejas, incluida la presencial (art. 16.4 Ley 1/2015 de Galicia). En relación con los canales de presentación de quejas cabe plantearse si las personas obligadas a relacionarse con la Administración a través de medios electrónicos se verían privadas si así lo desean de presentar una queja de forma presencial en relación al funcionamiento de un servicio público que les afecte o en relación con la propia tramitación electrónica y, a mi juicio, dicha obligación no impide fuera de los "tramites del procedimiento administrativo", seguir manteniendo este derecho en los términos que señale la normativa sobre calidad de los servicios públicos y atención ciudadana, y así debería seguir siendo.

2. LA CITA PREVIA: CONFIGURACIÓN JURÍDICA Y NATURALEZA

2.1. La cita previa como instrumento organizativo

Una vez expuesta la normativa que rige el derecho a la atención ciudadana, no plantea dudas que el mismo puede ser incluido en el derecho a una buena administración y que constituye una pieza fundamental para garantizar la cali-

---

59. El art. 24.2 de la Ley 2/2010 fija un plazo máximo de tres meses para dar respuesta a las quejas, el mismo que se fija para respuesta también a las sugerencias, art. 29.2.

60. En este sentido la STSJ de Cantabria, Sala de lo Contencioso-administrativo, de 8 de septiembre de 2006, Recurso 43/2006 ECLI:ES:TSJCANT:2006:1297. señaló que la mera presentación de una queja no exonera del cumplimiento del plazo establecido en un determinado procedimiento.

61. Art. 29.2 Ley 2/2010 de Castilla y León.

dad en el funcionamiento de las administraciones y en la prestación de los servicios públicos a la sociedad. El cumplimiento de las normas expuestas en el anterior epígrafe garantizaría, sin mayores requisitos ni exigencias, una atención desde las instituciones públicas a través de diferentes vías, quedando la utilización de unas u otras en función de la preferencia de cada ciudadano, incluyendo, por supuesto, la atención presencial en los términos expuestos.

La afirmación anterior, sin embargo, no responde lamentablemente a la realidad que en estos momentos impera en la atención a la ciudadanía prestada por nuestras administraciones. Por razones justificadas y obvias esta atención se limitó en el momento de la pandemia (especialmente la presencial) sin que se haya vuelto a recuperar la normalidad previa[62], a pesar de que las normas expuestas estén vigentes y sean plenamente aplicables. En relación con esta situación, existe una cierta unanimidad en que uno de los elementos distorsionadores que genera "una mala administración" y una peor atención a la ciudadanía es la práctica de exigir una cita previa para acudir a las dependencias administrativas a solicitar información, a obtener documentación, a registrar una solicitud o a realizar cualquier otro trámite administrativo. De hecho, la práctica ha sido tildada como perversa[63], problemática[64], injustificable[65], como arma de la burocracia defensiva[66] o como causa de la deshumanización de la Administración[67], pero sobre todo es una medida que con carácter general no cuenta con el amparo de la legalidad vigente, cuya aplicación torticera es evidente que está alterando profundamente las relaciones entre ciudadanía y administración, incluso condicionando la percepción que de la Administración tiene la sociedad[68], vulnerando en particular, el derecho a una adecuada atención a la ciudadanía y en general el ejercicio de derechos subjetivos por parte de los ciudadanos.

Ahora bien, ¿qué es la cita previa? La cita previa podría considerarse un mecanismo de carácter organizativo que permite a la ciudadanía acudir a las dependencias administrativas con un día y hora prefijado para la atención. Así definida la cita previa puede ser una buena técnica para la organización de la

---

62. BELTRÁN CASTELLANOS, J.M. (2025: 43 y ss).

63. REMIO, C. (2024): *cit.* p. 13

64. RUÍZ CENICEROS, M. (2022): "La cita previa y el derecho al plazo", *RAP*, n.º 219, pp. 251-276, 254

65. VALERO TORRIJOS, J. (2021): "El uso de medios electrónicos ante la crisis del COVID 19 desde la perspectiva de la organización municipal" en FONT I LLOVET, T. y VILLALTA REIXACH, M.(Dir.), *El impacto de la crisis del COVID-19 en los Gobiernos locales,* Fundación Democracia y Gobierno local, Barcelona, 2021, pp. 313-332, 316.

66. BOTO ÁLVAREZ, A. (2023:49), en palabras de la autora si se usa como forma "de retrasarla, disuadirla o incluso evitarla" (respecto a la atención al público).

67. ANTÚNEZ SÁNCHEZ, A. (2025): "Hacia la deshumanización progresiva de la administración: la cita previa obligatoria", en Valcárcel Fernández, P. y Hernández González, F.L. (Coord.), *El Derecho Administrativo en la era de la inteligencia artificial: Actas del XVIII Congreso de la Asociación Española de Profesores de Derecho Administrativo,* INAP, pp. 573-582.

68. PALOMAR OLMEDA, A. (2023): *La Administración Pública en el siglo XXI: una situación de crisis permanente,* Aranzadi, p. 139.

atención presencial, evitando esperas innecesarias a los ciudadanos. Su razón de ser tuvo su origen en aquellos servicios o procedimientos que requerían una atención especializada, que además pudiese exigir un cierto tiempo de dedicación, por lo que esa cita evitaría largas esperas y permitiría organizar los tiempos de atención a la Administración. La cita previa está plenamente implantada en el ámbito de la asistencia sanitaria para el acceso al servicio, lo cual no impide en paralelo la atención de urgencia cuando sea precisa; lo mismo ocurre desde hace tiempo con las inspecciones técnicas de vehículos, donde por lo general también conviven ambas opciones, siendo posible acudir a la revisión sin cita, por ejemplo, al principio o al final del horario de atención; también en el ámbito tributario se implantó para la elaboración de las declaraciones de IRPF e igualmente para consultas de una cierta complejidad, donde el contribuyente era recibido por un funcionario conocedor de su expediente o de la materia sobre la que versaría la consulta; igualmente, ha sido frecuente esta práctica en el ámbito de extranjería. En principio, la cita previa no plantea problemas si su objetivo es la mejora de la atención a la ciudadanía y de la organización de los servicios.

La cuestión más relevante frente a la generalización de este trámite organizativo es la obligatoriedad y su conversión en un obstáculo insalvable cuando un ciudadano requiere llevar a cabo una actuación ante la administración y el hecho de no tener cita previa le impide su realización; esto simplemente es inadmisible desde el punto de vista del derecho a la atención ciudadana y desde cualquier perspectiva de la calidad de los servicios. La cuestión se hace aún más grave si la falta de cita impide el ejercicio de un derecho, impide acceder a las oficinas de asistencia en materia de registro o lleva a la preclusión de un plazo con consecuencias negativas para los particulares, tal y como ha ocurrido en estos últimos años con una cierta frecuencia (imposibilidad de solicitar ayudas sociales, pérdida de autorizaciones de residencia…)[69]. La exigencia de cita previa obligatoria para determinados trámites ha llevado incluso a prácticas delictivas intolerables, llegando a generarse un ilícito mercado con las citas disponibles que se acumulaban de forma organizada para luego proceder a su puesta a disposición a cambio de un precio, en ámbitos tan sensibles como la extranjería, donde un buen número de personas reúne la condición de vulnerable[70]. La generación de situaciones como la descrita, debería haber llevado a todas las Administraciones a eliminar la obligatoriedad de la cita previa, mas cuando su implantación en la mayor parte de los casos no está amparada en norma legal alguna. La casuística puede ser muy variada, pero resulta evidente que la cita previa no puede tener carácter obligatorio, su existencia, a mi juicio, sólo está justificada desde el punto de vista organizativo, y no como trámite en el procedimiento, pues las normas reguladoras de los procedimientos no la incluyen

---

69. RUÍZ CENICEROS, M. (2022:256-257).

70. Así, lo señala expresamente la STSJ de Aragón, sala de lo contencioso-administrativo, de 9 de enero de 2023, Rec. 276/2022, ECLI:ES: TSJAR:2023:89.

como tal[71], como mucho se podría hablar de trámite organizativo, pero nunca de trámite procedimental[72]. En resumen, la cita previa debiera regularse en las normas generales de actuación de las Administraciones públicas, desde la normativa estatal con carácter básico y común para todas las Administraciones públicas, para no vulnerar el principio de igualdad, configurándose, en todo caso, como una ventaja para el ciudadano[73], para lograr una atención más personalizada, pero nunca como un obstáculo en el acceso a la atención ciudadana, lo que exige eliminar su obligatoriedad, garantizando que su obtención sea posible a través de sistemas multicanal (no solo telemáticamente) y en un plazo razonable. Toda configuración que no sea en estos términos será contraria al derecho a una buena administración y también al principio de proximidad de la Administración al ciudadano, junto con otros que ya han sido señalados[74].

La cita previa precisa una regulación y la misma debiera tener en cuenta los siguientes requisitos:

— Su configuración debe ser voluntaria con carácter general, ha de ser una opción que pueda elegir el ciudadano, constituyendo una ventaja, de forma que facilite la atención en el día y hora de la cita, sin retrasos ni esperas en las dependencias administrativas. Al no tener carácter obligatorio, junto al sistema de atención con cita previa tiene que estar organizado en paralelo un sistema de atención inmediata, que se hará en régimen de cola con el sistema de número, por orden de llegada y asunto, que se obtendrá al acceder a la dependencia administrativa. Los servicios deberían estar organizados con los recursos personales suficientes para que, salvo circunstancias excepcionales, la espera no supere la media hora.

---

71. RUÍZ CENICEROS, M. (2022: 271); este autor sí considera que es un trámite administrativo: *"No se puede negar que el sistema de cita previa es un trámite más en el curso del procedimiento administrativo que requiere, como los demás, una regulación específica"*; BELTRÁN CASTELLANOS, J:M (2025:55), señala una doble vertiente: procedimental y organizativa, pero la procedimental la vincula al hecho de que puede afectar a los derechos de los ciudadanos en el procedimiento administrativo, cuestión fácilmente compartible, pero eso como ya se ha señalado es diferente a que se considere un trámite procedimental; también defiende este doble carácter GÓMEZ, D. (2024): ¿Hace falta cambiar la Ley de procedimiento administrativo para acabar con la obligatoriedad de la cita previa?, *Diario LA LEY*, n.º 10442, Sección Opinión, 8 de Febrero de 2024. ANTÚNEZ SÁNCHEZ, A. (2024:580). Esta autora señala que se generan dudas sobre la naturaleza de la cita previa como trámite procedimental.

72. La cita previa para ser considerada como un trámite procedimental tendría que estar contemplada como tal respetando la reserva legal del art. 1.2 de la propia Ley 39/2015 que señala que *solo mediante ley, cuando resulte eficaz, proporcionado y necesario para la consecución de los fines propios del procedimiento, y de manera motivada, podrán incluirse trámites adicionales o distintos a los contemplados en esta Ley.*

73. BELTRÁN CASTELLANOS, J.M (2025:56-57).

74. Un simple apunte: en el año 2013 el sistema de cita previa del Servicio Público de Empleo Estatal (SEPE) fue merecedor de uno de los Premios a la Calidad e Innovación en la Gestión Pública, considerándose un instrumento que había permitido evitar las largas colas de espera de los ciudadanos en las oficinas del SEPE. Es evidente que en los últimos años la cita previa se ha distorsionado.

— Si excepcionalmente la atención o trámite requiere esa cita previa (por tratarse de una atención especializada), y así está contemplado en una norma legal, de forma ineludible la Administración debe tener en todo momento disponibles un número suficientes de citas, es decir el ciudadano que requiere acudir presencialmente a las dependencias administrativas debe poder recibir la atención o realizar su trámite en un plazo razonable de tiempo. Tendría que ser posible obtener cita previa en un plazo que no fuese más allá de las 24 horas, y siempre que se vea afectado el ejercicio de un derecho, se tiene que prever la atención sin cita previa.

— La obtención de las citas previas en todo caso debe estar disponible a través de diferentes canales, incluyendo en todo caso, la alternativa presencial. No puede ser que la obtención de la cita previa suponga una nueva vía para discriminar o dificultar el acceso a la administración para aquellos ciudadanos que no optan por relacionarse electrónicamente con la Administración. Una Administración que actúa conforme al principio de proximidad no puede bloquear a los ciudadanos

— En ningún caso es admisible la cita previa en las oficinas de asistencia en materia de registros (antiguos registros).

Sin embargo, la realidad es otra muy diferente y coloca a muchos ciudadanos en una situación palmaria de desatención e indefensión cuando tratan de hacer un trámite y el hecho de no tener cita previa les impide acceder incluso a las dependencias administrativas, práctica esta última de dudosa legalidad (cuya ejecución con mucha frecuencia se lleva a cabo por vigilantes de seguridad privada)[75], cuando no hay citas disponibles en un plazo razonable, lo cual puede tener como consecuencia que no se pueda presentar una determinada solicitud o trámite en el plazo establecido o cuando solamente es posible obtener cita previa de forma telemática, vulnerando claramente el derecho de igualdad de las personas cuya opción no es relacionarse digitalmente con la Administración (opción plenamente válida conforme al art. 14 Ley 39/2015).

---

75. Impedir el acceso a los edificios públicos por no tener cita previa o exigir motivación por parte del ciudadano de por qué ha acudido a una dependencia administrativa no parece muy acorde con el principio de proximidad al ciudadano, menos aun cuando el impedimento se le impone por personal de seguridad privada, puesto que la recepción, atención e información por parte de las entidades públicas debe ser prestada por empleados públicos y no por personal de empresas externas a la Administración. De acuerdo con el art. 5 de la Ley 5/2014, de 4 de abril, de Seguridad Privada, su actividad consistiría en la "vigilancia y protección de bienes, establecimientos, lugares y eventos, tanto públicos como privados, así como de las personas que pudieran encontrarse en los mismos", por lo tanto, en los pliegos de contratos de servicios que se elaboren, las funciones de los vigilantes no pueden ir más allá de esta previsión; no son funciones asumibles por estos la labor de atención a la ciudadanía, ni la de facilitar el acceso a los servicios públicos, ni informar sobre derechos y obligaciones de la ciudadanía en sus relaciones con la administración, ni impedir el acceso, salvo que haya riesgo para los bienes o personas que se encuentren en dichas dependencias.

2.2. La regulación jurídica de la cita previa

En cuanto a la regulación jurídica de la cita previa, esta es escasa y en algunos casos inexistente. Ni la Ley 39/2015, ni la Ley 40/2015 hacen referencia a la cita previa, lo cual no deja de resultar llamativo dada la generalización de su utilización en todos los niveles administrativos. Alguna normativa autonómica sí que la reconoce, así la Ley 1/2015 de Galicia en su art. 17 señala que: *"podrá establecerse un sistema de cita previa en los órganos, servicios y unidades en los cuales se preste un servicio específico de asistencia o consulta que requiera una especial atención a cada persona"*, señalando una cuestión clave, que *"la cita previa podrá concertarse presencial, telefónica o telemáticamente"*. Esta regulación limita el sistema de cita previa a aquellos asuntos que requieran atención especializada, sin aclarar si este sistema resultaría obligatorio para los ciudadanos o no, pero sí que las vías de obtención de la cita previa incluyen la modalidad presencial. Por su parte, el Decreto 91/2023, de 20 de junio, de atención integral y multicanal y acceso a los servicios públicos por medios electrónicos, del País Vasco, dictado en desarrollo de la Ley 3/2022, del Sector Público, señala en su art. 100.1, que en todas las oficinas del Servicio de Atención a la Ciudadanía, *la atención presencial se podrá gestionar mediante el servicio de cita previa*; en estos términos la cita previa se configura como una posibilidad, apuntando a su carácter organizativo, sin embargo, la siguiente previsión del precepto (art. 100.2), ya no resulta tan inocua, al señalar que *en todas las convocatorias y procedimientos, así como en toda la publicidad que se haga para su divulgación entre la ciudadanía, en cualquier medio y soporte, se deberá señalar expresamente que la atención presencial será, preferentemente, con cita previa*. Esta previsión ya difícilmente encaja con los principios de actuación recogidos en la Ley del Sector Público del País Vasco, que hemos sistematizado en el epígrafe anterior, ni con el modelo multicanal de atención a la ciudadanía, donde se incluía la atención presencial sin mayores cortapisas y sin considerarla como una vía residual[76]. Se podrá rebatir esta afirmación, señalando que la cita previa no impide la atención presencial y que sólo trata de organizarla en aras de la efi-

---

76. Respecto al proyecto de este Decreto, la Comisión Jurídica Asesora de Euskadi emitió el dictamen nº 91/20238 y en el mismo señaló:

"El artículo 100 aborda la cita previa. En su apartado segundo parece indicar que en todas la convocatorias y procedimientos se deberá señalar que la atención presencial será con cita previa. Al respecto, la cita previa es una buena solución como vía preferente de atención al ciudadano y que ha demostrado su eficacia. Si bien, no puede constituirse en el único medio de relación ni establecerse con carácter obligatorio. No debemos olvidar que ello iría en contra de derechos reconocidos, entre otros, en los artículos 13, 14 y 16.4 de la LPAC y de los principios de servicio efectivo y proximidad recogidos en el artículo 3 de la LRJSP.

No debemos olvidar que la Administración debe servir con objetividad los intereses generales (art. 103 CE) y que "el interés general o público pertenece y beneficia a los ciudadanos, no a la Administración como organización servicial que lo gestiona o lo debe gestionar", STS de 23/03/2021 (RC 3688/2019)" En el proyecto inicial vemos que la cita previa se establecía con carácter obligatorio para la atención a la ciudadanía de forma presencial. Tras el Dictamen se añade el término "preferentemen-

cacia, pero lo cierto es que vía reglamentaria se está generalizando una exigencia añadida, que no había impuesto el legislador y que suscita todavía más dudas por el hecho de que en el siguiente apartado (art. 100.3) se establece que *los canales por los que se pueda solicitar la cita previa estarán publicados de forma visible en cada una de las fichas de los servicios y procedimientos, así como en los trámites de la sede electrónica.* Al hablar de posibles canales, parece que permitiría a las Administraciones excluir algún canal y puesto que ni una mención se hace a la posibilidad de solicitar la cita previa vía presencial, parece que esta vía podría ser excluida. Cierto que no se excluye esta posibilidad de forma expresa (la previsión sería, a mi juicio, contraria a la Ley), pero tampoco se explicita, con lo cual se diluye esa alternativa, mas cuando la publicidad de los canales de obtención de la cita se publicarán en las fichas de servicios y procedimientos, que tampoco se nos dice que estarán disponibles en papel para los ciudadanos, porque a lo único que se hace referencia de forma constatable es a su inclusión en la sede electrónica, lo cual esperemos que no deje en papel mojado las avanzadas previsiones de la Ley 3/2022.[77]

---

te", pero está más que clara la intención de la Administración de generalizar el sistema de cita previa a pesar de la vulneración de legislación básica estatal.

77. El estudio del Ararteko de 2021 sobre *"Administración digital y relaciones con la ciudadanía. Su aplicación a las administraciones públicas vascas",* recomendaba una serie de medidas a adoptar entre ellas (las negritas aparecen en el estudio):

1. **Definir y aprobar una estrategia de transición para el fomento del uso de los medios electrónicos que incorpore un acompañamiento a la ciudadanía** y que preste atención específica a las necesidades de aquellos colectivos susceptibles de encontrarse en situación de vulnerabilidad digital, tales como las personas mayores, o de vulnerabilidad económica.

2. **Impulsar la regulación integral del sistema de relaciones entre la ciudadanía y la Administración pública vasca**, que incorpore tanto la perspectiva digital como la presencial.

3. **Asegurar el derecho ciudadano a la multicanalidad**, esto es, a elegir el medio a través del cual relacionarse con la Administración.

Este Estudio tuvo sin lugar a duda una influencia clara en la Ley 3/2022, del Sector Público, del País Vasco. Tras el mismo, en 2024, dictó la Recomendación General 3/2024, de 26 de agosto, de seguimiento de este Informe en el que considera que se ha producido una mejora sustancial en la atención ciudadana, pues aunque se mantiene la cita previa en muchas Administraciones, ha dejado mayoritariamente de tener carácter obligatorio, existiendo opciones de recibir atención sin la misma y la petición de citas se puede hacer de forma presencial (atención multicanal), p.10. Pero lo cierto es que tras la aprobación del Decreto 91/2023 se siguen produciendo quejas de los ciudadanos por la exigencia de cita previa para recibir atención ciudadana. En este sentido, resulta muy ilustrativa y claro ejemplo de las situaciones surrealistas que se producen en nuestras Administraciones el caso que da lugar a la Resolución 2024R-3475-23, de 15 de febrero de 2024, del propio Ararteko, por la que recomienda al Instituto de Consumo del País Vasco, que elimine la obligatoriedad de la cita previa para cualquier trámite, habilite dicho sistema como opción voluntaria y que el servicio de recepción e información presencial a la ciudadanía sea prestado por personal de la administración y no por vigilantes de seguridad. En la misma, tras el atropello sufrido por un ciudadano, la Administración precisamente trata de ampararse en lo dispuesto en el art. 100 del Decreto 91/2023, si bien la Resolución señala que el art. 100 del Decreto 91/2023 no impone la obligatoriedad de la cita previa para relacionarse por vía presencial con la Administración y que la imposición de dicha obligatoriedad no sería "concordante con el derecho a una buena administración".

De la normativa vigente de procedimiento administrativo no se deduce una obligatoriedad, que ha acabado impuesta de forma generalizada y por la vía de los hechos, aunque gracias al impacto social y al rechazo producido en la ciudadanía parece que se está produciendo una cierta concienciación al respecto por parte de los poderes públicos[78]. Así, la problemática suscitada ha llegado como no podría ser de otra forma al Gobierno de España y en enero de 2024 el entonces Ministro de Tranformación Digital y Función Pública, consciente del malestar de la ciudadanía anunció la necesidad de reforma de la Ley 39/2015, en concreto de su art. 14 para la eliminación de la cita previa obligatoria por parte de las Administraciones Pública. Inexplicablemente, se había llegado a la conclusión en el ámbito de este Ministerio que del contenido de este precepto, que regula la obligación de ciertos ciudadanos de relacionarse de forma electrónica con la Administración, surgía la imposición de la cita previa obligatoria por parte de las Administraciones públicas para la tramitación de los procedimientos administrativos, lo que ciertamente ha causado asombro[79]. Del art. 14 de la Ley 39/2015 difícilmente se puede deducir esta exigencia como obligatoria, otra cosa es que expresamente se quiera regular la cita previa, en los términos que ya se han indicado, proscribiendo a las Administraciones públicas la cita previa con cárácter obligatorio para el ejercicio de derechos y cumplimiento de obligaciones. En todo caso, no parece que el art. 14 sea el más indicado para incluir esta regulación, más bien debería incluirse en el art. 13 un derecho a la atención ciudadana, con carácter multicanal, configurando la cita previa vinculada a este derecho, sin carácter obligatorio[80]. Recordemos que el art. 149.1.1 CE otorga competencia al Estado para *la regulación de las condiciones básicas que garanticen la igualdad de todos los españoles en el ejercicio de los derechos y en el cumplimiento de los deberes constitucionales* (SSTC 143/2017, de 14 de diciembre, 141/2014, de 11 de septiembre) y el art. 149.1.18 fija la competencia exclusiva en materia de *"bases del régimen jurídico de las Administraciones públicas"* y sobre el *"procedimiento administrativo común"*, lo que permite defender que la regulación de la cita previa por la incidencia que tiene o puede tener en el ejercicio de derechos y cumplimiento de obligaciones constitucionales, así como sobre las garantías de los particulares en el procedimiento administrativo común (que trata de asegurar un tratamiento común de todos los administrados en los aspectos más importantes de sus relaciones con las distintas Administraciones públicas (SSTC 191/2012, de 29 de octubre y 166/2014, de 22 de octubre), debe ser regulada por el Estado. La cita previa con carácter obligatorio puede afectar

---

78. Creo que es justo poner en evidencia el gran trabajo realizado en esta materia desde el Defensor del Pueblo en sus sucesivos informes tras la crisis sanitaria, al igual que el de sus homólogos autonómicos.

79. GÓMEZ, D (2024).; BELTRÁN CASTELLANOS, J.M. (2025:53).

80. BELTRÁN CASTELLANOS, J.M. (2025:53) apunta también como posibles preceptos para incluir la reforma al art. 53 que regula los derechos del interesado en el procedimiento administrativo o el art. 16 relativo a los registros. El art. 13 nos parece más adecuado en el sentido expuesto, pues no siempre la cita previa tiene lugar para realizar un trámite procedimental ni para acceder a un registro.

al inicio del procedimiento, a la presentación de recursos, por lo tanto, afecta al derecho a la tutela judicial efectiva y al derecho a la igualdad (cuando se impone su obtención telemática). En la STC 154/1988, de 21 de julio, en relación con el art. 149.1.1 considera que la fijación de las condiciones básicas para el ejercicio de derechos puede incluir el marco organizativo que pobilite el ejercicio del derecho y en la STC 130/2013, en relación con el art. 149.1.18 y la competencia sobre bases del régimen jurídico, se señala que el Estado puede fijar principios y reglas básicas sobre aspectos organizativos y de funcionamiento de las Administraciones públicas, y que su competencia es más intensa cuando afectan a la actividad externa de la Administración *"sobre todo cuando afectan a la esfera de derechos e intereses de los administrados"* y que en el concepto de funcionamiento de las Administraciones públicas *"se incardinan las actividades jurídicas típicas a través de las cuales las Administraciones públicas desarrollan su funcion constitucional de satisfacción de los intereses generales (art. 103)*, señalando que el objetivo fundamental de esta competencia es *"garantizar a los administrados un tratamiento común"*. A todo ello, podemos añadir la necesidad de vinculación positiva de la Administración al desarrollar su actuación, cuando pretende restringir derechos de los particulares o añadirles cargas en sus relaciones con la Adminsitración. La actuación de la administración se ajustará a lo dispuesto en el ordenamiento jurídico, no tiene ningún "espacio franco o libre de Ley"[81].

Esa regulación debería plantearse de forma inmediata para poner fin a una situación que ha causado importantes perjuicios a los particulares, como veremos en el siguiente epígrafe. Sin embargo, transcurrido más de un año desde el anuncio, con cambio del titular del Ministerio por el medio, no se ha tomado ninguna iniciativa al respecto. Una regulación de la atención ciudadana de carácter estatal, prohibiendo la cita previa con carácter obligatorio, evitaría que cada Comunidad Autónoma establezca diferentes regulaciones que en modo alguno aseguran unas garantías comunes para todos los ciudadanos en sus relaciones con cualquier Administración Pública[82]. Como medida inicial, cada Administración Pública debería revisar sus Cartas de Servicios y eliminar la cita previa que con carácter obligatorio se sigue contemplando en muchas de ellas (Teso-

---

81. GARCÍA DE ENTERRÍA E. y RODRÍGUEZ FERNÁNDEZ, T.R. (2024): *Curso de Derecho Administrativo,* vol. I, Civitas, vigésima primera edición, p. 506.

82. Así, el Acuerdo del Govern GOV/146/2023, de 11 de julio, por el que se establece el Modelo de atención ciudadana de la Administración de la Generalidad de Cataluña y del sector público y se adoptan varias medidas para luchar contra la brecha digital en el acceso a los servicios públicos prohíbe la obligatoriedad de la cita previa en los siguientes términos (la negrita es nuestra):

*"3. Disponer que la cita previa para acceder a los servicios y trámites de la Administración de la Generalitat y su sector público únicamente puede establecerse para mejorar la atención a la ciudadanía y **en ningún caso puede tener un carácter obligatorio**. El establecimiento del servicio de cita previa debe comunicarse a la unidad directiva competente en materia de servicios digitales y experiencia ciudadana.*

*4. Determinar que **la ciudadanía debe poder concertar la cita previa por varios canales y, en todo caso, de forma presencial**".*

rería de la Seguridad Social, Instituto Nacional de la Seguridad Social, MUFACE, DGT[83], Agencia Tributaria del Ayuntamiento de Madrid...). A todo lo señalado, habría que añadir que esta práctica está llevando a que muchos ciudadanos se vean abocados a acudir a un gestor administrativo para que les pueda realizar trámites que hasta hace poco eran perfectamente asumibles por ellos mismos, lo que lógicamente vulnera el principio de gratuidad del procedimiento administrativo, principio que si bien no se reconoce expresamente ni en la Ley 39 ni en la 40/2015 no debería llevar a más gastos que los derivados de posibles tasas (por ejemplo, para concurrir a un procedimiento selectivo) o de la práctica de la prueba que habrá de abonar el interesado conforme al art. 78 de la Ley 39/2015. Derivado de la vulneración del principio de gratuidad, nos encontraríamos con la vulneración del principio de igualdad, puesto que resulta evidente que las personas más vulnerables económicamente se verán sin opciones para acudir a estas soluciones alternativas, a salvo la ayuda que se les pueda prestar desde los servicios sociales públicos.

Para terminar este epígrafe, es necesario señalar el gran número de quejas presentadas ante este órgano constitucional como consecuencia de la cita previa obligatoria. Estas quejas han dado lugar a que los Informes del Defensor del Pueblo de los últimos años hayan prestado una especial atención a los perjuicios causados a los ciudadanos por esta causa. En el Informe del Defensor del Pueblo de 2022 se incluía un apartado dedicado a "La repercusión de la brecha digital en los servicios se atención al ciudadano", donde se incidía en estas cuestiones, poniendo de manifiesto cómo las personas más vulnerables son las que se ven más afectadas por la brecha digital y las barreras de acceso que se han levantado, dando lugar a una reducción de derechos inaceptable en un Estado de Derecho. Respecto a la cita previa se señala expresamente que *"Cuando las administraciones establecen únicamente la vía telemática para la concertación de la cita previa, requerida para la realización de cualquier trámite, y no disponen de mecanismos de atención presencial, ni tan siquiera para solventar situaciones de urgencia, se convierte en un obstáculo para el ejercicio de los derechos de*

No deja de llamar la atención que una medida tan importante se adopte en un Acuerdo que ni siquiera parece tener carácter normativo (se fija el modelo de atención ciudadana y se incluye un anexo para configurar ese modelo). En todo caso la previsión es clara.

83. En la Carta de Servicios de la DGT 2022-2025 se señala *"Los trámites más habituales para la ciudadanía son la gestión de documentación, permisos y autorizaciones necesarias para la conducción y tenencia de vehículos. En el siguiente enlace se encuentra el catálogo de servicios con todos los trámites disponibles que se pueden realizar: https://sede.dgt.gob.es/es/contenido/catalogo-de-servicios/ Para realizar la mayoría de estos trámites de forma presencial es imprescindible solicitar cita previa para Jefatura en el siguiente enlace: https://sede.dgt.gob.es/es/otros-tramites/cita-previa/ Los mayores de 65 años serán atendidos en la franja horaria que se determine"*, p. 4.

Por lo tanto, no solamente se exige cita previa, sino que además su obtención parece que se limita a través de medios telemáticos. ps://www.dgt.es/export/sites/web-DGT/.galleries/downloads/nuestros_servicios/conoce-todos-tramites/FOLLETO-C.S._-DGT-2022-2025.pdf https://www.dgt.es/export/sites/web-DGT/.galleries/downloads/nuestros_servicios/conoce-todos-tramites/FOLLETO-C.S._-DGT-2022-2025.pdf

los ciudadanos y el cumplimiento de sus obligaciones"[84]. Para terminar recordando que, la Administración conforme al art. 9.2 de la CE está obligada a remover los obstáculos que dificulten la igualdad sustancial de los individuos con independencia de su condición social en sus relaciones con lo propios poderes públicos. En el Informe de 2023[85] se insiste en la necesidad de recuperar la atención directa y se señala que la pervivencia del sistema de cita previa, *"con carácter general u obligatorio, se traduce en deficiencias en la atención y la asistencia que la Administración Pública está obligada a prestar para atender sus obligaciones legales (artículo 103.1 de la Constitución, plasmada en los artículos 21 de la Ley 39/2015, de 1 de octubre, del Procedimiento Administrativo Común de las Administraciones públicas, y 3 de la Ley 40/2015, de 1 de octubre, de Régimen Jurídico del Sector Público), reconducibles en último término al derecho a la buena administración"*. Y en concreto señala respecto a las actuales oficinas de asistencia en materia de registros que *"los registros públicos, como puerta de acceso de la ciudadanía a la Administración, deben evitar cualquier obstáculo a la plena accesibilidad tanto presencial como electrónica. Adicionalmente, debe recordarse que no son pocos los trámites que requieren inmediatez, o se encuentran sujetos a plazos, y que no siempre pueden ser preparados con suficiente anticipación como para permitir que la cita previa constituya un medio de atención eficaz"*. Como ya se ha señalado, en relación con las oficinas de asistencia en materia de registros, no es admisible y así se reitera por el Defensor del Pueblo que se precise cita previa para la presentación de cualquier documentación.

3. LA DOCTRINA JURISPRUDENCIAL SOBRE ATENCIÓN CIUDADANA

El derecho a la atención ciudadana no está ciertamente presente en la jurisprudencia de nuestros tribunales, tal vez, porque todavía no hay una verdadera concienciación por parte de la ciudadanía sobre la titularidad de este derecho, quedándose en el ámbito de las quejas ante la propia Administración o bien diluyéndose con las consecuencias jurídicas de esa falta de atención que son las que principalmente llevan a la impugnación ante los tribunales. Tampoco las cartas de servicios han sido objeto de impugnación a pesar de que sus contenidos en ocasiones puedan resultar ilegales, tal y como hemos señalado en el epígrafe anterior, en relación con la cita previa. Los ciudadanos son bastante ajenos a su existencia y solo en caso de una mala prestación del servicio o una

---

84. II. "Algunos temas destacados". 9. La repercusión de la brecha digital en los servicios se atención al ciudadano, Informe anual 2022, p. 85-92.
85. II. "Algunos temas destacados". 2. Administraciones y servicios públicos saturados: acceso a registros y dependencias administrativas, cita previa y asistencia a la ciudadanía. Informe anual 2023. pp. 41-52. El Defensor del Pueblo recibió 35.603 quejas de la ciudadanía en 2023, un 13,2 % más que en 2022.

denegación en el acceso puedieran ser invocadas como refuerzo argumental, además como ya se ha señalado, algún buen intencionado intento de convertir su contenido en vinculante para la Administración se ha diluido, por lo que su virtualidad práctica a efectos jurídicos se ha visto reducida a la mínima expresión.

En cambio, sí contamos con pronunciamientos en relación con el derecho de petición puesto que aquí entra en liza un derecho fundamental (art. 29 CE). La STS, Sala Tercera, de lo Contencioso-administrativo, de 24 de abril de 2019[86], señala expresamente que este derecho incluye la obligación de la Adminsitración de tramitar la petición y observar en su eventual declaración de inadmisibilidad determinadas exigencias legales recogidas en la Ley Orgánica 4/2001, la cual *"constituye desarrollo del contenido esencial de ese derecho", para declarar la vulneración del derecho de petición en un supuesto en que la Administración destinataria de la petición "ni acusó recibo de ésta ni resolvió expresamente sobre la misma, en sentido favorable o desfavorable, hasta pasados casi siete meses desde que tuvo entrada en aquélla y una vez ya se había interpuesto por aquél el correspondiente recurso en vía judicial".* Entendiendo *"que la vulneración del plazo debe comportar, per se, la estimación del recurso por tratarse de un derecho fundamental".* La respuesta extemporánea de la administración, instada la tutela jurisdiccional por vía de la protección de los derechos fundamentales de la persona no serviría *"para convalidar ni la inactividad administrativa ya materializada por el mero transcurso de los plazos sin haberse cumplido por la Administración su obligación de contestación, ni la lesión real y efectiva del contenido esencial del derecho fundamental del petición que generó tal inactividad".* Sin embargo, a pesar de su configuración como derecho fundamental, el derecho de petición no es ni mucho menos un derecho que afecte de forma generalizada a las relaciones de la ciudadanía con la Administración.

Igualmente, la exigencia de cita previa obligatoria, analizada en el epígrafe anterior, sí está dando lugar a una situación generalizada de menoscabo en los derechos de los particulares y ello ha generado a numerosos pronunciamientos jurisprudenciales, algunos anteriores a la crisis sanitaria, especialmente en materia de extranjería y en relación con el Registro Civil, otros con origen en la situación de pandemia y pospandemia, con diferentes planteamientos y razonamientos de los diferentes tribunales en función de la casuística. Tenemos sentencias tempranas en relación con el Registro Civil y las solicitudes de nacionalidad, ámbito donde ya se venía aplicando la cita previa para la presentación de solicitudes. En estos pronunciamientos se consideró que si el retraso en la asignación de cita previa era atribuible a la Administración y afectaba a la presentación de una solicitud o a la validez de la documentación presentada, la Administra-

---

86. Sentencia 553/2019, de 24 abril de 2019, Rec. 655/2017. ECLI:ES:TS:2019:1345 En el mismo sentido la STS, Sala de lo Contencioso-Administrativo, de 31 de enero de 2007 (recurso de casación núm. 7920/2002).

ción no podría rechazarla[87]. En este sentido las SSAN, Sala de lo Contencioso-administrativo, de 26 de junio y 27 noviembre de 2014[88], en relación con la práctica de algunos Registros Civiles, en virtud de la cual los interesados tenían que comparecer en el Registro Civil para iniciar el expediente de solicitud de nacionalidad; en ese momento se les revisaba la documentación y únicamente si esta estaba en vigor y correcta se les daba cita para que en una fecha posterior presentaran formalmente la solicitud, dando lugar a que con frecuencia en esa fecha posterior los *"documentos que eran plenamente eficaces perdiesen esta cualidad no por dejadez o descuido imputable al promotor, sino a la propia actuación administrativa gestora del expediente"*. Estos pronunciamientos judiciales reconocieron la validez de los documentos presentados, aunque a la fecha de la cita hubiesen perdido la misma, por considerar que la actuación administrativa era la culpable de que se hubiese generado dicha situación, estimando los recursos y ordenando conceder la nacionalidad española a los afectados. A esto hay que añadir que la Administración actuante en estos casos no había dado trámite de subsanación y que se trataba de una actuación sobradamente conocida por la DGRN (Dirección General de los Registros y el Notariado). En el mismo sentido se pronuncian las SSAN de 15 de septiembre y 22 de diciembre de 2016[89] en supuestos idénticos, realizando en ambas una crítica abierta al sistema de tramitación que se seguía en los Registros y que estaba dando lugar a un buen número de reclamaciones, así se señala que: *"hay indicios de que se está funcionando con un sistema de cita previa del que no se deja constancia lo que hace que documentos que gozaban de vigencia cuando se acude al Registro Civil ya no la tengan en la fecha asignada para formalizar la solicitud, siendo la practica administrativa la que genera el inconveniente que después se objeta"*. El TS desestimó los recursos de casación presentados en su día por la Administración General del Estado contra estas sentencias y en su sentencia de 4 de diciembre de 2015 confirmó la doctrina de la AN[90].

Junto a estas sentencias que entienden que se debe reconocer la validez de la documentación presentada, conforme al principio de proactividad de la Administración, también se está asentando una línea jurisprudencial en la que, para dar amparo a los interesados a los que se ha impuesto de forma obligatoria un sistema de cita previa, se está considerando como fecha de la solicitud de ini-

---

87. En el Informe del Defensor del Pueblo de 2019 se pone de manifiesto esta situación, p. 88. *"El Defensor del Pueblo recibe, desde hace años, miles de quejas referidas a las demoras en la resolución de los expedientes iniciados por los ciudadanos para adquirir la nacionalidad española por residencia. Del análisis de las quejas se desprende que la demora en la resolución de expedientes afecta a ciudadanos que presentaron su solicitud desde 2010 en adelante, si bien la mayor cantidad de expedientes sin resolver se encuentra localizada en los años 2015-2017"*.

88. Rec. 1037/2013 CLI: ES:AN:2014:2770 y Rec. 1967/2013 ECLI:ES:AN:2014:4650

89. Sentencia 568/2016 de 15 de septiembre de 2016, Rec. 1769/2014 ECLI: ES:AN:2016:3482 y Sentencia 29/2017 de 22 diciembre de 2016, Rec. 2190/2014ECLI: ES:AN:2016:4903

90. Tribunal Supremo, Sala Tercera, de lo Contencioso-administrativo, Sección 6ª, Sentencia de 4 de diciembre de 2015, Rec. 2617/2014, ES:TS:2015:5043. A esta sentencia siguieron muchas otras en el mismo sentido.

ciación del procedimiento, el día en que fue solicitada la cita previa, entendiendo que si no hay fechas disponibles antes de que finalice el término o plazo a cumplir por el interesado, debe entenderse que el incumplimiento se debe a la actuación administrativa y que la solicitud de cita previa en ese caso ha de considerarse como trámite iniciador del procedimiento. Así, la STSJ de Madrid, Sala de lo Contencioso-administrativo, Sección 1ª, de 21 junio de 2019[91], señala en un supuesto de solicitud de visado por agrupamiento familiar que resulta denegada por haber cumplido el menor 18 años en el momento de la solicitud, que se debe tener en cuenta la fecha de solicitud de la cita previa que había tenido lugar una semana antes. En concreto afirma que *"si es la Administración la que fija la fecha de la cita previa, solo cabe entender referida la fecha de la presentación de la solicitud de que se trate al momento en que se solicita la cita. De esta forma, como quiera que el solicitante era menor de edad a la fecha en la que la cita previa se cursa, la circunstancia de que varios días después (en el momento de materializar la solicitud en la fecha que le fue señalada por la Administración), hubiera alcanzado la mayoría de edad, no podía constituir causa de denegación del visado"*.

Resulta de especial relevancia por su contundencia en la argumentación y por relacionar la obligatoriedad de la cita previa con el derecho a una buena adminsitración la STSJ de Asturias, Sala de lo Contencioso-administrativo, de 17 febrero de 2023[92]. En la misma se va a considerar que si el interesado solicita la cita previa para presentar presencialmente una reclamación económico-administrativa dentro del plazo de un mes para la presentación de la misma no cabe la inadmisión por extemporánea y ello sin perjuicio de que el art. 16.4 de la Ley 39/2015 confiera al particular otras vías de presentación, puesto que este puede elegir la que considere más oportuna ya que no se establece en dicho precepto ningún criterio de prevalencia o prioridad[93]. Se señala expresamente en relación a la cita previa obligatoria que *"la norma de autoorganización que establezca esta, no puede perjudicar a aquél que ha actuado con la diligencia suficiente para presentar, en este caso, su reclamación dentro de plazo"*, y continua señalando que *"esta decisión, que se desarrolla dentro de la potestad de autoorganización, tenía un efecto trascendente en relación con aquellas diligencias que estaban sometidas a un plazo preclusivo, de forma que debía ser valorado por la propia Administración a efectos de evitar situaciones de indefensión a los interesados. Por ende, la aplicación de principios como el de la buena administración, inferido de los artículos 9.3 y 103 de la Constitución, el de confianza legítima, y buena fe, debían haber llevado a evitar situaciones de confusión en los recurrentes creados por la propia administración, generando la confianza de haber solicitado la cita para la presentación de la reclamación dentro del plazo*

---

91. Sentencia 364/2019 de 21 Jun. 2019, Rec. 1023/2018 ECLI: ES:TSJM:2019:8531
92. Sentencia 169/2023 de 17 de febrero de 2023, Rec. 95/2022, ECLI: ES:TSJAS:2023:413
93. En este sentido se ha pronunciado el TS, Sala de lo contencioso-administrativo, de 27 de mayo de 2019, rec. 5809/2018 ECLI: ES:TS:2019:168

establecido. Por ende, a la Administración le competía adoptar las medidas que evitasen situaciones de indefensión, bien advirtiendo del fatal efecto de la cita previa, en el supuesto de señalarse una fecha posterior al límite temporal; bien adoptando un acuerdo de interrupción del plazo entre la fecha que en la que se solicita la cita previa, y el de la cita fijada; o bien, interpretando como fecha a considerar la primera (la de la solicitud de la cita). Lo que no cabe acoger es que utilizándose una vía principal de acceso a un registro público, como es el del registro general, los interesados vean cercenados sus derechos, o se les obligue a utilizar otros medios alternativos, por la decisión unilateral de la Administración de fijar un sistema que limita el acceso presencial en las oficinas destinadas a la recepción de documentación". Como consecuencia de todo este planteamiento declara la nulidad de la resolución de inadmisión de la reclamación.

En el mismo sentido, la STSJ de Cataluña, de 3 de octubre de 2023[94], en la que se anula la inadmisión a trámite de solicitud de autorización de residencia de larga duración por extemporaneidad de la misma, retrotrayendo las actuaciones al momento de la admisión a trámite de la solicitud, para que la tramite y la Administración resuelva en plazo la solicitud de autorización formulada, se concluye expresamente que la inadmisión a trámite *"aparece desproporcionada atendida la existencia de diversos intentos de obtener cita previa efectuados en plazo y los graves efectos que se derivan de la inadmisión".* Además, se debe tener en cuenta que en algunos casos el cumplimiento de los plazos constituye en primer término una obligación legal para la Administración, como ocurre cuando se solicita protección internacional al amparo de la Ley 12/2009, de 30 de octubre, de asilo, que señala como plazo máximo un mes desde la entrada en España para dar cumplimiento a la obligación de dar trámite a la solicitud y que, por lo tanto, obligada como está la Administración no cabe que organice las citas previas de tal forma que no quepa el cumplimiento del plazo. El TSJ de Aragón en su sentencia de 22 de mayo de 2024[95] es taxativo al señalar que *"una solicitud de comparecencia personal, que debió cumplimentarse en un mes, terminara cumplimentándose seis meses después, no es sólo un problema de medios, sino que se torna en incumplimiento de la Ley por la Administración, y, a la postre, en dudosa eficacia de la protección internacional que brinda un Estado"* y concluye que vulnera el derecho a una buena administración que se articule un sistema de cita on line que deviene en ineficaz y que no permite el cumplimiento de la legalidad.

Esta solución que entiende como acto de iniciación del procedimiento el de solicitud de la cita previa ha sido propuesta por el Defensor del Pueblo en su

---

94. Sentencia 3233/2023, de 3 de octubre de 2023, Rec. 320/2023, ES:TSJCAT:2023:8656
95. Sentencia 782/2024, de 22 de mayo de 2024, Rec. 477/2023 - ECLI:ES:TSJAR:2024:782

Informe del año 2019[96] y también se considera adecuada por RUÍZ CENICEROS[97]. Sin embargo, a mi juicio, aun reconociendo que supone un avance en la protección de los derechos de los ciudadanos sometidos injustamente a un sistema de cita previa obligatorio, jurídicamente genera alguna duda. Conforme a la Ley 39/2015 el acto que por parte del interesado tiene la capacidad de iniciar el procedimiento es la solicitud en los términos del art. 66 (solicitudes de iniciación) y la cita previa, como ya se ha señalado, no forma parte de los trámites procedimentales, puesto que carece de regulación más allá de las escuetas previsiones normativas mencionadas, que en ningún caso la consideran como acto iniciador del procedimiento; aunque es evidente que incide en el procedimiento (en el derecho a iniciar el procedimiento y también en el derecho de defensa si impide hacer alegaciones o ejercer el trámite de audiencia o presentar un recurso presencialmente en una oficina de asistencia en materia de registros), no es un trámite procedimental, sino que es una medida de carácter organizativo. Por ello creo, que el derecho a una buena administración debiera llevar a pronunciamientos que eliminasen cualquier consecuencia negativa que la obligatoriedad de la cita previa haya generado en la esfera jurídica de los particulares, obligando a la Administración a tramitar solicitudes, recursos y cualquier trámite denegado, incluyendo el reconocimiento de la responsabilidad patrimonial de la Administración por las lesiones causadas, puesto que claramente estamos ante un funcionamiento anormal de las Administraciones públicas y ante un situación que carece de amparo normativo para que pueda ser considerado una actuación que la ciudadanía tenga el deber jurídico de soportar, pero no reconociendo a la cita previa una naturaleza jurídica que no tiene. Una medida organizativa supuestamente implantada para agilizar los procedimientos, que deviene en un requisito obligatorio para los interesados que supone el atropello de sus derechos por la Administración no debe considerarse una actuación iniciadora del procedimiento, ya que en estos momentos carece de encaje en la Ley 39/2015. La solución, como ya se ha señalado pasa por eliminar la cita previa con carácter obligatorio, puesto que supone una carga administrativa para los ciudadanos a la hora de acceder a la atención ciudadana a la que tienen derecho, y para los interesados que tienen derecho a iniciar el procedimiento siempre que cuenten con la legitimación para ello (los interesados podrán iniciar el procedimiento administrativo dice el art. 54) y pueden realizar cualquier otra actuación en relación con el mismo sin mayores requisitos que los fijados en la norma que regule el procedimiento[98]; jurídicamente es difícil sostener que la solicitud de una

---

96. Ya en el año 2019 el Defensor del Pueblo realizó dos Recomendaciones al INSS: "La primera de ellas, a fin de que considerase la fecha de solicitud de la cita previa a efectos de plazos para solicitud de prestaciones y presentación de reclamaciones, y la segunda para que emitiera un resguardo en el que conste el día y la hora de la solicitud, y sea esa fecha la que tenga validez en el cómputo de cualquier plazo". Informe anual 2019, p.461.

97. RUÍZ CENICEROS (2024: 268-269; 27).

98. Para ANTUNEZ SÁNCHEZ (2024:580) esto supondría una quiebra de los principios de servicio efectivo a los ciudadanos, simplicidad, proximidad y racionalización del procedimiento.

cita previa es un trámite iniciador del procedimiento, por mucho que de dicha solicitud se pueda deducir una cierta voluntad del interesado de iniciar un determinado procedimiento[99]; a mi juicio la iniciación debe ser decidida y eficazmente realizada, lo que sí cabría, y así se ha contemplado como opción en algún pronunciamiento, es entender que desde la fecha de solicitud de la cita previa hasta la fecha en la que se otorga dicha cita previa queda suspendido el plazo, con lo que se evitaría la preclusión para la iniciación o para la realización de cualquier trámite; igualmente, cabe que directamente se declare nula la inadmisión por extemporánea y se obligue a la Administración a retrotraer sus actuaciones, considerando que esa inadmisión sería contraria al derecho a una buena administración[100].

Junto a esta línea jurisprudencial que es sensible con la vulneración de los derechos de los particulares, se pueden apuntar otras decisiones en las que los tribunales consideraron que la falta de obtención de cita previa para presentar una solicitud no exoneraba al particular del cumplimiento del plazo y que, por lo tanto, la Administración podría denegar el acceso al registro de la Oficina de Empleo de Extranjería considerando que *"en todo momento la Administración ha actuado con la cobertura jurídica correspondiente, relativa a la organización y funcionamiento interno de la Oficina de Extranjeros"*. El interesado había presentado una queja por la imposibilidad de lograr una cita previa vía telefónica, pero finalmente no se consideró que la presentación de la queja fuese prueba suficiente que acreditase de la imposibilidad de lograr una cita previa, a pesar de las limitaciones que la Administración pudiese poner organizativamente para su obtención (SSTSJ de Cantabria, Sala de lo Contencioso-administrativo,

---

99.   En la STSJ de Madrid Sala de lo Contencioso-administrativo, Sección 6ª, Sentencia 1530/2006 de 3 de noviembre de 2006, Rec. 284/2006 (JUR\2007\165648) se dice textualmente (la negrita es nuestra):

*"La cuestión fundamental a la que cabe reducir el litigio es la de determinar si **el inicio del expediente se produjo con la solicitud telefónica de la cita** o con la personación del interesado en las correspondientes dependencias el día fijado por la Administración al conceder dicha cita, a efectos de aplicar la normativa en vigor en cada momento. La solicitud de cita previa debe entenderse como una verdadera manifestación de voluntad del interesado dirigida a poner en marcha el procedimiento de concesión del permiso, es decir, es un acto de arranque del procedimiento que obliga a considerar éste como iniciado a instancia del interesado"* Y considera que es *"un acto de arranque del procedimiento que obliga a considerar éste como iniciado a instancia del interesado, en los términos que refiere el artículo 68 de la Ley 30/1992, de 26 de noviembre, teniendo en cuenta que ha sido la Administración misma la que, por razones organizativas, ha exigido la petición de una cita previa a la presentación de la documentación necesaria para obtener el permiso". De otro modo habría de suponerse que el interesado, si no existiera dicha exigencia como decimos impuesta por la Administración por propios intereses organizativos o de gestión, habría podido presentar antes la solicitud en forma".* Es cierto que la Administración es la que da lugar a la conculcación del derecho del particular y que si no existiese la necesidad de cita previa, el procedimiento se hubiese iniciado en tiempo y forma, pero una llamada telefónica solicitando la cita previa no parece jurídicamente equiparable a la solicitud de iniciación de un procedimiento.

100.   STSJ Asturias 169/2023 de 17 Feb. 2023, Rec. 95/2022, ECLI: ES:TSJAS:2023:413

de 8 de septiembre de 2006[101] y de 27 de noviembre de 2006[102]). En el mismo sentido, la STSJ del País Vasco 20 de junio de 2023[103], que insiste en la necesidad de prueba desestimando el recurso presentado contra una inadmisión de solicitud de residencia de larga duración en la que se alegaba imposibilidad de presentar la solicitud en plazo al no obtener una cita previa, señalando que *"no pueden considerarse relevantes los alegatos que traslada la apelante en relación con las dificultades para obtener cita previa para presentar la solicitud, por las circunstancias que refiere en el ámbito de la situación de pandemia y las irregularidades en el funcionamiento de las oficinas y registros administrativos, dado que no podemos concluir que en ese largo periodo de tiempo no se pudiera acceder al registro válido para presentar la solicitud, destacando, como la Administración ya trasladó en la resolución desestimatoria del recurso de reposición que la solicitud se pudo presentar en cualquier registro administrativo u oficina de Correos"*. De nada sirvió el hecho de que fuese una persona vulnerable, de que se hubiese presentado varias veces en la oficina de extranjería y que terminase acudiendo a los propios servicios sociales, donde le indicaron que presentase la solicitud por correos, como finalmente hizo, cuando ya había transcurrido el plazo de presentación previsto en la normativa.

El tema de la prueba resulta realmente complicado para el particular[104], convirtiéndose en una prueba diabólica (resulta complicado demostrar que las líneas telefónicas están saturadas o que no hay citas disponibles para una determinada fecha en una determinada delegación), si bien en los últimos tiempos algunos tribunales han flexibilizado en ciertos casos las exigencias cuando la obtención de la cita se hace vía digital, dando por buena la obtención de un pantallazo que refleje que no hay fechas disponibles hasta una determinada día[105]. El TSJ de Madrid, Sala de lo Contencioso-Administrativo, de 7 de marzo

---

101. Recurso 43/2006 ECLI:ES:TSJCANT:2006:1297. Esta sentencia resuelve el recurso de apelación presentado por la Administración General del Estado contra la Sentencia dictada por el Juzgado de lo Contencioso-Administrativo nº 1 de Santander de fecha 4 de octubre de 2005, que con un planteamiento innovador había estimado en parte el recurso contencioso-administrativo presentado, entendiendo que la fecha de la queja presentada contra el sistema de cita previa, debía entenderse como prueba suficiente del mal funcionamiento y la Administración debería dar por presentada la solicitud en la fecha de la queja.

102. Sentencia 706/2006, Rec. 96/2006 RJCA\2007\87 resuelve recurso de la Administración del Estado frente a la sentencia dictada por el Juzgado de lo Contencioso-Administrativo nº Tres de Santander de fecha nueve de diciembre de 2005, que sí había estimado parcialmente el recurso, aunque sin considerar que la actuación administrativa fuese vía de hecho y sin acceder a "la pretensión del cese del sistema de cita previa por teléfono". En el fallo se reconocía *"acreditada la imposibilidad del actor de acceder a la cita telefónica por la saturación del sistema de registro y cita previa instaurado, así como el derecho a presentar la solicitud con los mismos efectos que si lo hubiese hecho el día" de presentación de la queja"*. El TSJ estima el recurso.

103. Sentencia 322/2023 de 20 de junio de 2023, Rec. 1273/2021. ECLI: ES:TSJPV:2023:1273

104. En este sentido RUÍZ CENICEROS, M. (2022: 259).

105. La STSJ de Madrid Sala de lo Contencioso-administrativa, Sección 10ª, Sentencia 161/2022 de 17 de febrero de 2022, Rec. 450/2021 señala literalmente (la negrita es mía): "Se nos podrá plantear por la parte la cuestión de cómo se acredita tal extremo, pues bien, *consideramos que es muy sencillo,*

de 2024[106] considera probados documentalmente los intentos de obtención de cita previa y suspende la orden de expulsión de un ciudadano extranjero que *"solicitó cita previa para presentar una petición de asilo o protección internacional en fecha de 27 de octubre de 2022, antes de que se iniciara el expediente de expulsión, que lo fue en fecha de 17 de abril de 2023"*. Y afirma que *"Esa cita no se le concedió por causa que no le era imputable. Es más, el apelante hizo lo que estaba en su mano para remover los obstáculos administrativos que le impedían poder presentar su solicitud, como lo demuestra la carta del Defensor del Pueblo, en contestación a una queja del recurrente, y el correo electrónico que, en fecha de 16 de marzo de 2023, le remitió el Servicio de Información y Atención al Ciudadano sobre la dificultad de que se le concediera la cita. Incluso, después de que se ordenara su expulsión reiteró la petición de cita previa, el día 16 de junio de 2022, sin que conste que haya sido atendida"*. La STSJ de Aragón, Sala de lo contencioso-adminsitrativo, de 9 de enero de 2023 considera notorio el mal funcionamiento del sistema de cita previa y las dificultades de prueba y da por bueno lo alegado por el recurrente, declarando la vulneración del derecho a una buena administración en los términos de la sentencia de instancia: *"El sistema habilitado al fin de la obtención de cita previa no muestra ni la provincia ni la fecha en la pantalla en la que aparece el mensaje informando de la inexistencia de citas en la oficina seleccionada. Asimismo, si se accede a dicha web a través del dispositivo móvil, en el caso del recurrente por no disponer de un equipo informático de sobremesa, tampoco muestra la información que detalle fecha y lugar. Por lo tanto, una eventual imposición al solicitante de la carga de la prueba de acreditar la provincia y fecha en que se ha tratado de conseguir cita en la Oficina de Extranjería se convierte en una "probatio diabólica", es decir, probar lo imposible. Cabría entonces haber instruido un acta notarial a tal efecto, porque otro modo no existe"*[107]. En el mismo sentido, la STSJ de Islas

---

cuando uno accede al portal de la sede electrónica de Administraciones públicas habilitado para ello y se produce la circunstancia que denuncia la apelante se obtiene un mensaje que expresa lo siguiente "En este momento no hay citas, en breve la Oficina pondrá a su disposición nuevas citas", bastaba con que se nos hubieran aportado unas capturas de pantalla en las que se expresase esa circunstancia para poder tener por acreditada tal circunstancia". Lo cierto es que no es tan sencillo y no todos los ciudadanos son capaces de hacerse con las pruebas adelantándose a un posible recurso.

106. Sala de lo Contencioso-administrativo, Sección 10ª, Sentencia 198/2024 de 7 de marzo de 2024, Rec. 123/2024, ECLI:ES:TSJM:2024:2543.

107. Rec. 276/2022, ECLI:ES: TSJAR:2023:89 Y continúa su relato señalando: *"La eventual precariedad económica de aquellos que aspiraron a la obtención de una autorización de residencia en 2020, no debe de convertirse en un lastre tal que frustre cualquier pretensión de ejercicio de derechos y acceso a un procedimiento justo con todas las garantías, ya que no existe obligación alguna con amparo legal al respecto de un hipotético deber de contratar los servicios de un profesional, que cuente con certificado electrónico que pueda remitir telemáticamente solicitudes de autorizaciones de residencia, más allá de las sugerencias evacuadas en resoluciones del Subdelegado de Gobierno en Zaragoza.*

Tampoco fue posible hablar por teléfono con la oficina porque el teléfono habilitado no ofreció tal posibilidad, pese a intentarlo a diario de forma insistente (dependiendo del día, se escuchaba un mensaje que te pone en espera y te informa del lugar en la lista de espera que ocupa tu llamada, en el que

Baleares, Sala de lo contencioso-administrativo, de 20 de septiembre de 2022[108], invierte la carga de la prueba y señala que si la Administración no hace ningún esfuerzo probatorio, la solicitud no debió ser inadmitida.

Tras el análisis de toda esta jurisprudencia se puede afirmar que existe una importante situación de inseguridad jurídica en la que los particulares sufren supuestos sangrantes de falta de ayuda y acompañamiento por parte de las administraciones públicas a la hora de ejercer sus derechos o cumplir con sus obligaciones, dando lugar a violaciones flagrantes de sus derechos que a veces pueden demostrar y otras en cambio no, por las dificultades probatorias que conlleva, lo que les sitúa con frecuencia en una posición de absoluta indefensión. En relación con la cita previa obligatoria se añade el agravante de que es una medida organizativa que se ha impuesto sin cobertura legal para ello. Es cierto que las decisiones jurisprudenciales de ciertas salas de los TSJs están dando amparo a los intereses de los particulares, tratando de lograr la consecución de una cierta justicia material a través de soluciones diversas, pero ello no debe servir para obviar que la ciudadanía tiene derecho a recibir una atención eficaz por parte de las administraciones y que estas deben actuar siempre conforme al interés general y al principio de servicio público. Siendo muy plausible que los tribunales ayuden a impulsar la mejora del funcionamiento de las Administraciones públicas y su sometimiento al derecho a una buena administración de los ciudadanos, la Administración en el siglo XXI debe ser proactiva y debe adoptar las medidas y disponer de los medios necesarios para que su actuación se ajuste a los principios de actuación legalmente establecidos, con pleno respeto a los derechos de los ciudadanos en sus relaciones con las administraciones públicas. Como siempre, el recurso ante los tribunales es una garantía (art. 106.1 CE), pero la mejor garantía es que no se requiera su intervención y que la Administración actúe conforme a las exigencias del ordenamiento jurídico (art. 103.1 CE). No se puede olvidar que hay personas que no tienen capacidad para recurrir, que las resoluciones judiciales tardan en llegar y que mientras se producen situaciones injustas que nos son fáciles de combatir, dada la posición privilegiada que ostenta la Administración. En último término, llama la atención que todas estas situaciones no hayan dado lugar a reclamaciones de responsa-

---

casi siempre finalizaba sin aviso previo. Otros días simplemente sonaba y no lo cogía nadie). Es más, el recurrente consiguió hablar con la oficina de otras provincias, antes que con la de Zaragoza, pero al ser otra provincia no podían consultar su expediente ni informarle de los pasos a seguir".

Sin duda constituye un relato muy elocuente de la situación que han vivido muchos ciudadanos por la falta de una atención a la ciudadanía adecuada por parte de las Administraciones.

108. Sentencia 558/2022 de 20 de septiembre de 2022, Rec. 433/2021ECLI:ES:TSJBAL:2022:1008

"Así las cosas, como no es posible que la apelante pueda demostrar el hecho negativo de que el servicio de cita previa no funcionaba correctamente, y dado que la Administración se ha desentendido en todo momento de cualquier explicación o justificación que desmintiera las afirmaciones de la apelante, en definitiva, la Sala considera que la duda, dado también el limitado periodo de tiempo transcurrido, que fue de menos de un mes, en concreto de 10/10/2020 a 03/11/2020, con incluso una cita previa por medio, en definitiva, debe disiparse en favor de concluir que la solicitud presentada el 03/11/2020 no debió ser inadmitida sino tramitada".

bilidad patrimonial y que en ninguno de los supuestos analizados se haya planteado la indemnización de los daños causados, aunque sean simplemente morales, por parte de la Administración. Espero que si estas reclamaciones llegan a plantearse los tribunales den un paso al frente y no consideren que todas estas situaciones son daños que los particulares están obligados a soportar, puesto que el principio de indemnidad (art. 106.2 CE) es la cláusula de cierre de las garantías de los particulares ante la Administración.

4. RECAPITULACIÓN Y PROPUESTAS

En estos momentos existe una clara sensación en la sociedad de mal funcionamiento de las Administraciones e instituciones públicas. Y esta percepción ha traspasado los foros jurídicos para instalarse en los medios de comunicación, en las redes sociales y en el día a día de muchos ciudadanos. En este trabajo se ha querido recuperar y reivindicar el derecho a la atención ciudadana que recoge el ordenamiento jurídico, tanto a nivel estatal como autonómico, y que obliga a que las administraciones lo satisfagan de forma eficiente. También el derecho a unos servicios públicos de calidad, con unos estándares en el funcionamiento que deberían ser cada vez mayores. En la etapa pospandemia, en la que nos encontramos, se han mantenido ciertas inercias en el sector público contrarias a los principios de actuación que obligan a las administraciones públicas, lo que ha traído como consecuencia la vulneración de importantes derechos de los particulares. El avance de la digitalización de las Administraciones públicas, con todos los beneficios y ventajas que implica, también ha hecho visible su lado oscuro, especialmente en lo que se refiere a la conversión de un derecho de la ciudadanía a relacionarse electrónicamente con la Administración en una obligación de facto inexistente jurídicamente para la mayor parte de las personas (aquellos que no están obligados a relacionarse telemáticamente con la Administración en virtud del art. 14.2 de la Ley 39/2015). La extensión de las relaciones digitales no debe acabar en ningún caso con la atención presencial por parte del personal al servicio de las Administraciones públicas y esta no debe condicionarse ni limitarse, salvo en supuestos excepcionales que ampare el ordenamiento jurídico. La expulsión de los ciudadanos de las dependencias administrativas no es compatible con el principio de proximidad en su actuación ni con el deber de facilitar a los ciudadanos el ejercicio de sus derechos y el cumplimiento de sus obligaciones. Tampoco con el derecho a una buena administración, derecho que aunque en el ámbito estatal no está expresamente recogido en las Leyes 39 y 40/2015, los tribunales entienden que se puede derivar de los arts. 9.3 y 103 de la CE y también de los artículos 13 y 53 de la Ley 39/2015 y del art. 3 de la Ley 40/2015.

Por todo ello, resulta necesario que se adopten medidas inmediatas en todas las Administraciones para acabar con situaciones difícilmente explicables como las generadas por la obligatoriedad de la cita previa para recibir atención presencial. La atención a la ciudadanía debe ser multicanal, de forma que cada ciudadano elija la vía que mejor satisfaga sus necesidades, sin que pueda eliminarse la atención presencial. La cita previa puede ser una medida organizativa que con una regulación adecuada constituya una ventaja para los particulares que podrán evitar esperas innecesarias, pero no puede configurarse con carácter obligatorio, limitando el derecho de estos a recibir atención, ayuda y acompañamiento en sus relaciones con las administraciones públicas o peor aún impidiéndoles cumplir con sus obligaciones o ejercicio de derechos en tiempo y forma.

Por todo ello, urge que desde los poderes públicos se adopten medidas contundentes que permitan recuperar una Administración al servicio de la ciudadanía, centrada en la realización del "interés general" como clave de bóveda su actuación. Entre esas medidas se dejan apuntadas las siguientes:

— Reforma de la Ley 39/2015, en concreto del art. 13, en que se debiera incrementar la lista de derechos de las personas en sus relaciones con las administraciones públicas, recogiendo expresamente el derecho a recibir una atención ciudadana eficaz, adaptada a las circunstancias físicas, psíquicas, sociales y culturales de las personas, en condiciones de igualdad, conforme a parámetros de calidad, e incluyendo a su vez el derecho a elegir el medio o canal para recibir dicha atención, así como para acceder a los servicios prestados por las distintas administraciones públicas, reconociendo de forma expresa el derecho a ser atendido con carácter presencial. En este mismo precepto cabría regular la atención mediante cita previa, configurándola como un instrumento organizativo, especialmente para aquellos casos que se requiera una atención especializada, prohibiendo con carácter general que esta tenga carácter obligatorio y garantizando que esta pueda ser obtenida también de forma presencial. Expresamente se debe recoger la exclusión de la utilización de la cita previa en las oficinas de asistencia en materia de registros. Finalmente, ya es hora de que se incluya y delimite el derecho a una buena administración, concretando la extensión de su contenido de acuerdo con lo señalado con la jurisprudencia y teniendo en cuenta las normativas autonómicas ya aprobadas.

Respecto a la Ley 39/2015 también sería conveniente reformular el art. 14.3, de forma que la posibilidad de extender la obligación de relacionarse con la Administración a través de medios electrónicos a ciertos colectivos o grupos de ciudadanos tenga carácter totalmente excepcional, sometiendo esta opción a mayores exigencias que las actuales, con carácter básico, para evitar que los colectivos obligados a relacionarse con la Administración, aumenten de forma indiscriminada, dejando en papel mojado el derecho de elección de la ciudadanía de la forma de relacionarse con la Administración para evitar situaciones discriminatorias. La extensión de la imposición de relacionarse con la administración a través de medios electrónicos, como se ha indicado a lo largo del trabajo, está distorsionando el derecho a la atención ciudadana.

— Reforma de la Ley 40/2015 también sería oportuna para reforzar los principios de actuación de las administraciones, añadiendo algunos nuevos como el de mejora continua y el de proactividad en todo el sector público.

— Adaptación de las cartas de servicios a la normativa vigente, eliminando todas aquellas trabas de acceso a los servicios que no estén amparadas en la legalidad. En todo caso, la Administración debe tener a disposición de los ciudadanos que acuden a sus dependencias las cartas de servicios y se debería modificar la normativa para establecer su obligatoriedad en cuanto a su aprobación y en cuanto al cumplimiento de su contenido, fijando al menos unos estándares mínimos de calidad para cada servicio, especialmente los relacionados con tiempos de atención, espera y resolución de procedimientos establecidos, recogiendo modos de reparación a la ciudadanía eficaces en caso de incumplimiento.

— Incremento de los medios personales destinados a la atención a la ciudadanía, tanto presencial, telefónica o telemáticamente y formación del personal en el trato con las personas, especialmente las personas mayores, los jóvenes y las especialmente vulnerables, de forma que las relaciones de los ciudadanos con las administraciones públicas no se desarrollen en un clima de hostilidad, inquietud y pesar. La Administración se debe esforzar para que la ciudadanía tenga una buena percepción de los servicios que recibe, empezando por la atención ciudadana y eso exige un cambio profundo en sus formas de proceder.

— Por último, dado que las personas más vulnerables son las que más se están viendo afectadas por la deficiente atención ciudadana y por la expansión de las actuaciones telemáticas en la Administración, sería conveniente que las normativas autonómicas sobre servicios sociales incluyeran entre sus prestaciones el acompañamiento y ayuda para la tramitación de procedimientos administrativos con carácter general.

NOTA BIBLIOGRÁFICA

ACOSTA, P (2016): "El interés general como principio inspirador de las políticas públicas", *Revista General de Derecho Administrativo,* nº 41.

ANTÚNEZ SÁNCHEZ, A (2025): "Hacia la deshumanización progresiva de la administración: la cita previa obligatoria", *El Derecho Administrativo en la era de la inteligencia artificial: Actas del XVIII Congreso de la Asociación Española de Profesores de Derecho Administrativo.* Vigo 25 a 27 de enero de 2024 / coord. por Patricia Valcárcel Fernández, Francisco Lorenzo Hernández González, 2025, pp. 573-582.

ARIAS MARTÍNEZ, M.A, (2024): "La brecha digital y la progresiva reducción del derecho de opción a relacionarse electrónicamente con la Administración previsto en el artículo 14 de la LPAC", *Revista Vasca de Administración Pública*, n 130, pp. 27-58.

BELTRÁN CASTELLANOS, J.M (2024): *La brecha digital en las relaciones de la ciudadanía con las Administraciones públicas,* Valencia, Tirant lo Blanch, 2024.

BELTRÁN CASTELLANOS, J.M. (2025): "Tiene usted cita previa?, *Revista de Derecho Público: Teoría y Método,* Vol. 11, 2025 pp. 41-73.

BOTO, A. (2023): "Nuevas barreras burocráticas: la Administración defensiva digital", Documentación Administrativa, nº 10, pp. 40-58.

CARAZA CRISTÍN, M.M (2018): "Análisis sobre la implantación del singular modelo de Cartas de Servicios en Cataluña", *REALA,* Nueva Época, nº 9, pp. 41-59.

FERNÁNDEZ ESPINAR-LÓPEZ, L.C. (2024): "El interés público/interés general como renovada técnica de control de los elementos discrecionales de las actuaciones administrativas", *Constitución, Administración y Parlamento* / coord. por María Astrid Muñoz Guijosa, Roberto González de Zárate Lorente; Piedad García-Escudero Márquez (dir.), Fernando Sainz Moreno (hom.), Congreso de los Diputados, págs. 685-734.

GAMERO CASADO, E. (2021): "Cambio de tendencia en la jurisprudencia del Tribunal Supremo sobre administración digital (Comentario de varias sentencias de 2021 que flexibilizan el cumplimiento de requisitos por los ciudadanos o aumentan las exigencias a la Administración en las relaciones electrónicas)", *Revista Andaluza de Administración Pública,* nº. 110, 2021, pp. 163-182.

GAMERO CASADO, E., FERNÁNDEZ RAMOS, S. (2023): *Manual básico de Derecho Administrativo,* Tecnos, vigésima edición, p. 127.

GARCÍA DE ENTERRÍA, E. (1996): "Una nota sobre el interés general como concepto jurídico indeterminado", *REDA,* nº 89, pp 73.

GARCÍA DE ENTERRÍA E. y RODRÍGUEZ FERNÁNDEZ, T.R. (2024): *Curso de Derecho Administrativo,* vol. I, Civitas, vigésima primera edición.

GARCÍA DE ENTERRÍA, E. y FERNÁNDEZ RODRIGUEZ, T.R.(2024): *Curso de Derecho Administrativo,* vol II, decimoctava edición.

GÓMEZ, D. (2024): ¿Hace falta cambiar la Ley de procedimiento administrativo para acabar con la obligatoriedad de la cita previa?, Diario LA LEY, Nº 10442, Sección Opinión, 8 de febrero de 2024.

MATILLA CORREA, A. (2020): *La buena administración como noción jurídica-administrativa,* Dykinson.

MENÉNDEZ SEBASTIÁN, E. (2020): "La buena administración en la gestión de los servicios públicos", *La prestación de servicios socio-sanitarios: nuevo marco de la contratación pública,* Leopoldo Tolivar Alas (aut.), Miriam Cueto Pérez (aut.), págs. 171-199;

— (2021) *De la función consultiva clásica a la buena administración. Evolución en el Estado social y democrático de Derecho,* Marcial Pons;

MENÉNDEZ SEBASTIÁN, E y BALLINA DÍAZ, J. (2022): *Sostenibilidad social y ciudadanía administrativa digital,* REUS.

NIETO, A. (1991): "La Administración sirve con objetividad los intereses generales", *Estudios sobre la CE. Homenaje al profesor E. García de Enterría*, Tomo III, Civitas, pp. 2185-2253.

NOGUEIRA LÓPEZ, A. (2023): "Una Administración para el 99%. Reforma administrativa para la igualdad real", *Revista Catalana de Dret Públic*, n° 67, 18-35.

PALOMAR OLMEDA, A. (2023): *La Administración Pública en el siglo XXI: una situación de crisis permanente*, Aranzadi,

PONCE SOLÉ, J. (2001): *Deber de buena administración y derecho al procedimiento administrativo debido: las bases constitucionales del procedimiento administrativo y del ejercicio de la discrecionalidad*, Lex Nova;

— (2019): *La lucha por el buen gobierno y el derecho a una buena administración mediante el estándar jurídico de diligencia debida*, Editorial Universidad de Alcalá.

— (2022): "Propuestas concretas para mejorar la regulación del buen gobierno y hacer efectiva la específica obligación jurídica de diligencia debida derivada del derecho a una buena administración" en *La reforma de la regulación de transparencia y buen gobierno en España* / coord. por Juan Antonio Bermúdez Sánchez; Yolanda Gómez Sánchez (pr.) 2022, págs. 267-301;

RAMIÓ, C. (2024): *El colapso de la Administración en España. Un análisis políticamente incorrecto*, Catarata.

RUÍZ CENICEROS, M. (2022): "La cita previa y el derecho al plazo", *RAP*, n 219, pp. 251-276

RODRÍGUEZ-ARANA MUÑOZ, J. (2010): "El derecho fundamental a la buena administración en la Constitución Española *y* en la Unión Europea", *Revista Galega de Administración Pública*, núm. 40, pp. 233-263.

SÁNCHEZ LAMELAS, A (2023): "La reciente jurisprudencia sobre la obligación de utilizar medios electrónicos en las relaciones administrativas, *RAP*, n° 220, pp. 183-217;

TOLIVAR ALAS, L. (1993): "Sobre el carácter novedoso de algunos derechos procedimentales", *REDA*, n 80, pp. 623-634.

VAQUER CABALLERÍA, M. (2023): "El humanismo del derecho administrativo de nuestro tiempo". *Revista de Administración Pública*, n° 222, pp. 33-64

OTRAS FUENTES

— Carta de Compromisos con la Calidad de las Administraciones públicas españolas, aprobada el 16 de noviembre de 2009 por la Conferencia Sectorial de Administración Pública y publicada por la Agencia de Evaluación de la Calidad de las Políticas Públicas y la Calidad de los Servicios (AEVAL). https://digital.gob.es/content/dam/portal-mtdfp/funcion-publica/gobernanza-publica/calidad/Carta_Compromisos_Octubre_2009.pdf

— Estudio del Ararteko de 2021 sobre *"Administración digital y relaciones con la ciudadanía. Su aplicación a las administraciones públicas vascas"*
— Administración digital y relaciones con la ciudadanía. Su aplicación a las administraciones públicas vascas | Ararteko
— Informe del Banco de España sobre La accesibilidad presencial a los servicios bancarios en España: Informe de seguimiento 2024. La accesibilidad presencial a los servicios bancarios en España: informe de seguimiento 2024. Documentos Ocasionales N.º 2502
— Informe anual del Defensor del Pueblo 2019.
— Informe anual del Defensor del Pueblo 2022
— Informe anual del Defensor del Pueblo 2023.
— Informe extraordinario Defensor del Pueblo 2024 "Retos de la inclusión financiera: servicios bancarios y personas vulnerables". Reto de la inclusión financiera
— Informe de Competencias Digitales de 2024 elaborado por el Observatorio Nacional de Tecnología y Sociedad. https://www.ontsi.es/sites/ontsi/files/2024-08/Competencias-Digitales-23.pdf
— *Informe sobre Cartas de Servicios en Cataluña del Sindic de Greuges, octubre 2024.* Informe cartas de servicio_oct_24_cast_def.pdf

LA IMPORTANCIA DEL INFORME DE EVALUACIÓN DE IMPACTO RELATIVO A LOS DERECHOS FUNDAMENTALES (*FUNDAMENTAL RIGHTS IMPACT ASSESSMENT REPORT*) EN LA UTILIZACIÓN DE IA EN LOS SERVICIOS PÚBLICOS[1]

Eva Mª Menéndez Sebastián
Catedrática de Derecho Administrativo
Universidad de Oviedo
menendezeva@uniovi.es

SUMARIO: 1. ENFOQUE Y CONTEXTO. 2. DE LA BUROCRACIA A LA INTELIGENCIA ARTIFICIAL: EL EQUILIBRIO PERMANENTE ENTRE EFICACIA ADMINISTRATIVA Y GARANTÍAS JURÍDICAS. 2.1. IA simbólica *versus* IA conexionista. 2.2. Potestades regladas y discrecionales. 2.3. Mejora de servicios *versus* incremento del control. 2.4. Eficacia y garantías: el dilema central. 3. EL ENFOQUE ADOPTADO POR EL REGLAMENTO EUROPEO DE IA. 4. EL INFORME DE EVALUACIÓN DE IMPACTO RELATIVO A LOS DERECHOS FUNDAMENTALES. 4.1. Ámbito objetivo: ¿a qué sistemas de IA se les exige este control? 4.2. Ámbito subjetivo: la particularidad del sector público. 4.3. Contenido de la evaluación. CONCLUSIONES. REFERENCIAS BIBLIOGRÁFICAS.

---

1. Este trabajo forma parte también del proyecto "Digital Citizenship and its Administrative Reflection (CIADIG)", TED2021-129283B-I00, financiado por el Ministerio de Ciencia, Innovación y Universidades (MICIU/AEI /10.13039/501100011033) y la Unión Europea NextGenerationEU/PRTR.

1. ENFOQUE Y CONTEXTO

La inteligencia artificial (IA) ya forma parte de nuestra vida cotidiana, aunque su proyección futura genera tanto esperanzas como inquietudes. Desde el lanzamiento de ChatGPT en 2022, el debate público se ha intensificado: mientras se reconocen sus aportaciones a la ciencia, la medicina o la productividad, también se advierten riesgos graves como la desinformación, la vigilancia masiva o la pérdida de empleos cualificados. En este contexto, y siguiendo el enfoque de Umberto Eco, este trabajo se posiciona con los "integrados", reconociendo las oportunidades de la IA sin ignorar sus amenazas[2]. Desde una perspectiva jurídica, es imprescindible encuadrar su uso en el ámbito público como una herramienta al servicio del interés general —ni buena ni mala por naturaleza—, que debe ser implementada con plena sujeción a los principios de buena administración, transparencia y rendición de cuentas. Como ha señalado el *Conseil d'État* francés, la aceptación ciudadana del uso de IA en los servicios públicos resulta clave para su legitimidad.

En el presente contexto, es pertinente destacar tres elementos fundamentales: la ciudadanía administrativa, la buena administración y la *Nueva Gobernanza Pública*[3].

La noción de ciudadanía administrativa, originada doctrinalmente en Francia hace más de dos décadas[4] y adoptada en otros sistemas como el italiano, representa la transición de una administración democrática a una democracia administrativa. Este concepto implica que el ciudadano, más allá de ser un mero administrado o usuario, posee el derecho a participar activamente en la acción administrativa y a acceder a la administración, la cual debe rendir cuentas[5], lo que conlleva la eliminación de la opacidad, por ejemplo, en el uso de la inteligencia artificial.

Por otro lado, la buena administración se define como aquella que cumple adecuadamente su función, sirviendo al interés general sin menoscabar los intereses particulares, y realizando una ponderación adecuada de los medios, circunstancias y hechos, vinculada estrechamente a la motivación de sus decisiones. En este sentido, la inteligencia artificial puede contribuir significativamente

---

2. Respecto a la IA y la gestión del riesgo BARONE, A. (2020): "Ammistrazione del rischio e intelligenza artificiale", en *ERDAL*, Volume 1, Issue 1-2, pp. 63-67. Como también apuntó FRA (2021): *Construir correctamente el futuro. La IA y los derechos fundamentales*, Luxemburgo, 2021.

3. MENÉNDEZ SEBASTIÁN, E. Mª. (2021): *De la función consultiva clásica a la buena administración. Evolución en el estado social y democrático de Derecho*, Madrid, Marcial Pons; MENÉNDEZ SEBASTIÁN, E. Mª. y BALLINA DÍAZ, J. (2021): "Digital citizenship: fighting the digital divide", en *ERDAL*, Volume 2, Issue 1, pp. 149-155 y MENÉNDEZ SEBASTIÁN, E. Mª. y BALLINA DÍAZ, J. (2022): *Sostenibilidad social y ciudadanía administrativa digital*, Madrid, Reus, MENÉNDEZ SEBASTIÁN, E. Mª y MATTOS CASTAÑEDA, B. Mª. (2022): "Better decision-making, algorithmic discrimination and gender biases: a new challenge for the administration of the 21st century", en *ERDAL*, Volume 3, Issue 1.

4. DUMONT, G. (2002): *La citoyenneté administrative*, Université Panthéon-Assas Paris 2.

5. DONIER, V. (2018): "Les droits de l'usager et ceux du citoyen", en *Revue Française de Droit Administratif*, núm. 1, p. 13.

a la eficacia y mejora en la toma de decisiones mediante el manejo eficiente de datos.

Finalmente, esta renovada ciudadanía exige un modelo de gestión pública acorde, donde la *Nueva Gobernanza Pública*, como modelo organizativo, articula y fortalece los principios de la ciudadanía administrativa y la buena administración.

2. DE LA BUROCRACIA A LA INTELIGENCIA ARTIFICIAL: EL EQUILIBRIO PERMANENTE ENTRE EFICACIA ADMINISTRATIVA Y GARANTÍAS JURÍDICAS

Es pertinente recordar que la incorporación de nuevas herramientas tecnológicas —no solo la inteligencia artificial (IA), sino también la automatización y la digitalización— al ámbito de la administración pública se articula fundamentalmente en torno al principio de eficacia, conforme reconoce expresamente la Ley de Procedimiento Administrativo italiana[6]. Dicho principio, piedra angular de la acción administrativa, encuentra asimismo amparo constitucional en el artículo 103.1 de la Constitución Española.

Sin embargo, resulta imprescindible no sucumbir a la fascinación tecnológica sin una evaluación crítica y ponderada. Solo un uso adecuado y razonado de estas herramientas podrá incrementar la eficacia administrativa[7]. La discriminación algorítmica, la opacidad o la carencia de motivación en las decisiones automatizadas representan evidentes violaciones del principio de buena administración.

A continuación, se esbozan algunas bifurcaciones clave en la problemática:

2.1. IA simbólica *versus* IA conexionista

Sin pretender agotar aquí la complejidad definitoria del concepto de IA, y más allá de la delimitación normativa europea contenida en el Reglamento de IA[8], es imprescindible diferenciar entre las dos grandes corrientes: por un lado, los sistemas basados en aprendizaje automático o conexionista (*machine learning* y *deep learning*), que construyen su funcionamiento a partir del análisis de

---

6. Pues lo vincula a una mayor eficacia (art. 3-bis de la Legge 7 agosto 1990, n. 241, sul procedimiento amministrativo, en la redacción dada en 2020).

7. CASTELLUCCIA, C. and LE MÉTAYER, D. (2019): *Understanding algorithmic decisión-making: Opportunities and challenges*, Brussels, EPRS, p. 3.

8. De acuerdo con el art. 3. 1) del Reglamento de IA, se entiende por sistema de IA, un sistema basado en una máquina que está diseñado para funcionar con distintos niveles de autonomía y que puede mostrar capacidad de adaptación tras el despliegue, y que, para objetivos explícitos o implícitos, infiere de la información de entrada que recibe la manera de generar resultados de salida, como predicciones, contenidos, recomendaciones o decisiones, que pueden influir en entornos físicos o virtuales.

grandes volúmenes de datos y correlaciones; y, por otro, la IA simbólica, basada en reglas explícitamente programadas por expertos humanos, aunque con cierto margen de autonomía para determinar soluciones a problemas complejos[9].

El sistema simbólico se caracteriza por su explicabilidad —un atributo esencial para garantizar transparencia, rendición de cuentas y motivación en las decisiones administrativas—, mientras que las técnicas conexionistas, especialmente el *deep learning*, presentan patrones de funcionamiento opacos incluso para sus propios desarrolladores, lo que genera dificultades para la justificación jurídica de las decisiones derivadas.

Cabe precisar, asimismo, que IA y algoritmo no son sinónimos: el algoritmo es un conjunto de instrucciones para resolver un problema, mientras que el código fuente representa la materialización computacional del modelo. Por último, la consecución de una IA general, que imite la inteligencia humana de forma integral, sigue siendo, por el momento, un ámbito de ciencia ficción.

2.2. Potestades regladas y discrecionales

Desde la perspectiva jurídico-administrativa, la distinción entre potestades regladas y discrecionales es clave para determinar la idoneidad del uso de sistemas de IA. La doctrina no es pacífica, aunque existe consenso en que la utilización de IA para la adopción de decisiones discrecionales debe abordarse con especial cautela, restringiéndose preferentemente a apoyos y evitando la automatización completa[10].

Es menester analizar la naturaleza de la discrecionalidad, su distinción con el margen de apreciación y la exigencia de motivación y explicabilidad, así como la forma en que los sistemas de IA intervienen, ya sea en una función auxiliar o como decisores exclusivos. En esta línea, regulaciones nacionales europeas como la ley alemana prohíben la automatización total en ámbitos discrecionales[11], mientras que la regulación francesa utiliza un concepto más amplio de "procesamiento algorítmico"[12].

Nuestra escasa y dispersa normativa, también alude a las decisiones automatizadas, que recuérdese no son necesariamente IA, por ejemplo, en el art. 41 de

---

9. CHOLLET, F. (2020): *L'apprentissage profond avec Python*, Francia, machine learning.fr.

10. En cuanto a esta cuestión véanse, por ejemplo, PONCE SOLÉ, J. (2019): *La lucha por el buen gobierno y el derecho a una buena administración mediante el estándar jurídico de diligencia debida*, Madrid, Cuadernos de la Cátedra de Democracia y Derechos Humanos; MARTÍN DELGADO, I. (2022): "Automation, Artificial Intelligence and sound administration. A few insights in the light of the spanish legal system", en *European Review of Digital Administration & Law* (ERDAL), Volume 3, Issue 1; y FUERTES LÓPEZ, M. (2022): "Reflexiones ante la acelerada automatización de actuaciones administrativas", en *Revista Jurídica de Asturias*, núm. 45, pp. 105-124.

11. http://www.gesetze-im-internet.de/vwvfg/__35a.html.

12. art. L311 del *Code des relations entre le public et l'administration*, en adelante CRPA.

la Ley 40/2015[13] y el art. 13 del Real Decreto 203/2021, de 30 de marzo; donde se prevé la necesidad de contar con una previsión normativa que autorice en cada caso que la actuación administrativa se lleve a cabo de esta forma, confluyendo en este sentido con el art. 22.2, b) del Reglamento General de Protección de Datos (en adelante RGPD)[14] [15]. También existen ciertas previsiones en alguna regulación sectorial[16]. Es con el art. 23 de la Ley 15/2022, de 12 de julio, integral para la igualdad de trato y la no discriminación, cuando se hace referencia a la IA y los mecanismos de toma de decisión automatizados, si bien de forma muy general. En algunas comunidades autónomas como Extremadura, Galicia y Asturias se desarrollan normativas específicas[17].

Se debe considerar que incluso en el ejercicio discrecional rige el principio de buena administración, que obliga a la toma de la mejor decisión posible bajo los criterios de diligencia y procedimiento. Además, las decisiones algorítmicas se basan en correlaciones[18], no en causalidad, lo que plantea un reto fundamental para su aplicación en contextos donde se requieren capacidades humanas como la empatía. Y teniendo en cuenta además que incluso cuando sirven de apoyo a la decisión se debe poder conocer en qué grado han influido en la misma y cómo funcionan, tal y como prevé el sistema francés (art. L311 CRPA)[19].

---

13. MENÉNDEZ SEBASTIÁN, E. Mª. (2017): *Las garantías del interesado en el procedimiento administrativo electrónico. Luces y sombras de las nuevas Leyes 39 y 40/2015*, Valencia, Tirant lo Blanch, pp. 77-90.

14. Téngase en cuenta que dentro del contenido de este derecho fundamental se incluye el derecho a ser informado sobre el tratamiento de datos (STC 292/2020). También MEDINA GUERRERO, M. (2022): "El derecho a conocer los algoritmos utilizados en la toma de decisiones. Aproximación desde la perspectiva del derecho fundamental a la protección de datos", en *Teoría y Realidad Constitucional*, núm. 49, p. 143; o PALMA ORTIGOSA, A. (2019): "Decisiones automatizadas en el RGPD. El uso de algoritmos en el contexto de la protección de datos" en *Revista General de Derecho Administrativo*, núm. 50.

15. En la misma línea que el art. 47 de la *Loi n° 78-17 du 6 janvier 1978 relative à l'informatique, aux fichiers et aux libertés*.

16. Por ejemplo, el Real Decreto-ley 2/2021, de 26 de enero, de refuerzo y consolidación de medidas sociales en defensa del empleo, convalidado por acuerdo de 18 de febrero de 2021.

17. En particular, la Ley 2/2025, de 2 de abril, sobre el desarrollo y la promoción de la inteligencia artificial en Galicia, el Decreto-ley 2/2023, de 8 de marzo, sobre medidas urgentes para promover la inteligencia artificial en Extremadura y, sobre todo, el Decreto 98/2025, de 22 de julio, de Asturias, que se centra específicamente en el uso de la IA por parte del sector público asturiano.

18. BERRYHILL, J. et al. (2019): *Rapport au Parlement du Comité d'éthique et scentifique de Parcoursup*, France, Ministère de l'Enseignement Supérieur de la Recherche et de l'Innovation.

19. Desde la perspectiva de la protección de datos véase BOTO ÁLVAREZ, A. (2018): "Tratamiento de datos personales: entre la protección francesa de la vida privada y el mercado digital único", en *Revista General de Derecho Administrativo*, núm. 49, pp. 6-7.

También en esta dirección apunta la jurisprudencia del *Consiglio di Stato* italiano[20], que ha venido definiendo las condiciones de admisibilidad de las decisiones algorítmicas[21], así como la doctrina italiana[22].

En definitiva, la aplicación de IA en la administración pública debe someterse a los principios de precaución y proporcionalidad, garantizando la transparencia y explicabilidad, y reservando la decisión final a la autoridad humana cuando sea necesario.

2.3. Mejora de servicios *versus* incremento del control

Desde una perspectiva de aceptación social, es crucial equilibrar los sistemas de IA orientados a mejorar la prestación de servicios públicos con aquellos destinados a funciones de control (por ejemplo, la lucha contra el fraude). Aunque estos últimos responden también al interés general, deben respetar el principio de proporcionalidad y salvaguardar derechos fundamentales como la protección de datos y la privacidad. Este equilibrio ha sido validado por el *Conseil Constitutionnel* francés[23] e incluso expresamente en alguna norma[24].

2.4. Eficacia y garantías: el dilema central

El beneficio principal del uso de IA radica en su potencial para incrementar la eficacia y mejorar la calidad de las decisiones públicas, en consonancia con el principio de buena administración. Este incremento de eficacia se vincula con la obligación de diligencia debida y la exigencia de que las decisiones se fundamenten en información pertinente y veraz (*inquisitorial principle* del sistema danés)[25].

No obstante, el riesgo de discriminación, brecha digital y violaciones de derechos fundamentales exige reforzar las garantías jurídicas. Aun en ausencia de una regulación exhaustiva previa a la entrada en vigor del Reglamento Europeo de IA, el uso de estas tecnologías debe respetar el Derecho Administrativo, los

---

20. MUCIACCIA, N. (2020): "Algoritmi e procedimento decisionale: alcuni recenti arresti della giustizia ammnistrativa", en *federalismi.it (Rivista di Diritto Pubblico Italiano, Comparato, Europeo)*, núm. 10/2020.

21. CARLONI, E. (2020): "IA, algoritmos y Administración pública en Italia" en *IDP: revista de Internet, derecho y política*, núm. 30.

22. OROFINO, A. G. (2020): *La trasparenza oltre la crisi. Acceso, informatizzazione e controllo cívico*, Cacucci Editore, Bari, pp. 193-236.

23. En su decisión de 27 de diciembre de 2019, nº 2019-796.

24. Véase, la Disposición Adicional Tercera de la Ley valenciana 22/2018, de 6 de noviembre. También el informe de la Oficina antifraude de Cataluña, en relación con los sistemas automatizados de alerta en materia de contratación pública de septiembre de 2022.

25. MOTZFELDT, H. M. (2022): "Reflections on the need for further research within national administrative law before the EU Artificial Intelligence Act comes into effect: A Danish perspective", en *European Review of Digital Administration & Law* (ERDAL), Volume 3, Issue 1.

principios éticos y los derechos fundamentales, conforme al modelo del *Administrative Law by Design*.

Las garantías incluyen el respeto de los derechos procedimentales fundamentales, la motivación y justificación de las decisiones, y la transparencia, que abarca la explicabilidad, interpretabilidad e inteligibilidad del sistema empleado. La ausencia de comprensión sobre el funcionamiento algorítmico puede vulnerar la igualdad de acceso a la tutela judicial efectiva, uno de los pilares del Estado de Derecho.

La transparencia debe ser la regla general[26], permitiendo excepciones solo bajo justificación legal y tras una adecuada ponderación. La participación ciudadana en el diseño y supervisión de sistemas, así como la realización de auditorías (especialmente en materia de no discriminación), constituyen elementos esenciales para la legitimidad del uso de la IA.

Dentro de las garantías cabe mencionar también la responsabilidad patrimonial, quizás no solo respecto a los posibles perjuicios que no exista el deber jurídico de soportar, por ejemplo, por el empleo inadecuado de sistemas de IA, sino al contrario por no haberlo hecho, conllevando una pérdida de oportunidad.

Finalmente, también hay que tener en cuenta la creación de ciertos organismos en la materia[27], como, por ejemplo, la Agencia Estatal de Administración Digital y la Agencia Española de Supervisión de IA[28]; así como el Observatorio sobre el impacto social de los algoritmos[29]; sin olvidar el Sandbox IA[30]. Especial interés tiene la figura del *Difensore civico digitale* (art. 17 CAD) en Italia, o la idea de Canadá de crear un comité para evaluar el impacto de los algoritmos en las decisiones administrativas ya en 2019, por ejemplo.

3. EL ENFOQUE ADOPTADO POR EL REGLAMENTO EUROPEO DE IA

Ante esta situación se ha aprobado en la Unión Europea el conocido como Reglamento o Ley de IA[31], que ofrece a los desarrolladores e implementadores

---

26. VALERO TORRIJOS, J. (2019): "Las garantías jurídicas de la inteligencia artificial en la actividad administrativa desde la perspectiva de la buena administración", en *Revista catalana de dret públic*, núm. 58, pp. 82-96.

27. Destaca la figura italiana del *Difensore civico digitale* (art. 17 CAD).

28. D. A. 117ª de la Ley 22/2021, de 28 de diciembre, de presupuestos generales del Estado y Real Decreto 1118/2024, de 5 de noviembre, por el que se aprueba el Estatuto de la Agencia Estatal de Administración Digital.

29. En la ENIA.

30. Creado por el Real Decreto 817/2023, de 8 de noviembre, que establece un entorno controlado de pruebas para el ensayo del cumplimiento de la propuesta de Reglamento del Parlamento Europeo y del Consejo por el que se establecen normas armonizadas en materia de inteligencia artificial.

31. Reglamento (UE) 2024/1689 del Parlamento Europeo y del Consejo, de 13 de junio de 2024, por el que se establecen normas armonizadas en materia de inteligencia artificial y por el que se modifican los Reglamentos (CE) nº 300/2008, (UE) nº 167/2013, (UE) nº 168/2013, (UE) 2018/858, (UE)

de IA requisitos y obligaciones en relación con los usos específicos de la IA. Al mismo tiempo, el Reglamento pretende reducir las cargas administrativas y financieras para las empresas, en particular, las pequeñas y medianas empresas y forma parte de un paquete más amplio de medidas políticas para apoyar el desarrollo de una IA fiable, que también incluye el paquete de innovación en materia de IA[32] y el plan coordinado sobre IA[33]. En conjunto, estas medidas pretenden garantizan la seguridad y los derechos fundamentales de las personas y las empresas en lo que respecta a la IA[34], al mismo tiempo que aspiran también a reforzar la adopción, la inversión y la innovación en IA en toda la UE.

El Reglamento de IA se viene considerando un hito fundamental en la regulación de la IA, si bien se cuenta con otros instrumentos como el primer Tratado internacional jurídicamente vinculante destinado a garantizar el respeto de los derechos humanos, el Estado de Derecho y las normas jurídicas democráticas en el uso de los sistemas de inteligencia artificial, adoptado por el Consejo de Europa, que fue aprobado en Estrasburgo durante la reunión ministerial anual del Comité de Ministros del Consejo de Europa el 17 de mayo de 2024[35]. Por su parte, Estados Unidos aprobó el 30 de octubre de 2023, una orden ejecutiva sobre el tema[36].

Como ya he dicho, el objetivo de las nuevas normas establecidas en el Reglamento europeo de IA es fomentar una IA fiable en Europa y fuera de ella, garantizando que los sistemas de IA respeten los derechos fundamentales, la seguridad y los principios éticos y abordando los riesgos de modelos de IA muy potentes e impactantes.

El Reglamento europeo de IA, que se analiza en esta obra colectiva, tiene como objetivo garantizar que los ciudadanos europeos puedan confiar en lo que la IA tiene para ofrecer. Y a este respecto si bien la mayoría de los sistemas de IA presentan un riesgo limitado o nulo y pueden contribuir a resolver muchos

---

2018/1139 y (UE) 2019/2144 y las Directivas 2014/90/UE, (UE) 2016/797 y (UE) 2020/1828 (Reglamento de Inteligencia Artificial), que aunque es de aplicación directa requerirá adaptaciones de las legislaciones nacionales, así, por ejemplo, véase LAW SOCIETY OF IRELAND (2024): *Submission on the National Implementation of EU Harmonised Rules on Artificial Intelligence (AI Act)*.

32. Que puede consultarse en https://ec.europa.eu/commission/presscorner/detail/es/ip_24_383.

33. Que tiene por objeto acelerar la inversión en IA, aplicar estrategias y programas de IA y armonizar la política de IA para evitar la fragmentación en Europa (https://digital-strategy.ec.europa.eu/es/policies/plan-ai).

34. Y es que, como ha indicado HO-DAC, M. (2023): "Considering Fundamental Rights in the European Standardisation of Artificial Intelligence: Nonsense or Strategic Alliance?", en JAKOBS, K. (Ed.), *Joint Proceedings EURAS & SIIT 2023*, Verlag Günter Mainz, las consideraciones relativas a los derechos fundamentales han de desempeñar un papel crucial en las normas europeas sobre IA.

35. CM(2024)52-final.

36. En concreto, la *Executive Order* (E.O.) 14110 *on Safe, Secure, and Trustworthy Development and Use of Artificial Intelligence*, en la cual se fija como una de las cuestiones básicas la consideración de los prejuicios de la IA y los derechos civiles. En concreto, la orden afirma que los modelos de IA pueden perpetuar los prejuicios y su aplicación puede dar lugar a violaciones de los derechos civiles, e, incluye una sección sobre equidad y derechos civiles.

retos sociales, determinados sistemas de IA crean riesgos que deben ser abordados para evitar resultados indeseables. Baste de ejemplo, que, como bien sabemos, no es infrecuente que no sea posible conocer el porqué de una decisión tomada por IA, siendo difícil evaluar si alguien ha sido injustamente desfavorecido, como en una decisión de contratación o en una solicitud de ayudas públicas.

Estas dificultades se agravan cuando se trata de decisiones propias del sector público, donde además la rendición de cuentas en general y la motivación en particular requieren un especial cuidado con la explicabilidad[37]. Y no debe perderse de vista que muchos de los usos de IA en el sector público pueden encontrarse incardinados en los del Anexo III del Reglamento, es decir, entre los considerados de alto riesgo.

Ante este panorama y aunque existía cierta protección derivada de algunas normas, estas eran claramente insuficientes, por lo que la aprobación del Reglamento de IA pretende afrontar esas lagunas y, en particular, abordar los retos específicos que pueden plantear los sistemas de IA[38].

Este marco regulatorio de la IA persigue, en concreto, garantizar que los sistemas de IA introducidos en el mercado sean seguros y cumplan la legislación vigente en materia de derechos fundamentales, los valores de la UE, el Estado de Derecho y la sostenibilidad medioambiental; promover la adopción de una IA fiable y centrada en el ser humano; garantizar un marco jurídico uniforme para facilitar la inversión y la innovación; reforzar la gobernanza y la aplicación de la legislación vigente sobre los requisitos de seguridad de los sistemas de IA y los derechos fundamentales; y mejorar el funcionamiento del mercado interior para las aplicaciones de IA legales y seguras, y evitar la fragmentación del mercado.

Y para ello, en concreto, el Reglamento establece normas armonizadas sobre la comercialización, la puesta en servicio y el uso de sistemas de IA en la UE; la prohibición de determinadas prácticas; requisitos específicos para los sistemas de IA de alto riesgo; normas de transparencia armonizadas aplicables a determinados sistemas[39]; así como medidas de apoyo a la innovación, en particular para las pequeñas y medianas empresas.

De este modo, se pretende garantizar la coherencia con la Carta de los Derechos Fundamentales de la UE, pero también con el Derecho derivado de la UE

---

37. A este respecto cabe remitirse a los dicho en MENÉNDEZ SEBASTIÁN, E. Mª. (2024): "Motivation and explainability of decisions and access to source code", en *ERDAL*, 2024 (monográfico *Towards 'oversight by design'? Legal foundations for effective oversight in automated public administration*).

38. Y, en concreto, afrontar los riesgos creados específicamente por las aplicaciones de IA, prohibir las prácticas de IA que planteen riesgos inaceptables, determinar una lista de aplicaciones de alto riesgo, establecer requisitos claros para los sistemas de IA para aplicaciones de alto riesgo, definir obligaciones específicas para los implementadores y proveedores de aplicaciones de IA de alto riesgo, exigir una evaluación de la conformidad antes de que un sistema de IA determinado se ponga en servicio o se introduzca en el mercado, aplicar el cumplimiento después de que se introduzca en el mercado un sistema de IA determinado y establecer una estructura de gobernanza a escala europea y nacional.

39. En concreto, a sistemas de IA diseñados para interactuar con las personas, sistemas de reconocimiento de emociones y categorización biométrica, sistemas de IA generativa utilizados para generar o manipular imágenes o contenidos de audio o vídeo.

en materia de protección de datos, protección de los consumidores, no discriminación e igualdad de género. El Reglamento complementa la legislación vigente en materia de no discriminación introduciendo requisitos destinados a minimizar el riesgo de discriminación algorítmica, con obligaciones en materia de pruebas, gestión de riesgos, documentación y control humano a lo largo del ciclo de vida de los sistemas de IA.

En definitiva, este enfoque debe tener en cuenta los beneficios, incluso sociales y medioambientales, que puede aportar la IA, pero también los nuevos riesgos o consecuencias negativas que puede traer consigo la tecnología.

Y es que, como es bien conocido, el punto de vista adoptado por la Unión Europea es precisamente un enfoque basado en el riesgo, definiendo cuatro niveles de este para los sistemas de IA: inaceptable, alto riesgo, riesgo limitado y riesgo mínimo o nulo[40]. De este modo, todos los sistemas de IA considerados una clara amenaza para la seguridad, los medios de subsistencia y los derechos de las personas están prohibidos. A aquellos sistemas de IA identificados como de alto riesgo me referiré más adelante, dado que es a los que se les aplica el FRIA.

El riesgo limitado se refiere a los riesgos asociados con la falta de transparencia en el uso de la IA. A estos efectos, el Reglamento de IA introduce obligaciones específicas de transparencia para garantizar que las personas estén informadas cuando sea necesario, fomentando la confianza. Por ejemplo, cuando se utilizan sistemas de IA como los *chatbots*, los humanos deben ser conscientes de que están interactuando con una máquina para que puedan tomar una decisión informada de continuar o dar un paso atrás. Los proveedores también deben garantizar que el contenido generado por la IA sea identificable. Además, el texto generado por la IA publicado con el fin de informar al público sobre asuntos de interés público debe etiquetarse como generado artificialmente, lo cual se extiende igualmente al contenido audio y vídeo.

Y, finalmente, respecto al riesgo mínimo o nulo, la Ley de IA permite su uso sin necesidad de los controles o permisos fijados para otros tipos. Esto incluye aplicaciones como videojuegos habilitados para IA o filtros de *spam*. La gran mayoría de los sistemas de IA utilizados actualmente en la UE entran en esta categoría, si bien, como ya se ha adelantado, en el sector público muchos de los sistemas de IA que podrían desplegarse se incluyen precisamente entre los de alto riesgo.

4. EL INFORME DE EVALUACIÓN DE IMPACTO RELATIVO A LOS DERECHOS FUNDAMENTALES

Ante el panorama expuesto de posibles riesgos, el Reglamento de IA ha establecido ciertas medidas, entre ellas, por ejemplo, la evaluación de conformidad

---

40. Respecto a esta tipología, véase, entre otros, RAZQUÍN LIZÁRRAGA, M. M. (2024): "Sistemas de IA prohibidos, de alto riesgo, de limitado riesgo, o de bajo o nulo riesgo", en *Revista de Privacidad y Derecho Digital*, núm. 34.

prevista en el art. 9, sin olvidar tampoco la evaluación respecto al impacto en la protección de datos, establecida en el art. 35 del RGPD, sin embargo, aquí me quiero referir, de forma particular y sin perder de vista todos estos otros instrumentos de evaluación, al informe de evaluación de impacto relativo a los derechos fundamentales, también conocido como FRIA (*fundamental rights impact assessment*), que se establece en el art. 27 del citado Reglamento europeo. Un instrumento que sin duda está llamado a jugar un papel crucial en la evaluación de los sistemas de IA, especialmente, por lo que se dirá, en el sector público, pero que habrá que esperar a ver cómo se implementa en la práctica y sus resultados. Bien es cierto que, como se dirá, se cuenta ya con ciertas experiencias previas, puestas en marcha en otros países, si bien deberán adecuarse a lo establecido ahora en el Reglamento IA, a la perspectiva adoptada por esta norma europea y, sin duda, a su finalidad, por lo que a falta de una mayor precisión en el texto normativo finalmente aprobado, será preciso afinar bien en el diseño de esta herramienta.

Con carácter previo al análisis más pormenorizado de lo que al respecto fija el citado art. 27 del Reglamento IA, es preciso tener en cuenta unas consideraciones generales. Así, en primer lugar, que se trata de una evaluación previa, que introduce un enfoque *ex ante*, aunque no se limitará exclusivamente a esa fase, sino que debe sostenerse en el tiempo. Así, como todas las evaluaciones de riesgos de situaciones que pueden evolucionar, esta evaluación tiene una estructura circular iterativa, de tal manera que debe repetirse a medida que los cambios tecnológicos, sociales y contextuales inciden en algunos de los elementos pertinentes de una evaluación previa[41].

De otro lado, que esta evaluación tiene como objetivo que el responsable del despliegue identifique los riesgos específicos para los derechos de las personas o grupos de personas que puedan verse afectados e identifique las medidas que deben adoptarse en caso de que se materialicen estos riesgos.

Y, tampoco debe olvidarse, que se trata de una evaluación basada en expertos. De tal modo que, aunque las directrices y las plantillas pueden facilitar la evaluación, el impacto sobre los derechos fundamentales no puede automatizarse por completo. De hecho, los parámetros pertinentes que deben tenerse en cuenta se basan inevitablemente en el contexto y en el conocimiento experto de los derechos fundamentales, por tanto, es imprescindible tener en cuenta la evolución teórica y jurisprudencial[42].

Se trata de una evaluación con un enfoque basado en el riesgo aplicado al ámbito de los derechos fundamentales, algo que, por otro lado, no es totalmente nuevo, sino al contrario ya se cuenta con experiencias al respecto como la

---

41. MANTELERO, A. (2024): "The Fundamental Rights Impact Assessment (FRIA) in the AI Act: Roots, legal obligations and key elements for a model template", en *Computer Law & Security Review: The International Journal of Technology Law and Practice*, núm. 54.

42. *Idem.*

evaluación de impacto en los derechos humanos[43], salvando las diferencias[44], y, especialmente, en lo que se refiere a la protección de datos.

Y en definitiva, responde desde esta perspectiva a la idea de fondo que subyace a este trabajo, es decir, a la necesidad de sopesar adecuadamente los riesgos y beneficios de la IA y, en general, de la innovación[45]. Y es que debe tenerse en cuenta que el legislador europeo también ha adoptado un punto de vista favorable a la innovación, optando por un riesgo *aceptable*, de ahí que esta evaluación adquiera un papel muy relevante, en mi opinión.

4.1. Ámbito objetivo: ¿a qué sistemas de IA se les exige este control?

Para encuadrar el denominado FRIA es preciso comenzar por conocer su ámbito de aplicación. A este respecto y en cuanto al aspecto objetivo, cabe precisar que se prevé para los sistemas de IA de alto riesgo a que se refiere el artículo 6, apartado 2, con excepción de los sistemas de IA de alto riesgo destinados a ser utilizados en el ámbito enumerado en el anexo III, punto 2.

Pero recordemos con anterioridad que, como ya se ha dicho, el enfoque adoptado por esta norma europea es precisamente el del riesgo. Como bien ha indicado algún autor, en una situación en la que el impulso de la innovación se enfrenta a la preocupación por los posibles efectos negativos a gran escala, la lógica de la gestión del riesgo parece ser la forma más adecuada de encontrar un equilibrio y definir qué riesgo es aceptable y en qué medida. Además, introduce, como ya he adelantado, un enfoque *ex ante* que permite evitar la comercialización de aplicaciones nocivas, en lugar de evaluar a *posteriori* el comportamiento correcto de los fabricantes e implantadores en el mercado, en el cumplimiento de los principios generales.

El Reglamento, que entrará en vigor en 2026, se inscribe en la lógica de someter determinados usos de la IA a fuertes exigencias, en particular, en términos de transparencia. Y a tales efectos, distingue la IA en función de los riesgos que plantea para la salud, la seguridad, la democracia, las libertades fundamentales y el Estado de Derecho.

---

43. Véase al respecto, por ejemplo, GÖTZMANN, N. (ed) (2019): *Handbook on Human Rights Impact Assessment,* Cheltenham, Edward Elgar Publishing.

44. También cabe indicar la evaluación del impacto en los derechos humanos, si bien, como indica MANTELERO, A. (2022): *Beyond Data: Human Rights, Ethical and Social Impact Assessment in AI,* Berlín, Springer, pp. 51-52, cuentan con diferencias que deben ser tenidas en cuenta.

45. Minimizando los primeros y maximizando los segundos, tal y como se propone en NATIONAL INSTITUTE OF STANDARDS AND TECHNOLOGY (2023): *Artificial Intelligence Risk Management Framework (AI RMF 1.0).*

Algunos usos están pura y simplemente prohibidos[46], si bien, la prohibición viene acompañada de una notable excepción, que permite a las autoridades utilizar este tipo de IA en la medida en que dicho uso sea estrictamente necesario[47].

Esto lleva a conocer en primer lugar cuáles son esos sistemas de IA de alto riesgo a los que se les aplica el informe de evaluación aquí estudiado y, en definitiva, al Anexo III, que es donde se enumeran, si bien el art. 6. 3 permite que un sistema de IA a que se refiere el citado Anexo no se considere de alto riesgo cuando no plantee un riesgo importante de causar un perjuicio a la salud, la seguridad o los derechos fundamentales de las personas físicas, también al no influir sustancialmente en el resultado de la toma de decisiones, lo que se considera que sucede cuando se cumple cualquiera de las condiciones siguientes: que el sistema de IA esté destinado a realizar una tarea de procedimiento limitada; que el sistema de IA esté destinado a mejorar el resultado de una actividad humana previamente realizada; que el sistema de IA esté destinado a detectar patrones de toma de decisiones o desviaciones con respecto a patrones de toma de decisiones anteriores y no esté destinado a sustituir la valoración humana previamente realizada sin una revisión humana adecuada, ni a influir en ella; o que el sistema de IA esté destinado a realizar una tarea preparatoria para una evaluación que sea pertinente a efectos de los casos de uso enumerados en el Anexo III. Si bien, aún en estos casos se precisa también que los sistemas de IA a que se refiere el Anexo III siempre se considerarán de alto riesgo cuando el sistema de IA efectúe la elaboración de perfiles de personas físicas[48].

---

46. Es el caso de los sistemas de calificación social, ciertos sistemas de reconocimiento de emociones en el ámbito laboral y educativo, sistemas capaces de manipular el comportamiento humano o explotar ciertas vulnerabilidades o incluso las llamadas herramientas de "justicia predictiva" destinadas a perfilar a las personas para evaluar el riesgo de que cometan delitos penales. Este es también el caso de los sistemas de IA de identificación biométrica remota (VSA) en tiempo real en espacios públicos con fines policiales.

47. La búsqueda de víctimas, la prevención de una amenaza específica, sustancial e inminente para la vida o la integridad física de las personas o la prevención de ataques terroristas, pero también la búsqueda de autores de delitos graves, pueden justificar, por ejemplo, el uso del reconocimiento facial.

48. Como bien indicara el *Conseil Constitutionnel* francés en su decisión de 27 de diciembre de 2019, aunque sin desterrar por completo la aplicación de este tipo de herramientas en el ámbito de la lucha contra el fraude, eso sí, siempre con respecto a los derechos implicados; y es que el uso de algoritmos predictivos en la creación de perfiles debe guiarse por el principio de precaución, máxime con los antecedentes conocidos, y extremar, en su caso, el diseño, la puesta en marcha y la supervisión del sistema. Es más, de los peligros de este tipo de uso de IA ya advierte el RGPD en su art. 22. Precisamente, cabe lanzar otra cuestión para el debate y es que recuérdese que dicho precepto, que por otro lado no es aplicable a las personas jurídicas, se circunscribe a aquellos supuestos que conlleven efectos jurídicos o afecten significativamente de forma similar al interesado. Así, se han puesto como ejemplos la cancelación de un contrato o la denegación de una prestación, de la ciudadanía o de la entrada en un país (Directrices sobre decisiones individuales automatizadas y elaboración de perfiles a los efectos del Reglamento 2016/679.). En esos supuestos es evidente el efecto, pero ¿cuándo se trata de perfiles para predecir posibles fraudes? Es decir, en esos casos no tiene un efecto jurídico inmediato, sino que es anterior incluso a la apertura del procedimiento correspondiente de reinte-

Descendiendo al detalle, los sistemas de IA identificados como de alto riesgo incluyen la tecnología de IA utilizada en infraestructuras críticas[49], que podrían poner en peligro la vida y la salud de los ciudadanos; formación educativa o profesional, que puede determinar el acceso a la educación y el curso profesional de la vida de una persona[50]; componentes de seguridad de los productos[51]; empleo, gestión de trabajadores y acceso al trabajo por cuenta propia[52]; servicios públicos y privados esenciales[53]; aplicación de la ley que pueda interferir con los derechos fundamentales de las personas[54]; gestión de la migración, el asilo y el control fronterizo[55]; o la administración de justicia y procesos democráticos[56].

Estos sistemas de IA de alto riesgo están sujetos a obligaciones estrictas antes de que puedan introducirse en el mercado, como que deben contar con sistemas adecuados de evaluación y mitigación de riesgos; la alta calidad de los conjuntos de datos que alimentan el sistema para minimizar los riesgos y los resultados discriminatorios; el registro de la actividad para garantizar la trazabilidad de los resultados; disponer de documentación detallada que proporcione toda la información necesaria sobre el sistema y su finalidad para que las autoridades evalúen su conformidad; que haya información clara y adecuada al implementador; cuenten con medidas adecuadas de supervisión humana para minimizar el riesgo; y un alto nivel de robustez, seguridad y precisión.

Como ya se ha dicho, además, todos los sistemas de identificación biométrica remota se consideran de alto riesgo y están sujetos a requisitos estrictos. El uso de la identificación biométrica remota en espacios de acceso público con fines policiales está, en principio, prohibido. Se definen y regulan estrictamente excepciones limitadas, como cuando sea necesario para buscar a un niño desaparecido, prevenir una amenaza terrorista específica e inminente o detectar, localizar, identificar o enjuiciar a un autor o sospechoso de un delito grave. Y dichos usos están sujetos a la autorización de un órgano judicial u otro organismo

---

gro o sancionador. De igual modo, que cuando una persona es la que decide iniciar una inspección o cuando esa elección se hace aleatoriamente. No obstante, también es posible utilizar estos sistemas de creación de perfiles en positivo, por ejemplo, para diseñar las propias subvenciones, como propone BUENO ARMIJO, A. (2022): "Subvenciones locales, blockchain y actuación administrativa automatizada", en *Blockchain y Gobiernos locales*, Madrid, Fundación Democracia y Gobierno Local, pp. 275-324, detectar necesidades, identificar potenciales destinatarios, etc. Incluso recuérdese que dentro de los sistemas de IA están aquellos que ilustran las posibles consecuencias de las decisiones públicas, es decir, los simuladores, que también pueden contribuir en esa dirección del mejor acierto y diseño adecuado de las convocatorias de subvenciones.

49. Por ejemplo, el transporte.

50. Como podría ser la puntuación de los exámenes.

51. Como, por ejemplo, aplicación de IA en cirugía asistida por robot.

52. Es el caso del software de clasificación de CV para procedimientos de contratación.

53. Un ejemplo podría ser la calificación crediticia que niega a los ciudadanos la oportunidad de obtener un préstamo.

54. Se ha puesto el ejemplo de la evaluación de la fiabilidad de las pruebas.

55. Como el examen automatizado de las solicitudes de visado.

56. Por ejemplo, soluciones de IA para buscar resoluciones judiciales.

independiente y a límites adecuados en el tiempo, el alcance geográfico y las bases de datos consultadas[57].

4.2. Ámbito subjetivo: la particularidad del sector público

Si con anterioridad me he referido muy brevemente al ámbito objetivo del FRIA, cabe ahora referirse al subjetivo, desde una doble dimensión. Por un lado, en cuanto a quiénes afecta el citado instrumento y, de otro, en conexión con el ámbito objetivo, a los sujetos que utilizan los sistemas de alto riesgo a los que hace referencia esta evaluación.

Me explico, el art. 27 se refiere a los responsables del despliegue que sean organismos de Derecho público o entidades privadas que prestan servicios públicos y los responsable del despliegue de sistemas de IA de alto riesgo a que se refiere el Anexo III, punto 5, letras b) y c), como aquellos que deberán llevar a cabo esta evaluación.

Es decir, de un lado, el FRIA deben realizarlo los responsables del despliegue, no los proveedores y, por otro, se limita a ciertos sujetos, destacando especialmente la referencia expresa al ámbito del sector público, tanto en cuanto a los organismos de Derecho público, que evidentemente incluye a las administraciones públicas, como entidades privadas que prestan servicios públicos, que incluirá, por tanto, a los contratistas y concesionarios.

Esto, por una parte, supone una importante restricción respecto a la previsión inicial del borrador de Reglamento de IA, que se refería con carácter general a los sistemas de IA, salvo alguna excepción concreta, y de otro, pone el acento en la diferencia que, a mi juicio, existe entre el uso de sistemas de IA en el sector privado y en el sector público.

Por otro lado, las letras c y d del punto 5 del Anexo III, en cuyo caso no se restringe la exigencia del FRIA a esos sujetos, sino que se extiende a todos, se refieren a sistemas de IA destinados a ser utilizados para la evaluación de riesgos y la fijación de precios en relación con las personas físicas en el caso de los seguros de vida y de salud; así como sistemas de IA destinados a ser utilizados para la evaluación y la clasificación de las llamadas de emergencia realizadas por personas físicas o para el envío o el establecimiento de prioridades en el envío de servicios de primera intervención en situaciones de emergencia, por ejemplo, policía, bomberos y servicios de asistencia médica, y en sistemas de triaje de pacientes en el contexto de la asistencia sanitaria de urgencia; ambos dentro del acceso a servicios privados esenciales y a servicios y prestaciones públicos esenciales y disfrute de estos servicios y prestaciones[58].

---

57. Véase, entre otros, el trabajo de LEQUESNE ROTH, C. (2024): *Reconnaissance faciale et libertés fondamentales au tournant de la redevabilité*, en *Raison Publique*.

58. En este caso encajarían algunos supuestos relacionados con la sanidad con independencia de que esta sea pública o privada, lo que parece del todo adecuado, piénsese que mientras en los

Y es que, como bien explica el Considerando 96 del propio Reglamento, a fin de garantizar eficazmente la protección de los derechos fundamentales, los responsables del despliegue de sistemas de IA de alto riesgo que sean organismos de Derecho público o las entidades privadas que presten servicios públicos y los responsables del despliegue de determinados sistemas de IA de alto riesgo enumerados en el citado Anexo del Reglamento, como las entidades bancarias o de seguros, deben llevar a cabo una evaluación de impacto relativa a los derechos fundamentales antes de su puesta en funcionamiento. Y es que advierte que algunos servicios importantes para las personas que son de carácter público también pueden ser prestados por entidades privadas y que las entidades privadas que prestan estos servicios públicos se vinculan a funciones de interés público, por ejemplo, en el ámbito de la educación, la asistencia sanitaria, los servicios sociales, la vivienda y la administración de justicia[59].

Ámbitos todos ellos donde precisamente se vienen estudiando la aplicación de posibles sistemas de IA e, incluso, ya se hace uso de ellos, como, por ejemplo, para la prelación de urgencias sanitarias, la asignación de estudiantes a instituciones educativas, elegibilidad y cuantía para ayudas sociales, etc.

Por tanto, en la mayoría de los casos, los sistemas de IA utilizados por las administraciones públicas estarán permitidos, pero entrarán en la categoría de IA de alto riesgo que justifica la aplicación de normas específicas para prevenir los peligros. Así, deberán adoptarse medidas técnicas y procedimentales para garantizar la trazabilidad del uso de la IA[60], la solidez de los sistemas de ciberseguridad, la transparencia frente a los usuarios y el control humano. La idea general es "mantener el control" para evitar cualquier deshumanización, es decir, poder interpretar los resultados propuestos por la IA, probar el sistema de IA regularmente, modificarlos si es necesario, distanciarse de las soluciones propuestas o incluso renunciar a su uso[61].

Además, estos sistemas deberán registrarse en una base de datos de la Unión Europea tras una evaluación de su conformidad con estos requisitos. De este modo, los ciudadanos podrán acceder a un inventario de los sistemas de IA utilizados por las administraciones públicas, lo que conecta con la rendición de cuentas y la idea de gobernanza pública mencionadas al inicio de este trabajo.

En esta línea también, cabe destacar el citado Considerando 96 del Reglamento europeo de IA, que apunta además a otro principio básico de esa nueva

---

casos anteriores se refiere a ciertos servicios públicos prestados por las administraciones, bien de forma directa o indirecta, de ahí que se extienda a contratistas y concesionarios; aquí se trata de servicios que pueden ser públicos o privados, como es precisamente la sanidad.

59. En relación con la aplicación de IA en el ámbito judicial, véase, por ejemplo, SÁNCHEZ SÁEZ, A. J. (2023): "El posible uso de la inteligencia artificial en el ámbito judicial: contexto jurídico español y europeo. Especial referencia al contencioso-administrativo", en *Rivista italiana di Informatica e Diritto*, núm. 2.

60. Sistema de gestión de riesgos, gobernanza de datos, documentación técnica, medidas de registro de la actividad de la IA.

61. CLUZEL-MÉTAYER, L. (2024): "Le potentiel et les risques de l'IA dans les services publics ", en *Cahiers français*, núm. 441(5).

gobernanza pública, como es el de participación, tanto de expertos como de las partes interesadas, en esa evaluación y en el diseño de las medidas necesarias[62]. Lo que, sin duda, reforzará también la aceptabilidad por parte de los ciudadanos, algo que, como ya indicó el *Conseil d'État* francés, es esencial para implementar los sistemas de IA.

4.3. Contenido de la evaluación

De conformidad con lo establecido en el art. 27 del Reglamento de IA, la evaluación debe contener los siguientes elementos: a) una descripción de los procesos del responsable del despliegue en los que se utilizará el sistema de IA de alto riesgo en consonancia con su finalidad prevista; b) una descripción del período de tiempo durante el cual se prevé utilizar cada sistema de IA de alto riesgo y la frecuencia con la que está previsto utilizarlo; c) las categorías de personas físicas y colectivos que puedan verse afectados por su utilización en el contexto específico; d) los riesgos de perjuicio específicos que puedan afectar a las categorías de personas físicas y colectivos determinadas con arreglo a la letra c) del mismo apartado, teniendo en cuenta la información facilitada por el proveedor con arreglo al artículo 13; e) una descripción de la aplicación de medidas de supervisión humana, de acuerdo con las instrucciones de uso; y f) las medidas que deben adoptarse en caso de que dichos riesgos se materialicen, incluidos los acuerdos de gobernanza interna y los mecanismos de reclamación.

Lo que pone de relieve que el objetivo último es mitigar y prever las medidas de respuesta, pero que no necesariamente que se detecte un riesgo implica que se evite el uso del sistema de IA en cuestión.

Además, como ya se ha dicho, esta obligación se aplica al primer uso del sistema de IA de alto riesgo, aunque, si, durante el uso del sistema de IA de alto riesgo, el responsable del despliegue considera que alguno de los elementos en cuestión ha cambiado o ha dejado de estar actualizado, debe adoptar las medidas necesarias para actualizar la información. Es decir, como ya he dicho, no solo es una evaluación previa, sino también circular iterativa.

Además, la norma permite que en casos similares el responsable del despliegue pueda basarse en evaluaciones de impacto relativas a los derechos fundamentales realizadas previamente o a evaluaciones de impacto existentes realiza-

---

62. Dado que determina que tras llevar a cabo dicha evaluación de impacto, el responsable del despliegue debe notificarlo a la autoridad de vigilancia del mercado pertinente, y que cuando proceda, para recopilar la información pertinente necesaria para llevar a cabo la evaluación de impacto, los responsables del despliegue de un sistema de IA de alto riesgo, en particular cuando el sistema de IA se utilice en el sector público, pueden contar con la participación de las partes interesadas pertinentes, como, por ejemplo, los representantes de colectivos de personas que probablemente se vean afectados por el sistema de IA, expertos independientes u organizaciones de la sociedad civil, en la realización de dichas evaluaciones de impacto y en el diseño de las medidas que deben adoptarse en caso de materialización de los riesgos.

das por los proveedores, pero ello no implica que el FRIA pueda quedar remplazado por dichas evaluaciones[63].

Por tanto, y a la espera de que la Oficina de IA elabore un modelo de cuestionario, también mediante una herramienta automatizada, a fin de facilitar que los responsables del despliegue cumplan esta obligación de manera simplificada, cabe plantearse cómo podría diseñarse el FRIA. Ello teniendo en cuenta que, en todo caso, la citada evaluación no podrá limitarse simplemente a una comprobación automatizada generalizada, sino que deberá adaptarse a cada caso concreto.

Muy brevemente, cabe apuntar una serie de cuestiones que es necesario tener en cuenta en el desarrollo del FRIA. Así, en primer lugar, la importancia de la contextualización del sistema de IA y su uso, dado que es preciso identificar los procesos en los cuales va a ser utilizado, la finalidad perseguida, el periodo de tiempo e intensidad de uso y, muy especialmente, los colectivos de personas que podrían verse afectadas.

De otro, que han de identificarse igualmente los posibles perjuicios que existe el riesgo de que sufran dichos colectivos de personas, dado que la cuantificación del riesgo es una parte esencial de cualquier evaluación de impacto. Y, por supuesto, qué derechos fundamentales pueden verse afectados[64].

Y finalmente, que es preciso identificar la aplicación de medidas de supervisión humana, así como las medidas a adoptar en caso de que los riesgos se materialicen, incluyendo los acuerdos de gobernanza interna y los mecanismos de reclamación.

La gestión de riesgos es central en cualquier evaluación de impacto y, por tanto, atendiendo a la naturaleza del riesgo, deben adoptarse salvaguardas o controles, que pueden incorporar medidas para bajar dicho riesgo inicial hasta el umbral de riesgo aceptable.

---

63. Es más, conforme al propio apartado 4 del citado art. 27, si ya se cumple cualquiera de las obligaciones establecidas en el presente artículo mediante la evaluación de impacto relativa a la protección de datos realizada con arreglo al artículo 35 del Reglamento (UE) 2016/679 o del artículo 27 de la Directiva (UE) 2016/680, la evaluación de impacto relativa a los derechos fundamentales a que se refiere el apartado 1 del presente artículo complementará dicha evaluación de impacto relativa a la protección de datos. Por tanto, no se excluyen.

64. A este respecto, como bien ha indicado PÉREZ-UGENA, M. (2024): "La inteligencia artificial: definición, regulación y riesgos para los derechos fundamentales", en *Estudios de Deusto*, vol. 72/1, p. 309, "La IA afecta al régimen de derechos fundamentales. Prácticamente en la totalidad de ellos resulta de interés estudiar el impacto que produce, en cada uno, el uso la inteligencia artificial, desde la igualdad, a los derechos del ámbito de la vida privada, especialmente lo relacionado con la protección de datos, hasta derechos del ámbito de la comunicación, la libertad de expresión y a los derechos relacionados con la tutela judicial efectiva", de la misma autora "Análisis comparado de los distintos enfoques regulatorios de la inteligencia artificial en la Unión Europea, EE. UU., China e Iberoamérica", en *Anuario Iberoamericano de Justicia Constitucional*, núm. 28(1), 2024. De otro lado, como afirma LAUKYTE, M. (2024): "Reflexión sobre los derechos fundamentales en la nueva ley de la inteligencia artificial", en *Derechos y Libertades*, núm. 51, Época II, p. 151, "la norma europea no hace ninguna referencia sustancial a algunos de los derechos fundamentales, para los cuales las aplicaciones basadas en IA podrían significar un gran cambio".

Frente a este panorama, lo cierto es que ya existen experiencias próximas en el ámbito de la IA, valga mencionar, entre otras, las evaluaciones puestas en marcha por Canadá[65], Estados Unidos[66] o Países Bajos[67].

Finalmente, cabe plantearse qué consecuencias conlleva el incumplimiento de esta obligación de evaluación, dado que el Reglamento no introduce multas administrativas específicas, dejando en manos de los Estados miembros su establecimiento, de conformidad con el artículo 99[68].

CONCLUSIONES

Como se ha trata de poner de manifiesto en este trabajo, el conocido por su acrónimo FRIA (*Fundamental Rights Impact Assessment*), que se prevé en el art. 27 del reciente Reglamento europeo de IA, está llamado a jugar un papel crucial en el logro de una IA confiable, puesto que, desde el enfoque del riesgo adoptado por la Unión Europea, se trata de valorar el impacto que un sistema de IA puede tener en los derechos fundamentales, así como el establecimiento de las medidas oportunas en caso de materializarse el riesgo.

Se trata de una evaluación de riesgo *ex ante*, si bien mantenida en el tiempo si se produce algún cambio, en la que es fundamental contextualizar el sistema de IA a valorar y que si bien no evita que se implemente el sistema de IA en cuestión, sí busca mitigar ese posible riesgo previendo medidas. Una evaluación que se deberá realizar por expertos y respecto de la cual la Oficina de IA ofrecerá un modelo base a adaptar, siendo también necesario notificar sus resultados a la autoridad de vigilancia del mercado.

---

65. El *Algorithmic Impact Assessment Tool* de Canadá (Algorithmic Impact Assessment tool - Canada.ca).

66. *Algorithmic Impact Assessment* del U. S. Chief Information Officiers Council, al que se refiere también CASTELLANO, P. S., *La evaluación de impacto algorítmico en los derechos fundamentales*, Aranzadi, 2023.

67. FRAIA (*Fundamental Rights and Algorithm Impact Assessment*) FRAIA in action | Report | Government.nl.

68. Téngase en cuenta también que el Considerando 168 establece que: "Se debe poder exigir el cumplimiento del presente Reglamento mediante la imposición de sanciones y otras medidas de ejecución. Los Estados miembros deben tomar todas las medidas necesarias para garantizar que se apliquen las disposiciones del presente Reglamento, también estableciendo sanciones efectivas, proporcionadas y disuasorias para las infracciones, y para respetar el principio de *non bis in idem*. A fin de reforzar y armonizar las sanciones administrativas por infracción del presente Reglamento, deben establecerse los límites máximos para la imposición de las multas administrativas en el caso de ciertas infracciones concretas. A la hora de determinar la cuantía de las multas, los Estados miembros deben tener en cuenta, en cada caso concreto, todas las circunstancias pertinentes de la situación de que se trate, considerando especialmente la naturaleza, gravedad y duración de la infracción y de sus consecuencias, así como el tamaño del proveedor, en particular si este es una pyme o una empresa emergente. El Supervisor Europeo de Protección de Datos debe estar facultado para imponer multas a las instituciones, los órganos y los organismos de la Unión incluidos en el ámbito de aplicación del presente Reglamento".

En conclusión, en mi opinión, del éxito de una adecuada configuración y funcionamiento del FRIA dependerá en gran medida el éxito mismo de alcanzar una IA confiable y aceptada y aceptable para la ciudadanía.

REFERENCIAS BIBLIOGRÁFICAS

BARONE, A. (2020): "Ammistrazione del rischio e intelligenza artificiale", en *ERDAL*, Volume 1, Issue 1-2.

BERRYHILL, J. et al. (2019): *Rapport au Parlement du Comité d'éthique et scentifique de Parcoursup*, France, Ministère de l'Enseignement Supérieur de la Recherche et de l'Innovation.

BOTO ÁLVAREZ A. (2018): "Tratamiento de datos personales: entre la protección francesa de la vida privada y el mercado digital único", en *Revista General de Derecho Administrativo*, núm. 49.

BUENO ARMIJO, A. (2022): "Subvenciones locales, blockchain y actuación administrativa automatizada", en *Blockchain y Gobiernos locales*, Madrid, Fundación Democracia y Gobierno Local.

CARLONI, E. (2020): "IA, algoritmos y Administración pública en Italia" en *IDP: revista de Internet, derecho y política*, núm. 30.

CASTELLUCCIA, C. and LE MÉTAYER, D. (2019): *Understanding algorithmic decisión-making: Opportunities and challenges*, Brussels, EPRS.

CHOLLET, F. (2020): *L'apprentissage profond avec Python*, Francia, machine learning.fr.

CLUZEL-MÉTAYER, L. (2024): "Le potentiel et les risques de l'IA dans les services publics", en *Cahiers français*, núm. 441(5).

DONIER, V. (2018): "Les droits de l'usager et ceux du citoyen", en *Revue Française de Droit Administratif*, núm. 1.

DUMONT, G. (2002): *La citoyenneté administrative*, Université Panthéon-Assas Paris 2.

FRA (2021): *Construir correctamente el futuro. La IA y los derechos fundamentales*, Luxemburgo.

FUERTES LÓPEZ, M. (2022), "Reflexiones ante la acelerada automatización de actuaciones administrativas", en *Revista Jurídica de Asturias*, núm. 45.

GÖTZMANN, N. (ed) (2019): *Handbook on Human Rights Impact Assessment*, Cheltenham, Edward Elgar Publishing.

HO-DAC, M. (2023): "Considering Fundamental Rights in the European Standardisation of Artificial Intelligence: Nonsense or Strategic Alliance?", en JAKOBS, K. (Ed.), *Joint Proceedings EURAS & SIIT 2023*, Verlag Günter Mainz.

LAUKYTE, M. (2024): "Reflexión sobre los derechos fundamentales en la nueva ley de la inteligencia artificial", en *Derechos y Libertades*, núm. 51, Época II.

LAW SOCIETY OF IRELAND (2024): *Submission on the National Implementation of EU Harmonised Rules on Artificial Intelligence* (AI Act).

LEQUESNE ROTH, C. (2024): "Reconnaissance faciale et libertés fondamentales au tournant de la redevabilité", en *Raison Publique*.

MANTELERO, A. (2022): *Beyond Data: Human Rights, Ethical and Social Impact Assessment in AI*, Berlín, Springer.

MANTELERO, A. (2024): "The Fundamental Rights Impact Assessment (FRIA) in the AI Act: Roots, legal obligations and key elements for a model template", en *Computer Law & Security Review: The International Journal of Technology Law and Practice*, núm. 54.

MARÍN DELGADO, I. (2022), "Automation, Artificial Intelligence and sound administration. A few insights in the light of the spanish legal system", en *European Review of Digital Administration & Law (ERDAL)*, Volume 3, Issue 1.

MEDINA GUERRERO, M. (2022): "El derecho a conocer los algoritmos utilizados en la toma de decisiones. Aproximación desde la perspectiva del derecho fundamental a la protección de datos", en *Teoría y Realidad Constitucional*, núm. 49.

MENÉNDEZ SEBASTIÁN, E. Mª. (2017): *Las garantías del interesado en el procedimiento administrativo electrónico. Luces y sombras de las nuevas Leyes 39 y 40/2015*, Valencia, Tirant lo Blanch.

MENÉNDEZ SEBASTIÁN, E. Mª. (2021): *De la función consultiva clásica a la buena administración. Evolución en el estado social y democrático de Derecho*, Madrid, Marcial Pons.

MENÉNDEZ SEBASTIÁN, E. Mª. (2024): "Motivation and explainability of decisions and access to source code", en *ERDAL*, (monográfico *Towards 'oversight by design'? Legal foundations for effective oversight in automated public administration*).

MENÉNDEZ SEBASTIÁN, E. Mª. y BALLINA DÍAZ, J. (2021): "Digital citizenship: fighting the digital divide", en *ERDAL*, Volume 2, Issue 1.

MENÉNDEZ SEBASTIÁN, E. Mª. y BALLINA DÍAZ, J. (2022): *Sostenibilidad social y ciudadanía administrativa digital*, Madrid, Reus.

MENÉNDEZ SEBASTIÁN, E. Mª y MATTOS CASTAÑEDA, B. Mª. (2022): "Better decision-making, algorithmic discrimination and gender biases: a new challenge for the administration of the 21st century", en *ERDAL*, Volume 3, Issue 1.

MOTZFELDT, H. M. (2022): "Reflections on the need for further research within national administrative law before the EU Artificial Intelligence Act comes into effect: A Danish perspective", en *European Review of Digital Administration & Law (ERDAL)*, Volume 3, Issue 1.

MUCIACCIA, N. (2020): "Algoritmi e procedimento decisionale: alcuni recenti arresti della giustizia ammnistrativa", en *federalismi.it (Rivista di Diritto Pubblico Italiano, Comparato, Europeo)*, núm. 10/2020.

NATIONAL INSTITUTE OF STANDARDS AND TECHNOLOGY (2023): *Artificial Intelligence Risk Management Framework (AI RMF 1.0)*.

OROFINO, A. G. (2020): *La trasparenza oltre la crisi. Acceso, informatizzazione e controllo* cívico, Cacucci Editore, Bari.

PALMA ORTIGOSA, A. (2019): "Decisiones automatizadas en el RGPD. El uso de algoritmos en el contexto de la protección de datos" en *Revista General de Derecho Administrativo*, núm. 50.

PÉREZ-UGENA, M. (2024): "La inteligencia artificial: definición, regulación y riesgos para los derechos fundamentales", en *Estudios de Deusto*, vol. 72/1.

PONCE SOLÉ, J. (2019): *La lucha por el buen gobierno y el derecho a una buena administración mediante el estándar jurídico de diligencia debida*, Madrid, Cuadernos de la Cátedra de Democracia y Derechos Humanos.

RAZQUÍN LIZÁRRAGA, M. M. (2024): "Sistemas de IA prohibidos, de alto riesgo, de limitado riesgo, o de bajo o nulo riesgo", en *Revista de Privacidad y Derecho Digital*, núm. 34.

SÁNCHEZ SÁEZ, A. J. (2023): "El posible uso de la inteligencia artificial en el ámbito judicial: contexto jurídico español y europeo. Especial referencia al contencioso-administrativo", en *Rivista italiana di Informatica e Diritto*, núm. 2.

VALERO TORRIJOS, J. (2019): "Las garantías jurídicas de la inteligencia artificial en la actividad administrativa desde la perspectiva de la buena administración", en *Revista catalana de dret públic*, núm. 58.

DISPUTE BOARDS Y NECESIDADES ESTRATÉGICAS URGENTES EN MATERIA DE CONTRATACIÓN

Alejandra Boto
Profesora Titular de Derecho Administrativo
Universidad de Oviedo
botoalejandra@uniovi.es

SUMARIO: PLANTEAMIENTO. 1. LOS *DISPUTE BOARDS*. 1.1 Origen y perfiles generales. 1.2 Ámbito de aplicación. 1.3 La inutilidad lógica de la categoría. 2. PANELES TÉCNICOS VS. ÓRGANOS ADMINISTRATIVOS. 2.1 Funciones: la importancia de la estabilidad frente al carácter *ad hoc*. 2.2 Ámbitos: lo técnico y lo jurídico. Conclusiones. Referencias bibliográficas.

PLANTEAMIENTO

Los *dispute boards* son un medio alternativo de resolución de conflictos contractuales de impronta anglosajona que, en el contexto de la recuperación post-pandemia[1], empiezan a llamar la atención e implementarse también en otros sistemas[2]. Han suscitado interés ya en la doctrina española[3] y el objetivo

---

1. TARRAZÓN RODÓN, M. (2020): "Mediación, arbitraje y "dispute boards": solución a los conflictos surgidos con el COVID-19", en LUQUIN BERGARECHE, Raquel (dir.), *Covid 19: conflictos jurídicos actuales y desafíos*, Madrid, Wolters Kluwer, pp.673-678.
2. HERNÁNDEZ GARCÍA, R. [coord.] (2014): *Dispute boards en Latinoamérica: experiencias y retos*, Perú, Estudio Mario Castillo Freyre.
3. ALANDETE, B. (2021): "Implementar los dispute boards en España, ¿por qué no?", en *Diario La Ley*, núm. 9821 (sección tribuna).

del presente trabajo es analizar sus características y potencial para aplicarse en el marco de los contratos del sector público. En este sentido, y tras abordar una aproximación conceptual a la figura, lo que no es sencillo por estar impregnada de empirismo, el estudio se cierra con un análisis comparativo, y crítico, de ventajas e inconvenientes frente a nuestra estrella en la materia: el recurso especial en materia de contratación, sin olvidar tampoco la figura del responsable del contrato. Este, pese a lo que pudiera parecer en un principio, no tiene ahora mismo en nuestro sistema capacidad para compararse funcionalmente a los *dispute boards*.

Tras ello se concluye que los *dispute boards* no pueden ser en todo caso un remedio balsámico, por los propios interrogantes y tensiones que los rodean. Esto, con todo el respeto hacia los éxitos que su puesta en marcha pueda haber generado en otras latitudes y culturas jurídicas, y el reconocimiento de que son ciertamente instrumentos útiles para asegurar necesidades estratégicas urgentes para la provisión de servicios e infraestructuras.

1. LOS *DISPUTE BOARDS*

1.1. Origen y perfiles generales

También conocidos como mesas, juntas o comités de resolución de conflictos o, más sencillamente, como paneles técnicos[4], estas figuras tienen un origen común norteamericano en el ámbito de complejos proyectos de construcción en los años setenta, con alcance meramente consultivo, en los términos pactados libremente por las partes[5]. La variante inglesa evolucionaría de forma ligeramente distinta, con la emisión de dictámenes vinculantes e incluso una previsión normativa marco, que obligaba a su funcionamiento en determinado tipo de proyectos (la *Housing Grants, Construction and Regeneration Act* de 1996[6], art. 108)[7].

En pocas palabras puede decirse que son órganos especializados, independientes y externos al poder público, que funcionan como medio de resolución de conflictos alternativo o previo a la jurisdicción o al arbitraje. Un método de conciliación previa o de resolución heterónoma de conflictos, según la forma en que se configure.

---

4. FIGUEROA VALDÉS, J. E. (2010): "Los dispute boards o paneles técnicos en los contratos internacionales de construcción", en *Gaceta jurídica*, núm. 364, pp. 9-17.

5. GÓMEZ RODRÍGUEZ, A. y CASTRO VELASCO, J. de(2023): "Dispute boards", en COLLANTES GONZÁLEZ, J. L. (dir.), *Diccionario digital de Derecho Internacional Privado*, Perú, Estudio Mario Castillo Freyre, pp. 555-565.

6. Cuyo texto original se puede consultar en https://www.legislation.gov.uk/ukpga/1996/53/contents/enacted.

7. Cfr. KOCH, C. (2004): "ICC's New Dispute Board Rules", en *ICC International Court of Arbitration Bulletin*, vol. 15, núm. 2, p. 13.

Nacen como una suerte de evolución natural del rol del "ingeniero" en los contratos de construcción, una industria particularmente prolífica en disputas durante la ejecución de las obras. Se dice que tienen un carácter netamente preventivo y técnico, y que su objetivo principal es evitar el escalamiento de los potenciales conflictos según surgen (el conocido como "efecto bola de nieve"), encontrando soluciones prácticas y razonables para todos los involucrados, de tal manera que el proyecto pueda continuar sin interrupciones y conseguir sus objetivos. Su lógica de funcionamiento, por tanto, es la de "cortar por lo sano" y tomar decisiones que sean acordes con las necesidades del proyecto y no de las partes[8]. Conocieron una fuerte expansión a raíz de su promoción por el Banco Mundial, que a mediados de los años 90 empezó a exigir que los contratos que contaban con su financiación se dotaran con estas figuras, que en inicio emitían simples recomendaciones, después dotadas de carácter vinculante[9].

No es este el lugar para profundizar en la reconstrucción histórica o ideal de la figura, bastando señalar que en general pueden definirse como comités (pues normalmente son pluripersonales) de expertos, que suelen combinar juristas y perfiles técnicos (que constituyen normalmente la mayoría de sus miembros), y que actúan de manera práctica e integrada en un proyecto, para resolver disputas con celeridad, ayudando así a las partes a gestionar y controlar la ejecución de manera más eficiente. Sus más fervientes partidarios destacan el cambio de paradigma que supone ir resolviendo conflictos conforme van surgiendo, lo que permite evitar soluciones contenciosas y reducir el alcance de los pleitos, minimizando el riesgo de suspensión de la obra o servicio. Este es un aspecto esencial, sobre el que luego volveremos.

Constituir el panel de expertos al momento de iniciarse el contrato (una de las opciones posibles) hace además que los miembros del panel estén informados de todos los avances del contrato; facilita la producción de prueba necesaria para resolver cada una de las controversias, ya que los miembros del panel recibirán documentación respecto de la construcción, y acelera la resolución de la disputa, pues los miembros del panel conocerán directamente el proyecto, incluso con visitas periódicas al lugar de la ejecución[10]. También se destaca, por su carácter negociado, su funcionamiento más flexible, ágil y menos costoso que los remedios tradicionales de solución de conflictos[11], y su capacidad para contribuir a que los objetivos estratégicos de la contratación se cumplan en tiempo

---

8. RODRÍGUEZ FERNÁNDEZ, M. (2006): "Resolución de disputas en el contrato internacional de construcción: la labor del engineer y de los dispute boards", en *Revista e-mercatoria*, vol. 5, núm. 2, 2006, p. 15.

9. JIMÉNEZ FIGUERES, D. y CAIVANO, R. J. (2007): "Funcionamiento de los dispute boards de la CCI y su encuadre en el derecho argentino", en *Revista Internacional de Arbitraje*, núm. 6, p. 151.

10. MUÑOZ, F. J. (2017): "El contrato de PPP y su nuevo atractivo: los mecanismos de resolución de disputas", en *Revista Jurídica de la Universidad de San Andrés*, núm. 4, p. 53 y ss.

11. GÓMEZ MORENO, J. P. (2023): "Las dispute boards en América Latina: ventajas, retos y mejores prácticas para contribuir a la resolución eficiente de controversias de infraestructura en la región", en *USFQ Law Review*, vol. 10, núm. 2. El argumento económico es una constante, si bien los gastos que deriven del funcionamiento del panel son ordinariamente de cuenta de las partes.

y forma en contextos concretos de necesidad[12]. Ello conectaría con un objetivo de eficacia y eficiencia. Indirectamente se cumpliría también una aspiración de transparencia, al hacer que todas las comunicaciones entre las partes durante la ejecución del contrato queden abiertas al panel, por poder eventualmente derivar en una disputa de su competencia[13].

Más allá de las obras, están especialmente recomendados en contratos con cierto contenido técnico, de tracto sucesivo y de mediana o larga duración[14]. Sus virtudes se han justificado con base en criterios lógicos que van de la reducción de riesgos[15] a la teoría de juegos[16]. Funcionan sobre todo con técnicas de negociación, operando muchas veces no ya como un simple medio de resolución de conflictos, sino de evitación (*rectius*, para evitar la judicialización). Lo que se busca es, muchas veces, renegociar términos antes de forzar la extinción del contrato[17]. Obviamente, resulta muy interesante en contextos de urgencias o crisis como la pandemia, pero también ante situaciones estructurales o coyunturales de necesidades energéticas, de infraestructuras o servicios, por ejemplo.

1.2. Ámbito de aplicación

Las bondades de estos paneles técnicos son abrumadoramente subrayadas desde la academia procesalista[18] y privatista[19]; sin embargo, su compatibilidad con el régimen jurídico-público resulta más cuestionable. Ello, entiendo, por tres razones evidentes de partida.

---

12. AMORÍN FERNÁNDEZ, A. y FERNÁNDEZ MATÍA, A. (2023): "Juegos Olímpicos y los dispute boards como alternativa para prevenir y resolver conflictos", en *Actualidad Jurídica Uría Menéndez*, núm. 62, p. 228-236.

13. MUÑOZ, F. J. (2016): "Los Dispute Boards en contratos de obra: a propósito de la nueva ley de contrato de participación público privado en Argentina", en *Revista Ecuatoriana de Arbitraje*, núm. 8, p. 240.

14. Por todos puede verse el trabajo de CASTAGNINO, D. T. (2020): "Las juntas de controversias o dispute boards como medio alterno para la prevención y/o resolución de conflictos", *Anuario venezolano de arbitraje nacional e internacional*, núm. 1, págs. 39 y ss.

15. RAGE FERRO, R. (2018): "'Dispute boards': um mecanismo alternativo de solução de conflitos voltado para redução de risco", *Direito e Justiça: Estudos contemporâneos*, núm. 7.

16. RAVAGNANI, G. S.; TOURINHO NAKAMURA, B. L. S. y PINHEIRO LONGA, D. (2020): "A utilização de dispute boards como método adequado para a resolução de conflitos no Brasil", *Revista de Processo*, vol. 300, p. 343-362.

17. Primando la revisión y adecuación del contrato, lo que puede afectar como luego se verá a prerrogativas de la Administración: MARTÍ, L. (2024): "Aproximaciones al contrato de obra y servicios en el derecho vigente", *La Ley*, 2024-B, p.563.

18. Por todos puede verse PÉREZ MARTELL, R. (2020): "Los "Dispute Boards", exitosos mecanismos de gestión y solución a los conflictos surgidos en el ámbito de la construcción", en CARO CATALÁN, J. y FONTESTAD PORTALÉS, L. (dir.), *La globalización del derecho procesal*, Valencia, Tirant lo Blanch, p. 467-491.

19. V. gr. NUVIALA LAPIEZA, I. (2020): *Los dispute boards como mecanismo jurídico de resolución de conflictos en los contratos internacionales de ingeniería y construcción. Un análisis desde la perspectiva del derecho transnacional*, Cizur Menor, Thomson Reuters-Aranzadi.

La primera, concreta, porque la lógica de estos paneles se apoya conceptualmente en la autonomía de voluntad y la igualdad de las partes, que casan mal con las facultades exorbitantes de la Administración en los contratos administrativos y con la indisponibilidad del interés público[20].

La segunda, contextual, pues no puede perderse de vista la dificultad de implementar soluciones propias dentro de un régimen como el de la contratación del sector público, profundamente homogeneizado por la labor de la Unión Europea.

La tercera, más global, porque participan de todos los retos que suponen las técnicas de externalización de la jurisdicción. Así, como también sucede con el arbitraje, la decisión puede sufrir en términos de legitimidad y se corre el riesgo de generar un ordenamiento pretoriano que afecte a las reglas sustantivas sobre el fondo del asunto. Esto último, no sólo porque, como en el caso del arbitraje internacional, pueda llegar a contradecirse abiertamente el derecho interno[21], sino porque también puede afectarse al sistema mismo de ponderación de valores, intereses y derechos, por aplicar cánones diversos. No es algo baladí, pues puede dar lugar a que existan dos derechos paralelos en un mismo territorio, sólo en función de la instancia a la que se acuda para tutelar los intereses en juego[22].

Lo anterior no impide que en el derecho comparado existan ya experiencias de aplicación de estas figuras al ámbito de la contratación pública, y en particular de las concesiones y los contratos de colaboración público-privada. Pueden citarse así, entre otros muchos, los casos de Chile[23] y Argentina[24]. Debe reseñarse sin embargo que, si bien comparten denominación, el régimen del *dispute board* en estos dos casos tiene muy poco que ver entre sí.

---

20. Al respecto, puede verse el trabajo de VAZ, G. J. y GRAVATÁ NICOLI, P. A. (2014): "Los dispute boards y los contratos administrativos: ¿son los DB's una buena solución para disputas sujetas a normas de orden público?", en HERNÁNDEZ GARCÍA, R. (coord.), *cit.*, p. 99-121.

21. DE LA QUADRA-SALCEDO FERNÁNDEZ DEL CASTILLO, T. (2020): "Tratados de inversión y mutación del derecho público: ¿Derecho público transnacional?", en *Revista de Administración Pública*, núm. 212, p. 13-54.

22. No parece ser casualidad así que en el sistema español las cuestiones de arbitraje en derecho público en general, y en contratos en particular, estén tan poco desarrolladas. GARCÍA-ÁLVAREZ, G. (2020): "El arbitraje en la ejecución de los contratos públicos", en GIMENO FELIÚ, J. M.(dir.), *Observatorio de los contratos públicos 2019*, Cizur Menor, Aranzadi, 2020, pp. 549-564.

23. Existe un "Panel Técnico de Concesiones" operativo desde 2010. Sobre su régimen jurídico: FIGUEROA VALDÉS, J.E. e ILLANES SOTTA M. E. (2018): "Notas sobre la ecuación económica financiera en el Contrato de Concesiones de Obras Públicas en Chile", en ARANCIBIA MATTAR, J. y ROMERO SEGUEL, A. (ed.), *La concesión de obra pública. Aspectos jurídicos y económicos*, Santiago de Chile, Universidad de Los Andes-Facultad de Derecho, Cuadernos de Extensión Jurídica, 31, pp. 37 y ss. Puede verse información actualizada en https://www.panelconcesiones.cl/.

24. Primeramente en la normativa reguladora de los contratos de participación público-privada nacida en 2016 y después en las concesiones de obras públicas, por mor de una reforma *ómnibus* de 2024. Sobre el tema, véase VEGA, S. E. (2024): "Renegociaciones contractuales y acuerdos transaccionales en el marco de las emergencias: tratamiento en la Ley Bases y su reglamentación", en *Revista de Derecho Administrativo*, núm. 155, pp. 13-34.

Muy sintética y superficialmente, baste decir que el primero es una suerte de autoridad independiente con una composición fija. En el segundo caso, los miembros del panel son seleccionados por las partes caso a caso.

1.3. La inutilidad lógica de la categoría

He querido resaltar lo anterior porque, en mi opinión, atender a la forma en que estos paneles son puestos en marcha en cada caso es fundamental para poder evaluarlos críticamente[25]. Ello porque se trata de una figura dogmática en construcción. Y es que, hasta ahora, han sido distintas entidades privadas quienes la han desarrollado y tratado de regular, mediante modelos y clausulas tipo, así como documentos de guía y ayuda[26]. Como resulta tan propio de su origen anglosajón, evoluciona de manera informal y salta a otros contextos de forma práctica muy diversa[27]. En general, o bien se desarrolla sin recepción legislativa[28], o bien tiende a ser adoptada por las legislaciones nacionales sin mayor esfuerzo conceptualizador, con un enfoque meramente descriptivo[29].

Así las cosas, no es de extrañar que existan tantas especies de este género como criterios se quieran emplear para su taxonomía. En síntesis, la doctrina internacional reconoce diversos tipos de *dispute boards*, según se atienda al momento de su constitución, a su composición o a la fuerza vinculante de sus decisiones.

Pero sería inútil abordar ahora su sistematización, toda vez que, según se viene exponiendo, su régimen jurídico no puede ser analizado sin descender al detalle de las atribuciones y el funcionamiento de cada tipo de diseño. Esto, por cierto, genera una suerte de oxímoron, pues necesariamente ha de reglamentarse de alguna manera una figura cuya gran virtud en origen descansa en la flexibilidad y la libertad de pactos. Otra paradoja de estos paneles reside en el

---

25. Aunque no faltan ejemplos en que se trata de realizar el esfuerzo de elevarse de la práctica al intento de conceptualización global, sin éxito a mi juicio. V. gr. HERNÁNDEZ GARCÍA, R. (2022): *Dispute boards: Teoría y Práctica*, Madrid, Wolters Kluwer-Bosch.

26. Notablemente la Cámara de Comercio Internacional (CCI): https://iccwbo.org/dispute-resolution/dispute-resolution-services/adr/dispute-boards/; la Federación Internacional de Ingenieros Consultores (FIDIC, por sus siglas en francés): https://www.fidic.org/search?keys=adjudication+boards o la *Dispute Resolution Board Foundation* (https://www.drb.org/).

27. Sobre cómo ha sido recepcionada la figura desde el sistema de *common law* hasta los de derecho civil o incluso la Shari'ah puede verse CHERN, C. (2020): *Chern on Dispute Boards*, Nueva York, Routledge, 4ª ed.

28. Se defiende esta opción para España, aunque reconociendo la fuerza catalizadora de la normativa sobre eficiencia procesal, PARRA MARTÍNEZ, S. (2023): "*Dispute boards*: perspectivas de uso en España", en *La Ley. Mediación y arbitraje*, núm.15, 2023.

29. Como ocurre en Argentina: cfr. BOTO ÁLVAREZ, A. (2025): "Los "paneles técnicos" como medio de solución de controversias contractuales: ¿conciliación extrajudicial y extrajurídica?", en ALONSO REGUEIRA, E. (ed.), *Bases para la Libertad en el Derecho Administrativo Argentino - Tomo Blanco*, Ciudad Autónoma de Buenos Aires, Asociación de Docentes de la Facultad de Derecho y Ciencias Sociales de la Universidad de Buenos Aires, pp. 219-233.

ámbito objetivo de su margen de conocimiento. Por su carácter multidisciplinar y su adjetivación como "técnicos" es frecuente que el debate jurídico quede excluido de la decisión de los paneles; sin embargo, generalmente entre sus miembros hay juristas y la actuación del panel no es, desde luego, neutral para el Derecho. De ahí que se haya dicho que cualquier técnico que actúa en uno de estos paneles debe poseer un amplio conocimiento también de los aspectos normativos que rigen la administración y gestión del contrato, así como de los procedimientos y reglas propios de un proceso de resolución de conflictos[30].

2. PANELES TÉCNICOS VS. ÓRGANOS ADMINISTRATIVOS

A la hora de encontrar en el sistema español algo que pudiera funcionar de manera semejante a los paneles técnicos, la primera aproximación intuitiva apunta a la figura del responsable del contrato, regulado en el art. 62 de la Ley 9/2017, de 8 de noviembre, de contratos del sector público (LCSP). No en vano, su caracterización es la de una persona física o jurídica, vinculada o ajena a la entidad contratante, que supervisa su ejecución y adopta las decisiones e instrucciones necesarias con el fin de asegurar la correcta realización de la prestación pactada, dentro del ámbito de facultades que se le atribuyan por el órgano de contratación (art. 62.1). En el caso de concesiones de obra pública y de concesiones de servicios, la Administración ha de designar una persona que actúe en defensa del interés general, para obtener y para verificar el cumplimiento de las obligaciones del concesionario, especialmente en lo que se refiere a la calidad en la prestación del servicio o de la obra (62.3). En el caso de las obras, en cambio, las facultades del responsable del contrato serán ejercidas por el director facultativo (art. 62.2, que remite a los arts. 237 a 246).

Creo que esta figura, cuya previsión en la LCSP con carácter obligatorio y para todos los contratos del sector público fue considerada en su momento un gran acierto[31], presenta similitudes evidentes con algunos tipos de paneles técnicos. Pero la regulación es tan parca[32] como ambigua[33], y el hecho de que la persona responsable del contrato sea designada por el órgano de contratación

---

30. LÓPEZ AVILÉS, C. A. (2020): "Apreciaciones sobre el rol técnico del ingeniero en los MARC", en *Derecho & Sociedad*, núm. 55, pp. 265 y ss., en particular p. 272.

31. Por todos, RUÍZ DAIMIEL, M. (2018): "El responsable del contrato en la nueva Ley de Contratos del Sector Público", en *Observatorio de contratación pública*, 18 de junio.

32. Para una propuesta de mejora normativa respecto a sus funciones pude verse PÉREZ MARTÍNEZ, D. (2023): "El responsable del contrato", en PINTOS SANTIAGO, J. (dir.), *Cinco años de la Ley de Contratos del sector público. Estudio de situación y soluciones para su regulación*, Cizur Menor, Thomson Reuters Aranzadi, pp. 745 y ss., en particular pp. 769 y 770.

33. BADAL ORTIZ, G. G. (2018): "El responsable del contrato", en *Auditoría pública*, núm. 72, pp. 99-106.

hace revivir las dudas que en su momento se proyectaban sobre la neutralidad del "ingeniero" y que explicaron su superación por los *dispute boards*[34].

Por otro lado, y por más que en teoría la posición del responsable del contrato pueda asemejarse a la de los paneles técnicos, me parece que, desde un punto de vista funcional, y sobre todo respecto a aquellos *dispute boards* que operan como medios alternativos de resolución de conflictos con decisiones finales, el parangón debe trazarse con los órganos de resolución del recurso especial en materia de contratación, una de las manifestaciones más exitosas de la creación de órganos administrativos con funciones *quasi* jurisdiccionales[35]. Y es que, si bien es alta la conflictividad de las fases previas y las licitaciones, el recurso especial también procede ante modificaciones contractuales y rescates de concesiones, lo que supone un claro ámbito de intersección con la actividad de los paneles técnicos.

Por eso se proponen finalmente unas reflexiones de cierre contrastando lo hasta ahora dicho en relación con los *dispute boards* con el recurso especial. Por ser de sobra conocida, no nos detendremos en la presentación de esta figura, bastando la remisión a los múltiples estudios monográficos que la han tratado. El objetivo es indagar sobre la relación entre ambas instituciones para especular sobre la eventual competencia excluyente entre ellos o su posible carácter complementario. Para ello, obviamente, interesa analizar el recurso especial en materia de contratación y los órganos que lo resuelven sólo en su proyección sobre la ejecución del contrato, que es el campo de juego natural de los *dispute boards*.

2.1. Funciones: la importancia de la estabilidad frente al carácter *ad hoc*

Se ha expuesto ya que el sistema de los paneles técnicos no puede evaluarse seriamente con carácter global en abstracto, por la inexistencia de una sistemática que rodee un fenómeno esencialmente funcional, y se ha destacado también que los *dispute boards* no sólo buscan evitar la judicialización de la obra pública, sino que traducen muchas veces la voluntad de primar la renegociación y revisión sobre la extinción del contrato. Quizás esta sea, de hecho, su principal utilidad y resulten erráticas las subsunciones conceptuales más extendidas, que lo reducen a ser un medio de resolución de conflictos, similar a la conciliación y/o al arbitraje. En realidad, según esta tesis, cuando se dice que los paneles técnicos sirven para "evitar" el conflicto, no sería tanto por su carácter preventi-

---

34. RODRÍGUEZ FERNÁNDEZ, M. (2006: 6).

35. Éxito que cabe medir tanto en términos de plazos de tramitación como de calidad de las resoluciones, eficiencia social, independencia y especialización de sus miembros, satisfacción de los ciudadanos y confirmación ulterior de las resoluciones, tal y como se estudia en SARSANEDAS COLL, J. (2020): "Recursos especiales de contratación ¿dónde estamos?", en *Economía Industrial*, núm. 415, pp. 99-110.

vo, sino por su capacidad de llegar a soluciones de compromiso en beneficio de la continuación del proyecto. No es que el conflicto no surja, es que se solventa por la vía de la negociación, afrontándolo en una fase temprana.

Desde esa perspectiva, existiría una cierta proximidad entre paneles técnicos y responsables de contrato. La distancia entre ellos resurge, no obstante, porque los paneles pueden tener también funciones resolutorias directas, capaces de imponerse a las partes. El responsable del contrato, salvo en el caso de una modificación en el personal o los medios materiales adscritos al contrato, lo que hace ante discrepancias es informar al órgano de contratación, que es el que resuelve.

Es aquí donde cobra importancia por ello la comparación de los *dispute boards* y los órganos que resuelven el recurso especial en materia de contratación. Ciertamente, tanto el recurso especial como la derivación al panel pueden servir para solventar un conflicto concreto. Sin embargo, hay algo esencial que también los diferencia, sobre todo en la configuración de los *dispute boards ad hoc*, que son la gran mayoría. Y es que para la prevención del conflicto siempre será más útil el *corpus* generado por un tribunal administrativo, estable, que también puede ser capaz de funcionar de forma ágil y eficaz. Las resoluciones de estos órganos, por tener predicamento general, otorgan una seguridad al sistema y una previsibilidad a los actores que no está al alcance de órganos que se constituyen únicamente para la vida de un determinado contrato.

Al fin y al cabo, tanto en el recurso administrativo especial como en una disputa ante el panel técnico, se trata de buscar un (primer) examen por un "tercero" objetivo e imparcial[36]. Ahora bien, el carácter estable y estructural, como órganos permanentes integrados en la organización administrativa, pero con plena independencia funcional, es su gran diferencia con respecto a los paneles técnicos y hace que sus resoluciones tengan valor de precedente administrativo. Así, las memorias de actividad de estos órganos de recursos ponen de manifiesto que existe un bajo porcentaje de sus resoluciones que sean impugnadas, y ello no porque se hayan construido sobre el consenso, sino porque se dotan de la autoridad de los expertos y del respaldo del *corpus* evolutivo al que se ha hecho referencia. Además, muy pocas de estas impugnaciones son después estimadas[37], lo que se ha dicho que es muestra de "buen criterio" dado que se evidencia en el órgano judicial una falta de especialización en la materia equiparable a la que tienen la generalidad de los miembros de los órganos de recursos[38].

---

36. La resolución del recurso especial en materia de contratación siempre será susceptible de control ulterior. Ello no siempre ocurre con los paneles técnicos.

37. Pueden verse estadísticas actualizadas en el *Informe sobre la justicia administrativa* que edita el Centro de Investigación sobre Justicia Administrativa de la Universidad Autónoma de Madrid (CIJA-UAM).

38. VALCÁRCEL FERNÁNDEZ, P. (2016): "El recurso especial en materia de contratos públicos: en la senda del derecho a una buena Administración", en LÓPEZ RAMÓN, F. (coord.), *Las vías administrativas de recurso a debate*, Madrid, INAP, pp. 303 y ss., en particular pp. 314 y 315.

2.2. Ámbitos: lo técnico y lo jurídico

Otra característica de los órganos de resolución del recurso especial en materia de contratación es su composición, eminente y preferentemente jurídica[39]. Es algo que no sucede en los paneles técnicos por su propio origen y concepción. En ellos es habitual la integración mayoritaria de profesionales de la arquitectura, la economía y la ingeniería.

Más allá del acogimiento de "modas", la virtualidad de los paneles técnicos en la contratación administrativa será algo a testar pero, a mi juicio, y, precisamente por el perfil de sus miembros, debería aplicarse de forma estricta a cuestiones de tal carácter técnico. El problema es que el deslinde de lo que sean estos aspectos no es fácil de trazar. Baste poner como ejemplo el caso de las concesiones, siendo evidente la tensión natural, sin ir más lejos, entre el equilibrio económico del contrato y la ejecución a riesgo y ventura del concesionario. Y puede ser aún más complejo en los contratos de colaboración público privada, de efímera existencia como contratos nominados entre nosotros, donde suele establecerse por sistema una normativa de mínimos dejando amplio margen a la negociación y al diálogo.

CONCLUSIONES

Pese a su extensión creciente en el mundo global, la figura de los *dispute boards* adolece de una imprecisión conceptual que dificulta sobremanera cualquier aproximación crítica a su efectivo potencial en nuestro sistema de contratación administrativa. Entre otros muchos retos, una cuestión no menor es la de su verdadera incardinación dentro del espectro de los medios alternativos de solución de conflictos.

Aquí ya se ha argumentado que quizás su utilidad principal no esté propiamente en la solución del conflicto una vez nacido este, sino en que son una vía para intentar mantener a toda costa la vida del contrato lo que, ante necesidades estratégicas, urgencias en el sector público y contextos cambiantes es, sin duda, muy interesante. Si esto es así, no hay una competición real entre paneles técnicos y tribunales administrativos de resolución de conflictos, sino objetivos distintos. La figura que más se asemejaría entonces a los *dispute boards* en España sería la del responsable del contrato, pero también con muchas salvedades.

---

39. La LCSP sólo regula con detalle la composición del órgano que resuelve estos recursos en la Administración General del Estado y, según la misma, se exige la condición de jurista para el presidente del órgano y no para los vocales. El resto de las Administraciones pueden organizarse con diverso grado de libertad de forma autónoma. Una revisión del régimen vigente, que confirma la preponderancia de perfiles jurídicos entre los integrantes de estos órganos, puede verse en RÍOS MARÍN, E. (2023): "Análisis del estatus y de la organización administrativa de los órganos encargados de resolver los recursos especiales en materia de contratación", en *Documentación Administrativa*, núm. 10, pp. 1-15.

Unos y otros tienen una proximidad al órgano de contratación muy diversa y pueden aplicar lógicas distintas, por cuanto la capacidad para innovar el ordenamiento del responsable del contrato es nula, mientras que muchos paneles técnicos para lo que sirven es para flexibilizar, atenuando las clásicas prerrogativas administrativas para evitar que el conflicto se enquiste y fortaleciendo los derechos de los contratistas y sus inversores. Que el responsable del contrato, por más importante que sea su función, tenga que aplicar un marco jurídico rígido puede explicar por qué su figura no tiene la proyección que en cambio de predica a nivel global de los paneles técnicos.

En la dimensión de medios de solución de conflictos, la figura que ocuparía el lugar de los *dispute boards* en España serían los órganos administrativos decisorios funcionalmente independientes. Y creo que propugnar las ventajas de los primeros no excluye el funcionamiento de los segundos, con recursos especiales, de carácter jurídico, y funcionamiento más ágil efectivo y rápido que los recursos administrativos clásicos.

En todo caso, a fin de despejar incógnitas, sería necesario tratar los paneles técnicos con precisión. Si se acepta que son medios alternativos de solución de conflictos, como la doctrina parece asumir de forma unánime y acrítica, es preciso tener claro a qué suponen una alternativa (vía administrativa o vía judicial) y cómo se relacionan con aquello a lo que no obstan, sino que se añaden (vía judicial y/o arbitral, según el caso). Sólo así podrá valorarse la conveniencia de su trasplante jurídico. No es un reto menor teniendo en cuenta que, en muchas ocasiones, las ventajas que se predican repetidamente de estos paneles técnicos son genéricas e indiferenciadas; se emplean muchas veces los mismos argumentos de defensa del arbitraje, cuando pueden ser dos cosas radicalmente distintas, en plano y tiempo.

REFERENCIAS BIBLIOGRÁFICAS

ALANDETE, B. (2021): "Implementar los *dispute boards* en España, ¿por qué no?", en *Diario La Ley*, núm. 9821 (sección tribuna).

AMORÍN FERNÁNDEZ, A. y FERNÁNDEZ MATÍA, A. (2023): "Juegos Olímpicos y los dispute boards como alternativa para prevenir y resolver conflictos", en *Actualidad Jurídica Uría Menéndez*, núm. 62, pp. 228-236. Disponible en web: https://www.uria.com/documentos/publicaciones/8584/documento/AJUM62-art.pdf?id=13463&forceDownload=true

BADAL ORTIZ, G. G. (2018): "El responsable del contrato", en *Auditoría pública*, núm. 72, pp. 99-106. Disponible en web: https://asocex.es/wp-content/uploads/2018/12/Revista-Auditoria-Publica-n%C2%BA-72-pag-99-a-106.pdf

BOTO ÁLVAREZ, A. (2025): "Los "paneles técnicos" como medio de solución de controversias contractuales: ¿conciliación extrajudicial y extrajurídica?", en ALONSO REGUEIRA, E. (ed.), *Bases para la Libertad en el Derecho Administrativo Argentino - Tomo Blanco*, Ciudad Autónoma de Buenos Aires, Asociación de Docentes de la Facultad de Derecho y Ciencias Sociales de la

Universidad de Buenos Aires, págs. 219-233. Disponible en la web: http://www.derecho.uba.ar/docentes/libro-bases-para-la-libertad.php

CASTAGNINO, D. T. (2020): "Las juntas de controversias o dispute boards como medio alterno para la prevención y/o resolución de conflictos", en *Anuario venezolano de arbitraje nacional e internacional*, núm. 1, pp. 39-62. Disponible en web: https://avarbitraje.com/wp-content/uploads/2021/03/ANAVI-No1-A2-pp-39-62.pdf

CHERN, C. (2020): *Chern on Dispute Boards*, Nueva York, Routledge, 4ª ed.

DE LA QUADRA-SALCEDO FERNÁNDEZ DEL CASTILLO, T. (2020): "Tratados de inversión y mutación del derecho público: ¿Derecho público transnacional?", en *Revista de Administración Pública*, núm. 212, pp. 13-54.

FIGUEROA VALDÉS, J. E. (2010): "Los dispute boards o paneles técnicos en los contratos internacionales de construcción", en *Gaceta jurídica*, núm. 364, pp. 9-17.

FIGUEROA VALDÉS, J. E. e ILLANES SOTTA, M. E. (2018): "Notas sobre la ecuación económica financiera en el Contrato de Concesiones de Obras Públicas en Chile", en ARANCIBIA MATTAR, J. y ROMERO SEGUEL, A. (ed.), *La concesión de obra pública. Aspectos jurídicos y económicos*, Santiago de Chile, Universidad de Los Andes-Facultad de Derecho. Disponible en web: https://www.uandes.cl/wp-content/uploads/2021/08/Cuaderno-de-Extension-Juridica-N%C2%B0-31-Concesion-de-Obra-Publica.pdf

GARCÍA-ÁLVAREZ, G. (2020): "El arbitraje en la ejecución de los contratos públicos", en GIMENO FELIÚ, J. M. (dir.), *Observatorio de los contratos públicos 2019*, Cizur Menor, Aranzadi, pp.. 549-564.

GÓMEZ MORENO, J. P. (2023): "Las dispute boards en América Latina: ventajas, retos y mejores prácticas para contribuir a la resolución eficiente de controversias de infraestructura en la región", en *USFQ Law Review*, vol. 10, núm. 2. Disponible en web: https://revistas.usfq.edu.ec/index.php/lawreview/article/view/3023/3490

GÓMEZ RODRÍGUEZ, A. y CASTRO VELASCO, J. de (2023): "Dispute boards", en COLLANTES GONZÁLEZ, J. L. (dir.), *Diccionario digital de Derecho Internacional Privado*, Perú, Estudio Mario Castillo Freyre. Disponible en web: https://castillofreyre.com/libros/diccionario-digital-de-derecho-internacional-privado/

HERNÁNDEZ GARCÍA, R. (2022): *Dispute boards: Teoría y Práctica*, Madrid, Wolters Kluwer-Bosch.

HERNÁNDEZ GARCÍA, R. [coord.] (2014): *Dispute boards en Latinoamérica: experiencias y retos*, Perú, Estudio Mario Castillo Freyre. Disponible en web: https://cdn01.pucp.education/carc/wp-content/uploads/2018/07/03220820/vol23.pdf

JIMÉNEZ FIGUERES, D. y CAIVANO, R. J. (2007): "Funcionamiento de los *dispute boards* de la CCI y su encuadre en el derecho argentino", en *Revista Internacional de Arbitraje*, núm. 6, pp. 146-174. Disponible en web: https://djarbitraje.com/publicaciones/dyala-jimenez/funcionamiento-de-los-dispute-boards-de-la-icc-y-su-encuadre-en-el-derecho-argentino.html

KOCH, C. (2004): "ICC's New Dispute Board Rules", en *ICC International Court of Arbitration Bulletin*, vol. 15, núm. 2, pp. 10-37. Disponible en web: https://www.landoltandkoch.com/medias/icc-db-rules-iccbul-15-2-04-offprint-english.pdf

LÓPEZ AVILÉS, C. A. (2020): "Apreciaciones sobre el rol técnico del ingeniero en los MARC", en *Derecho & Sociedad*, núm. 55, pp. 265-278. Disponible en web: https://revistas.pucp.edu.pe/index.php/derechoysociedad/article/view/23247

MARTÍ, L. (2024): "Aproximaciones al contrato de obra y servicios en el derecho vigente", *La Ley*, 2024-B, 563.

MARTÍNEZ SÁNCHEZ, C. [dir.] (2024): *Informe sobre la justicia administrativa 2024*, Madrid, CIJA-UAM. Disponible en web: https://repositorio.uam.es/handle/10486/718673

MUÑOZ, F. J. (2017): "El contrato de PPP y su nuevo atractivo: los mecanismos de resolución de disputas", en *Revista Jurídica de la Universidad de San Andrés*, núm. 4, pp. 53- 91. Disponible en web: https://revistasdigitales.udesa.edu.ar/index.php/revistajuridica/article/view/100

MUÑOZ, F. J. (2016): "Los Dispute Boards en contratos de obra: a propósito de la nueva ley de contrato de participación público privado en Argentina", en *Revista Ecuatoriana de Arbitraje*, núm. 8, pp. 229-259. Disponible en web https://iea.ec/pdfs/2016/REA_n8_Art8.pdf.

NUVIALA LAPIEZA, I. (2020): *Los dispute boards como mecanismo jurídico de resolución de conflictos en los contratos internacionales de ingeniería y construcción. Un análisis desde la perspectiva del derecho transnacional*, Cizur Menor, Thomson Reuters-Aranzadi.

PARRA MARTÍNEZ, S. (2023): "Dispute boards: perspectivas de uso en España", en *La Ley. Mediación y arbitraje*, núm.15, 2023.

PÉREZ MARTELL, R. (2020): "Los 'Dispute Boards', exitosos mecanismos de gestión y solución a los conflictos surgidos en el ámbito de la construcción", en CARO CATALÁN, J. y FONTESTAD PORTALÉS, L. (dir.), *La globalización del derecho procesal*, Valencia, Tirant lo Blanch, pp. 467-491.

PÉREZ MARTÍNEZ, D. (2023): "El responsable del contrato", en PINTOS SANTIAGO, J. (dir.), *Cinco años de la Ley de Contratos del sector público. Estudio de situación y soluciones para su regulación*, Cizur Menor, Thomson Reuters Aranzadi, pp. 765-770,

RAGE FERRO, R. (2018): "'Dispute boards': um mecanismo alternativo de solução de conflitos voltado para redução de risco", *Direito e Justiça: Estudos contemporâneos*, núm. 7.

RAVAGNANI, G. S.; TOURINHO NAKAMURA, B. L. S. y PINHEIRO LONGA, D. (2020): "A utilização de dispute boards como método adequado para a resolução de conflitos no Brasil", *Revista de Processo*, vol. 300, pp. 343-362. Disponible en web: https://www.thomsonreuters.com.br/content/dam/openweb/documents/pdf/Brazil/white-paper/repro-ravagnani-e-outros.pdf

RÍOS MARÍN, E. (2023): "Análisis del estatus y de la organización administrativa de los órganos encargados de resolver los recursos especiales en materia de contratación", en *Documentación Administrativa*, núm. 10, pp. 1-15. Disponible en web: https://revistasonline.inap.es/index.php/DA/article/view/11222

RODRÍGUEZ FERNÁNDEZ, M. (2006): "Resolución de disputas en el contrato internacional de construcción: la labor del engineer y de los dispute boards", en *Revista e-mercatoria*, vol. 5, núm. 2, 2006, pp. 2-29.

RUÍZ DAIMIEL, M. (2018): "El responsable del contrato en la nueva Ley de Contratos del Sector Público", en *Observatorio de contratación pública*, 18 de junio. Disponible en web: https://www.obcp.es/opiniones/el-responsable-del-contrato-en-la-nueva-ley-de-contratos-del-sector-publico

SARSANEDAS COLL, J. (2020): "Recursos especiales de contratación ¿dónde estamos?", en *Economía Industrial*, núm. 415, pp. 99-110. Disponible en web: https://www.mintur.gob.es/Publicaciones/Publicacionesperiodicas/EconomiaIndustrial/RevistaEconomiaIndustrial/415/SARSANEDAS%20COLL.pdf

TARRAZÓN RODÓN, M. (2020): "Mediación, arbitraje y "dispute boards": solución a los conflictos surgidos con el COVID-19", en LUQUIN BERGARECHE, Raquel [dir.], *Covid 19: conflictos jurídicos actuales y desafíos*, Madrid, Wolters Kluwer, págs. 673-678.

VALCÁRCEL FERNÁNDEZ, P. (2016): "El recurso especial en materia de contratos públicos: en la senda del derecho a una buena Administración", en LÓPEZ RAMÓN, F. (coord.), *Las vías administrativas de recurso a debate*, Madrid, INAP, pp. 233-290.

VEGA, S. E. (2024): "Renegociaciones contractuales y acuerdos transaccionales en el marco de las emergencias: tratamiento en la Ley Bases y su reglamentación", en *Revista de Derecho Administrativo*, núm. 155, pp. 13-34.

ALGUNAS ACCIONES DE LAS ENTIDADES LOCALES EN MOVILIDAD URBANA SOSTENIBLE

Diana Paola González Mendoza
Profesora Ayudante Doctora
Universidad Complutense de Madrid
Miembro del Instituto de Derecho Europeo e Integración Regional de la UCM
dianapag@ucm.es

SUMARIO: INTRODUCCIÓN. 1. ¿QUÉ ES LA MOVILIDAD URBANA SOSTENIBLE? CÓMO SE INCARDINA EN EL ORDENAMIENTO JURÍDICO. 1.1. Delimitación conceptual. 1.2 Encaje en el reparto competencial. 1.3. El papel de las Entidades Locales en la movilidad urbana sostenible. 2. LOS PLANES DE MOVILIDAD URBANA SOSTENIBLE COMO INSTRUMENTO ESTRATÉGICO. 3. LAS ZONAS DE BAJAS EMISIONES. 4. EL SURGIMIENTO DE NUEVAS FORMAS DE MOVILIDAD: *CARSHARING* Y VEHÍCULOS DE MOVILIDAD PERSONAL. 4.1. *Carsharing* o vehículos de uso compartido y multiusuario. 4.2. Los Vehículos de Movilidad Personal. REFLEXIONES FINALES. REFERENCIAS BIBLIOGRÁFICAS.

INTRODUCCIÓN

El 25 de septiembre de 2015 la Asamblea General de la Organización de las Naciones Unidas (ONU) aprobó la resolución 70/01, así pues, se aprueba el documento final "Transformar nuestro mundo: la Agenda 2030 para el Desarrollo Sostenible"[1]. Esta agenda como es bien conocido por todos está integrada por

---

1. Cfr. Asamblea General (2015): "Resolución aprobada por la Asamblea General el 25 de septiembre de 2015" [10-05-25]. Disponible en web: https://www.mdsocialesa2030.gob.es/agenda2030/documentos/aprobacion-agenda2030.pdf

17 Objetivos de Desarrollo Sostenible (en adelante ODS), los que a su vez están constituidos por 169 metas, "*representa el compromiso internacional para hacer frente a los retos sociales, económicos y medioambientales de la globalización, poniendo en el centro a las personas, el planeta, la prosperidad y la paz, bajo el lema de "no dejar a nadie atrás"*². Consiste en un plan de acción para ser implementado por "*los países miembros y partes interesadas mediante una alianza de colaboración*" durante los 15 años posteriores a su adopción "*para reconducir al mundo por el camino de la sostenibilidad y resiliencia*"³. Así pues, la Agenda 2030 está basada en el modelo de gobernanza, ya que no solamente los gobiernos se han comprometido a la consecución de los objetivos ahí planteados, también participan la sociedad civil, el sector privado, la comunidad científica, así como otras partes interesadas.

En el marco de la Agenda 2030, la movilidad urbana sostenible se incardina principalmente en el Objetivo 11: Lograr que las ciudades y los asentamientos humanos sean inclusivos, seguros, resilientes y sostenibles (Ciudades y comunidades sostenibles). Precisamente la meta 2 del ODS 11 se centra en "*proporcionar acceso a sistemas de transporte seguros, asequibles, accesibles y sostenibles para todos, mejorando la seguridad vial, en particular mediante la ampliación del transporte público, con especial atención a las necesidades de las personas en situaciones vulnerables, mujeres, niños, personas con discapacidad y adultos mayores*". De manera indirecta la movilidad urbana sostenible también se podría relacionar con el Objetivo 9: Construir infraestructuras resilientes, promover la industrialización inclusiva y sostenible y fomentar la innovación (Industria innovación e infraestructura). El informe de los ODS de 2023, en relación con el objetivo 11 señala que hay aún queda camino por recorrer en cuanto a su consecución y hace especial hincapié en la necesidad de integrar al transporte motorizado la opción de "*movilización de peatones y bicicletas mediante planes de movilidad urbana sostenible a largo plazo, inversiones específicas en infraestructura y la implementación de normativas*"⁴.

Posteriormente, en 2016 se aprueba la Nueva Agenda Urbana en el marco de la Conferencia de Hábitat III, llevada a cabo en Quito. Así, en este documento se plasma claramente la intención de mejorar algunos aspectos relacionados con la movilidad tendentes a mejorar las políticas públicas y de sectores concretos para que esta sea más accesible para todos, se integre y conecte con el sistema

---

2. Resolución aprobada por la Asamblea General el 25 de septiembre de 2015, p.1. y VESTRI, G. (2020): "Los vehículos de movilidad urbana personal como respuesta medioambiental en la Estrategia de Movilidad urbana sostenible", en BARRERO RODRÍGUEZ, C. y SOCÍAS CAMACHO, J. M. (Coord.), *La ciudad del siglo XXI. Transformaciones y retos: actas del XV Congreso de la Asociación Española de Derecho* Administrativo, INAP, Madrid, p.579.

3. Firmada por 193 países miembros de la ONU y cuya entrada en vigor fue el pasado 1 de enero de 2016, cfr. Ibid, p.1.

4. Naciones Unidas (2023): "Informe de los Objetivos de Desarrollo Sostenible. Edición Especial", p.34 [10-05-25]. Disponible en web: https://unstats.un.org/sdgs/report/2023/The-Sustainable-Development-Goals-Report-2023_Spanish.pdf

de transporte, sea energéticamente responsable e integre soluciones tecnológicas que mejoren la eficiencia en los desplazamientos[5].

Durante las dos últimas décadas mayoritariamente en Europa se ha optado por el modelo ciudad compacta sostenible, lo cual supone una mayor proximidad de los ciudadanos a los servicios públicos y en las que se ha apostado por medios de transporte más limpios, cuyos efectos positivos tienen reflejo en la disminución de emisiones de CO_2 y en la calidad del aire[6]. Sin embargo, el crecimiento de las ciudades es un hecho innegable. De acuerdo con las cifras del Informe Mundial sobre las ciudades 2024 aproximadamente 3.700 millones de personas viven en ciudades[7], en este sentido, el Banco Mundial prevé que la población en zonas urbanas siga creciendo de un actual 56% de la población global a un 68% para 2050[8] y, en la Unión Europea se prevé un crecimiento de hasta el 80% para ese mismo periodo[9]. A pesar de que atípicamente este crecimiento se haya reducido considerablemente durante la pandemia causada por la SARS-CoV-2, también conocida como COVID-19. El desconocimiento de esta enfermedad, así como el miedo al contagio fueron factores determinantes para que, por lo menos, una parte de la población que vivía en alguna zona urbana se trasladara a alguna más pequeña o a un entorno rural. Además, se incrementaron los desplazamientos no motorizados a pie y en bicicleta, en contraposición, se disminuyó el uso del transporte urbano[10]. Consecuentemente, se mejoró la calidad del aire sobre todo en los grandes núcleos urbanos, bajando las emisio-

---

5. Véanse los objetivos 34, 50, 54 y 116 de Naciones Unidad(2017): "Nueva Agenda Urbana"[21-06-2025]. Disponible en web: https://habitat3.org/wp-content/uploads/NUA-Spanish.pdf

6. En este sentido me remito al contenido del trabajo "Urbanismo compacto y movilidad" del Profesor TOLIVAR ALAS en el que se analiza con detalle aquellos acuerdos, pactos y estrategias que han hecho posible la realización de acciones concretas para lograr este el modelo de ciudad compacta (véase TOLIVAR ALAS, L. (2016): "Urbanismo compacto y movilidad", *Revista Jurídica de Castilla y León*, núm. 39 [20-06-2025]. Disponible en web: https://www.jcyl.es/web/jcyl/AdministracionPublica/es/Plantilla100Detalle/1131978346397/_/1284557112627/Redaccion), a efectos de este trabajo merece especial mención como antecedente el Programa 21 de las Naciones Unidas que precisamente centraba sus esfuerzos en *orientar su desarrollo en forma sostenible*", véase Naciones Unidas (1992): "Programa 21", Capítulo 7 (7.20) [20-06-2025]. Disponible en web: https://www.un.org/spanish/esa/sustdev/agenda21/agenda21sptoc.htm

7. Véase Naciones Unidas (2024): "Word Cities Report 2024", United Nations Human Settlements Programme (UN-Habitat), Nairobi, p. 75 [20-06-2025]. Disponible en web: https://unhabitat.org/sites/default/files/2024/11/wcr2024_-_full_report.pdf

8. Banco Mundial (2023): Desarrollo urbano: panorama general [20-06-2025]. Disponible en web: https://www.bancomundial.org/es/topic/urbandevelopment/overview

9. Comisión Europea (2014): " Comunicación de la Comisión al Parlamento Europeo, al Consejo, al Comité Económico y Social y al Comité de las Regiones la dimensión urbana de las políticas de la Unión Europea: Elementos clave de la Agenda Urbana para la UE" (COM/2014/0490 final) [20-06-2025]. Disponible en web: https://eur-lex.europa.eu/legal-content/ES/TXT/HTML/?uri=CELEX:52014DC0490

10. Naciones Unidas (2021): "Cities and Pandemics: Towards a More Just, Green and Healthy Future", p. 28 [20-06-25]. Disponible en web: https://unhabitat.org/sites/default/files/2021/03/cities_and_pandemics-towards_a_more_just_green_and_healthy_future_un-habitat_2021.pdf

nes de gases de efecto invernadero, tanto a escala mundial como en la Unión Europea[11].

Sin embargo, con el restablecimiento de la "normalidad", ha retornado la presencialidad en los colegios, universidades, centros de trabajo, etc., de manera que, la mayor parte de las personas que se habían desplazado a nuevos entornos hayan vuelto a su residencia habitual en entornos urbanos por estar más próximos a esos lugares que requieren presencialidad, recuperando la tendencia de crecimiento de las zonas urbanas e incidiendo en las diversas formas de desplazamientos.

Dado que más de dos tercios de la población en Europa se alberga en zonas urbanas, desde la Unión Europea también ha habido una preocupación constante por la planificación de los entornos urbanos aunque no haya un título competencial explícito en la materia. En 2014 la Comisión Europea como respuesta a los diversos problemas sociales, económicos, medioambientales y climáticos que enfrentan las ciudades se pronuncia al respecto a través de la Comunicación "La dimensión urbana de las políticas de la UE: elementos clave de una Agenda Urbana para la UE"[12]. De manera que, finalmente la Agenda Urbana para la UE ve la luz en 2016 (Pacto de Ámsterdam) y en la que la movilidad urbana se presenta como uno de los temas prioritarios[13]. En 2020 en la reunión ministerial informal sobre desarrollo urbano 30, se aprueba la "Nueva Carta de Leipzig, el poder transformador de las ciudades por el bien común", en la que se reafirma y reconoce el papel de las administraciones locales en la provisión de servicios públicos, en el ejercicio de los ciudadanos de sus derechos, así como de participar en asuntos que les afectan[14].

El Gobierno de España aprobó en junio de 2021 la Estrategia de Desarrollo Sostenible 2030 que supone la hoja de ruta para esta década en el despliegue de la Agenda 2030 en nuestro país y que se presentó en julio de 2021 ante Naciones Unidas, dentro del Examen Nacional Voluntario del Foro Político de Alto Nivel de la ONU[15]. La Estrategia de Desarrollo Sostenible 2030, plantea dentro de su Política Aceleradora número 2 "Un País que respete los límites del Planeta" la necesidad de fomentar la movilidad sostenible y se incluyen como priori-

---

11. Lo anterior, de acuerdo con los datos de documento COVID-19 y el medio ambiente en Europa: efectos de una pandemia mundial, cfr. Agencia Europea de Medio Ambiente (2020): COVID-19 and Europe's environment: impacts of a global pandemic, Publications Office, pp. 3-10 [20-06-2025]. Disponible en web:https://data.europa.eu/doi/10.2800/626706.

12. Véase Comisión Europea (2014).

13. Consejo de la Unión Europea (2016): "Agenda Urbana de la UE", p.iv [20-06-2025]. Disponible en web: https://ec.europa.eu/regional_policy/sources/policy/themes/urban-development/agenda/pact-of-amsterdam.pdf

14. Consejo de la Unión Europea (2020): "Nueva Carta de Leipzig", p. 8 [20-06-2025]. Disponible en web: https://www.mivau.gob.es/recursos_mfom/paginabasica/recursos/nueva_carta_de_leipzig_es_070621.pdf

15. Véase Ministerio de Derechos Sociales y Agenda 2030 (2020): "Estrategia de Desarrollo Sostenible 2030. Un proyecto de país para hacer realidad la Agenda 2030" [20-06-2025]. Disponible en web: https://www.dsca.gob.es/sites/default/files/derechos-sociales/eds-cast-acce.pdf

dades de actuación tanto, la Estrategia de Movilidad Segura, Sostenible y Conectada, como la aprobación de la Ley de Movilidad Sostenible.

Ahora bien, en diciembre de ese mismo año se aprobó la Estrategia de Movilidad Segura, Sostenible, Conectada 2030, la cual pivota también con el ODS 11, este último el más relevante en cuanto a este trabajo, pues se centra en las "Ciudades y comunidades sostenibles". Esta estrategia está basada en tres principios básicos insertos en su propio nombre, la cual considera como factores de transformación en las políticas de movilidad a las nuevas tecnologías, los retos medioambientales, y la concentración de la población en grandes núcleos urbanos[16], poniendo al ciudadano en un plano prioritario. También esta estrategia contempla la aprobación de una Ley sobre movilidad sostenible la cual todavía se encuentra en trámite[17].

Teniendo en cuenta esta serie de compromisos a nivel europeo e internacional, así como el conjunto de acciones para logar los mismos, se analiza el papel que tienen las Entidades Locales en la participación de instrumentos de planificación, así como el ejercicio de sus competencias en materia de movilidad. Por lo que se analizarán los Planes de Movilidad Sostenible y la implementación de Zonas de Bajas Emisiones. Dado que la sostenibilidad se presenta como un cambio de paradigma serán objeto de estudio dos nuevas formas de movilidad: el

---

16. Ministerio de Transportes, Movilidad y Agenda Urbana (2021). Estrategia de Movilidad segura, sostenible y conectada con el horizonte 2030, p. 4 [20-06-2025]. Disponible en web: https://cdn. mitma.gob.es/portal-web-drupal/esmovilidad/ejes/211223_es.movilidad_accesibilidad_ALTA_vf.pdf

17. El proyecto de Ley de Movilidad Sostenible fue publicado en el Boletín Oficial de las Cortes Generales el 24 de febrero de 2024. De acuerdo con el preámbulo se señala que esta se alinea a los ODS de la Agenda 2030 sobre el Desarrollo Sostenible, además, con este se pretende cumplir con el Componente 1 "Plan de choque de la movilidad sostenible, segura y conectada en entornos urbanos y metropolitanos", particularmente con la medida R2 "Ley de Movilidad Sostenible y "Financiación del Transporte" del Plan de Recuperación, Transformación y Resiliencia (PRTR) aprobado por la Comisión Europea el 16 de junio de 2021. El Proyecto de Ley se plantea en ejercicio de diversas competencias exclusivas del Estado: 1.ª La regulación de las condiciones básicas que garanticen la igualdad de todos los españoles en el ejercicio de los derechos y en el cumplimiento de los deberes constitucionales; 13.ª Bases y coordinación de la planificación general de la actividad económica; 18.ª en relación con las bases del régimen jurídico de las Administraciones públicas y el procedimiento administrativo común; 23.ª Legislación básica sobre protección del medio ambiente; 25.ª Bases de régimen minero y energético y, algunos preceptos al amparo de las previstas en 7.ª Legislación laboral; 15.ª Fomento y coordinación general de la investigación científica y técnica; 20.ª puertos y aeropuertos de interés general; y 21.ª Ferrocarriles y transportes terrestres que transcurran por el territorio de más de una Comunidad Autónoma. Este Proyecto de Ley pretende establecer las condiciones necesarias para disponer de un sistema de movilidad sostenible, contribuir a un desarrollo resiliente y alcanzar los objetivos de reducción de gases de efecto invernadero, así como mejorar la calidad del aire (art. 1). Por lo que plantea algunas cuestiones interesantes que se relacionan con el objeto de este trabajo a las que se harán referencia más adelante como: el Derecho a la movilidad sostenible (art. 4) y los Planes de movilidad sostenible de entidades locales (art. 25), véase Boletín Oficial de las Cortes Generales (2024): "121/000009 Proyecto de Ley de Movilidad Sostenible" [20-06-2025]. Disponible en web: https://cdn.mitma.gob.es/portal-web-drupal/esmovilidad/ejes/211223_es.movilidad_accesibilidad_ALTA_vf.pdf

carsharing y los Vehículos de Movilidad Personal, todo ello desde un enfoque jurídico.

1. ¿QUÉ ES LA MOVILIDAD URBANA SOSTENIBLE? CÓMO SE INCARDINA EN EL ORDENAMIENTO JURÍDICO

1.1. Delimitación conceptual

Como se ha señalado anteriormente el objeto de este trabajo solo analiza lo referente a la movilidad urbana sostenible de las personas, en este sentido, cuando se habla de "movilidad" es inevitable relacionarla con los desplazamientos que realizan con "*con independencia de su motivación y del medio empleado para ello con el fin de acceder a los bienes y servicios*"[18]. Sin embargo, su conceptualización se torna aún más compleja si cabe cuando se la adjetiva de "urbana" y "sostenible". Partiendo del hecho de que no se trata de un término propiamente jurídico "la movilidad urbana sostenible" carece de una delimitación homogénea y unánime[19]. Sin embargo, la doctrina jurídica coincide en una serie de elementos que entrelazados permiten no solo definirla sino conocer su contenido y alcance. En este sentido, la profesora MOREU CARBONELL cuando hace referencia a la delimitación de "movilidad sostenible" nos señala que "*su valor viene dado por unas notas propias*" que perfilan su concepto, tales como la visión holística de las políticas públicas, su avance hacia la cohesión social y territorial, a lo que añade notas relacionadas con el medio ambiente, la accesibilidad, la economía sostenible, la participación ciudadana y la equidad social[20]. Adjetivar de sostenible a la movilidad supone satisfacer esa necesidad no solo

---

18. FORTES MARTÍN, A. (2021): *Los desplazamientos sostenibles en el Derecho a la ciudad*. Iustel, p. 37.
19. En este sentido, la profesora MOREU CARBONELL refiriéndose a la movilidad sostenible señala que este concepto "*se ha ido perfilando 'como concepto de aluvión' que carece de homogenidad*", véase MOREU CARBONELL, E. (2014): "Reflexiones sobre el papel del Derecho para la movilidad sostenible", en BOIX PALOP, A. y MARZAL RAGA, R. (Coord.), *Ciudad y movilidad, la regulación de la movilidad urbana sostenible*. Universidad de Valencia, p. 80. Por su parte el profesor TERRÉS VIVÉS considera que estamos delante de un concepto polisémico, véase TERRÉS VIVES, M. (2021): "Hacia una movilidad urbana sostenible, inteligente e inclusiva", en ESTEVE PARDO, J. (Coord.), *La Agenda 2030 implicaciones y retos para las administraciones locales*. Fundación Democracia y Gobierno Local, claves 32, p. 133 [21-06-2025]. Disponible en web: http://repositorio.gobiernolocal.es/xmlui/handle/10873/2085. En la Estrategia de Movilidad Sostenible, Segura, Conectada 2030, se señala que un sentido amplio "*engloba no sólo aquello inherente al transporte desde una perspectiva tradicional —el desplazamiento de personas o bienes, entre un origen y un destino, consumiendo recursos cuantificables— sino que además incluye todos aquellos condicionantes, necesidades, motivaciones y percepciones de los individuos, situando al ciudadano y al usuario del transporte en el centro de todo el sistema*", véase Ministerio de Transportes, Movilidad y Agenda Urbana (2021: 8).
20. Véase MOREU CARBONELL, E. (2014: 80-81).

con un coste razonable sino minimizar *"los efectos negativos sobre el entorno"* y mejorar *"la calidad de vida de las personas"*[21].

En principio no presenta mayor complejidad entrelazar el término de movilidad con lo urbano. En este sentido se hace referencia a las formas de desplazamiento en la ciudad, entendida *"como ámbito territorial urbano con continuidad territorial, intereses generales comunes y estructura socioeconómica, diversificada pero complementaria y asumida como propia por sus habitantes"*[22], en el que las Entidades Locales y concretamente los Municipios cobran especial importancia[23].

En coincidencia con el profesor FORTES MARTÍN el derecho a la movilidad sostenible se entiende como un derecho desarrollado en las ciudades y que posibilita a los ciudadanos a desplazarse *"en condiciones adecuadas de libertad, calidad, salud pública, de seguridad en su sentido más amplio (seguridad vial, seguridad ciudadana...), comodidad, funcionalidad y accesibilidad y al menor coste social y medio ambiental posible"*[24]. El cual poco a poco ha permeado en ordenanzas municipales y en Leyes autonómicas, a la espera de la aprobación del Proyecto de Ley de Movilidad Sostenible[25].

---

21. Art. 181 de la Ley 4/2014, de 20 de junio, de transportes terrestres y movilidad sostenible de las Illes Balears. En este mismo sentido el profesor TERRÉS VIVES señala que al adjetivar de sostenible a la movilidad "viene a imponer condicionantes de diferente índole y que principalmente son de carácter económico, medioambiental y social", véase TERRÉS VIVES, M. (2021:142).

22. TOLIVAR ALAS, L. (2020): "Gobierno de y desde la ciudad", en BARRERO RODRÍGUEZ, C. y SOCÍAS CAMACHO, J. M. (Coord.), *La Ciudad del siglo XXI: Transformaciones y retos"*. INAP, p.70

23. En el contexto del derecho a la ciudad la profesora GIFREU FONT señala que tiene como rasgo determinante la universalidad, de ahí que los sujetos activos sean los ciudadanos, en tanto que *"la titularidad del derecho a la ciudad recae tanto en el ciudadano individualmente considerado (persona natural) como, por tratarse de un derecho de la colectividad en la ciudadanía, entendida como la comunidad de individuos que habitan con carácter permanente o transitorio en la ciudad"*, por lo que los sujetos pasivos son entonces las ciudades, y *"más concretamente las autoridades locales"*, véase GIFREU FONT, J. (2020): "Derecho a la ciudad ¿un sumatorio de derechos citadinos o un derecho independiente?", en BARRERO RODRÍGUEZ, C. y SOCÍAS CAMACHO, J. M. (Coord.), *La Ciudad del siglo XXI: Transformaciones y retos"*. INAP, pp. 50-51.

24. FORTES MARTÍN, A. (2021: 255). Por su parte el profesor TERRÉS VIVES considera que la movilidad *"se configura, pues, como un nuevo derecho para el ciudadano que no es un mero trasunto de la libertad de circulación, sino que supone el derecho a disponer y ser informado de los medios que le son ofrecidos y de sus modalidades de uso siempre de manera condicha con el derecho a la salud y al medio ambiente"*, véase TERRÉS VIVES, M. (2021:142).

25. El art. 4 del Proyecto de Ley prevé el reconocimiento a la movilidad sostenible en los siguientes términos: *"Se reconoce el derecho de todos los ciudadanos y las ciudadanas a disfrutar de un sistema de movilidad sostenible y justo (...), que permita el ejercicio de sus derechos y libertades constitucionales, favorezca la realización de actividades personales, empresariales y comerciales y atienda las necesidades de las personas menos favorecidas y de las zonas afectadas por proceso de despoblación, y en particular, preste especial atención a los supuestos de movilidad cotidiana"*.

1.2. Encaje en el reparto competencial

Ahora bien, encajar el derecho a la movilidad urbana sostenible dentro del ordenamiento jurídico español es una labor que resulta harto compleja, sobre todo por el hecho de que se trata de una materia que puede confluir con otras que están bien delimitadas para cada centro de poder. En este sentido la Constitución Española no prevé un título competencial sobre movilidad en los artículos 148 y 149, por lo que, *"obliga a una labor de reconstrucción sobre la base de otros títulos competenciales"*[26]. Además, la movilidad urbana sostenible mantiene estrecha relación sectores concretos como el energético, transporte, medio ambiente, tráfico y ordenación del territorio, a través de los cuales se atajaban las eventuales incidencias en torno al desplazamiento de las personas.

Antes de hacer referencia a las competencias del Estado y de las Comunidades Autónomas es importante señalar que la movilidad sostenible mantiene relación con determinados derechos constitucionales: con los derechos fundamentales a la vida y la integridad física (art. 15 CE), con el derecho a circular por el territorio nacional (art. 19 CE), y eventualmente también podría tener relación con los derechos a la intimidad (art. 18.1 CE) y protección de datos (art.18.4 CE). Así como con los derechos a la protección de la salud (art. 43.1 CE) y a disfrutar de un medio ambiente adecuado para el desarrollo de la persona, así como el deber de conservarlo (art. 45.1 CE).

En cuanto a las competencias estatales, la movilidad se relaciona con las competencias en materia de: ferrocarriles y transportes terrestres, tráfico y circulación de vehículos de motor (art. 149.1.21ª CE), con la protección del medio ambiente por lo que se refiere a la legislación básica (art. 149.1.23ª CE) y, con la competencia en obras públicas de interés general (art. 149.1.23ª CE). De manera que, en el desarrollo de estas competencias se han aprobado normas jurídicas que regulan hasta el momento determinados aspectos relacionados con la movilidad sostenible. A nivel estatal, la Ley 2/2011, de 4 de marzo, de Economía Sostenible (en adelante, LES)[27]; Ley 7/2021, de 20 de mayo, de cambio climático y transición energética (en adelante LCCTE)[28]; el Real Decreto Legislativo 6/2015,

---

26. FORTES MARTÍN, A. (2021:60).

27. El legislador estatal haciendo uso de la competencia establecida en el art. 149.1.23 (la aprobación de legislación básica sobre protección del medio ambiente) regula en la sección 3ª del Capítulo III del Título III de la Ley 2/2011, de 4 de marzo, de Economía Sostenible algunas cuestiones relativas a la movilidad sostenible: como el establecimiento de principios que han de seguir las AA.PP. en la promoción de políticas públicas de movilidad sostenible (art. 99), el planteamiento de objetivos comunes en la materia (art. 100), determinadas condiciones a las ayudas o subvenciones (art. 102) y quizás lo más importante establece una definición para los planes de movilidad sostenibles (art. 101).

28. La cual se dicta al amparo de los siguientes títulos competenciales: materia de bases y coordinación de la planificación general de la actividad económica (13ª); en relación con los transportes terrestres, tráfico y circulación de vehículos a motor (21ª); legislación básica sobre protección del medio ambiente, sin perjuicio de las facultades de las Comunidades Autónomas de establecer normas adicionales de protección (23ª); en relación con las obras públicas de interés general (24ª)bases del régimen minero y energético (25ª), previstos en el apartado 1 del art. 149 de la CE.

de 30 de octubre, por el que se aprueba el texto refundido de la Ley sobre Tráfico, Circulación de Vehículos a Motor y Seguridad Vial (en adelante TRLTCSV)[29]; Real Decreto 1052/2022, de 27 de diciembre, por el que se regulan las zonas de bajas emisiones[30], Real Decreto 102/2011, de 28 de enero, relativo a la mejora de la calidad del aire; el actual proyecto de Ley de Movilidad Sostenible[31], son normas que afectan a esta materia.

Por lo que se refiere a los ordenamientos de las Comunidades Autónomas, existen leyes que, haciendo uso de las competencias asumidas en sus respectivos Estatutos de Autonomía relacionadas con la ordenación del territorio y urbanismo (art. 148.1.3ª CE), obras públicas de interés en la Comunidad Autónoma (art. 148.1.4ª CE), en materia de transporte desarrollado íntegramente en su territorio (art.148.1.5ª CE), así como, en la de gestión en materia de protección al medio ambiente (art. 148.1.9ª CE), han incorporado algunas previsiones sobre movilidad en la legislación sectorial[32]. Sin embargo, existen algunas leyes autonómicas que expresamente regulan la movilidad en sus respectivos territorios, tales como: la Ley 9/2003, de 13 de junio, de la movilidad de Cataluña; la Ley 6/2011, de 1 de abril, de Movilidad de la Comunitat Valenciana; la Ley 4/2014, de 20 de junio, de transportes terrestres y movilidad sostenible de las Illes Balears; la Ley

---

29. Prevé que es competencia de la Administración General de Estado "*La aprobación de normas básicas y mínimas para la programación de la educación vial para la movilidad segura y sostenible, en las distintas modalidades de enseñanza, incluyendo la modalidad de conductor ciclista y vehículos de movilidad personal*" (art. 4.c), sin perjuicio de reconocerles también a los municipios competencias en la materia (art. 7.b).

30. En el apartado B del Anexo I de este Real Decreto se añaden los indicadores de movilidad como elemento necesario de los proyectos de zonas de bajas emisiones y en el Anexo II dentro de los indicadores de monitorización y seguimiento.

31. De acuerdo con el apartado XVI de su exposición de motivos se ampara en los títulos competenciales 21ª y 23ª del apartado 1 del art. 149 de la CE, así como otras como en la 1ª, 7ª, 13ª, 15ª, 18ª, 20ª y 25ª del apartado 1 del art. 149 de la CE. Al hilo de esto, la profesora MOREU CARBONELL ha señalado que, "*Sería mejor ejemplo de buena regulación la aplicación de los criterios de sostenibilidad en cada uno de los grupos normativos afectados, bien sea la energía, o los transportes, o el urbanismo o la lucha contra el cambio climático. En otras palabras: es preferible que la movilidad sostenible (el desarrollo sostenible en su versión relativa al tráfico) impregne la ordenación jurídico administrativa sectorial y particularmente la regulación de los diferentes ámbitos afectados (urbanismo, transporte Obras Públicas), mejor que concentrar todos sus principios en una sola norma, que inevitablemente será fragmentaria, parcial, incompleta, y exigirá complejos mecanismos de coordinación que, desgraciadamente, no son habituales*", véase MOREU CARBONELL, E. (2014: 85).

32. Las Comunidades Autónomas de Cataluña, Andalucía y Canarias han incluido previsiones relacionadas en con la movilidad sus Estatutos de Autonomía sin llegar a considerarlas como competencias propias. Los Estatutos de Autonomía de Cataluña y Canarias respectivamente prevén a la movilidad como principios rectores. Conforme a los arts. 39 y 48.1 de Ley Orgánica 6/2006, de 19 de julio, de reforma del Estatuto de Autonomía de Cataluña, los poderes públicos deben promover políticas de transporte y comunicación basadas en la sostenibilidad que mejoren la movilidad, además, se reconoce como una competencia propia de los gobiernos locales (art. 84.1.h). En casi iguales términos el art. 37.13 de la Ley Orgánica 1/2018, de 5 de noviembre, de reforma del Estatuto de Autonomía de Canarias. Por su parte el art. 92.2. f) de la Ley Orgánica 2/2007, de 19 de marzo, de reforma del Estatuto de Autonomía para Andalucía reconoce como competencia propia de los Ayuntamientos la ordenación de la movilidad.

12/2018, de 23 de noviembre, de Transportes y Movilidad Sostenible del Principado de Asturias y; la Ley 11/2023, de 9 de noviembre, de movilidad sostenible de Euskadi[33].

1.3. El papel de las Entidades Locales en la movilidad urbana sostenible

Como se ha señalado con anterioridad, las Entidades Locales juegan un papel crucial en el periplo hacia la sostenibilidad. Con motivo de la consecución del ODS 11, así como de lo estipulado en la Agenda Urbana Sostenible, el Consejo de Ministros ha adoptado la "Agenda Urbana Española" en 2019, un documento estratégico sin carácter normativo. En la que se detectan aquellas temáticas que pueden comprometer la sostenibilidad en entornos urbanos, entre los que se identifica a la movilidad, de forma que, se plantea como objetivo estratégico 5 "Favorecer la proximidad y la movilidad sostenible", con dos objetivos específicos: favorecer la ciudad de proximidad y potenciar modos de transporte sostenibles[34]. En el que se prevé la posibilidad de los Ayuntamientos de adherirse de manera voluntaria a través de un acuerdo plenario y la realización de planes de acción para la implementación, evaluación y seguimiento de la Agenda[35]. De acuerdo con los datos de la página web de la Agenda Urbana en la actualidad existen un total de 162 proyectos piloto sobre la elaboración de planes de acción, tanto municipales como de agrupaciones y diputaciones que resulten de utilidad para las Entidades Locales con características similares[36].

Con respecto a la regulación legal de la movilidad, de acuerdo con el art. 25.2.g) de la Ley 7/1985, de 2 de abril, Reguladora de las Bases del Régimen Local (en adelante LBRL) se considera una competencia propia de los Municipios *"en los términos de la legislación del Estado y de las Comunidades Autónomas"*, gracias a la modificación realizada por el art. 1.8 de la Ley 27/2013, de 27 de diciembre, de racionalización y sostenibilidad de la Administración Local. El sistema de competencias articulado por el art. 25 de la LBRL, ciertamente *"complejo,*

---

33. Así pues, las leyes de Cataluña, Valencia y País Vasco bajo el amparo de sus competencias asumidas en transporte. Por lo que se refiere a la de Baleares en ejercicio de sus competencias en ordenación del territorio y transporte y, finalmente la ley asturiana también hace uso de estos títulos competenciales al que se le suma la de gestión en materia de protección del medio ambiente asumidas por esa Comunidad Autónoma (art. 148.1. 9ª CE).

34. Véase "Agenda Urbana Española", p. 123 y ss. [20-06-2025]. Disponible en web: https://publicaciones.transportes.gob.es/agenda-urbana-espanola-2019

35. Por lo que se ponen a disposición documentación tipo para su elaboración, véase https://www.aue.gob.es/implementacion#Como_hacer_mi_Plan_de_Accion

36. Véase Agenda Urbana Española (s.f): "Proyectos piloto de Planes de Actuación Local de la AUE", [20-06-2025]. Disponible en web: https://www.aue.gob.es/otras-agendas-y-planes-de-accion#Entidades_locales

flexible y abierto"[37]y, concretamente lo relativo a su apartado 2, hace necesario recordar que, "*frente a lo que pudiera creerse en una primera lectura, no enumera propiamente una lista de competencias sino que identifica de dentro de las cuales el municipio debe tener 'en todo caso' competencias 'propias'. Competencias que, siempre les atribuirá una Ley sectorial*"[38], por tanto, este apartado funciona como "*una garantía legal (básica) de autonomía municipal (arts. 137 y 140 CE) a través de la cual el legislador básico identifica materias de interés local para que dentro de ellas las leyes atribuyan en todo caso competencias propias en función de ese interés local*"[39]. Al tratarse de una cuestión transversal no se habla de la posible afectación solo en regulación de un sector concreto como el transporte, también pivota en normativa que regulan cuestiones ambientales, energéticas, económicas y de circulación, conforme al reparto competencial.

En cuanto a la potestad reglamentaria de los municipios muchas ordenanzas sobre circulación y tráfico incorporan algunos aspectos relacionados con la movilidad y aquellas dedicadas solo a cuestiones relativas a la movilidad se basan en el contenido del art. 7.b) del TRLTCSV, el cual reconoce a los municipios la competencia de regular a través de ordenanzas lo relativo a la circulación y usos de las vías urbanas de su titularidad[40]. Lo anterior, sin perjuicio de que algunas cuestiones relativas a la movilidad se incorporen en ordenanzas relacionadas con el medio ambiente y la calidad del aire[41].

2. LOS PLANES DE MOVILIDAD URBANA SOSTENIBLE COMO INSTRUMENTO DE PLANEACIÓN ESTRATÉGICO

La LES define a los Planes de Movilidad Sostenible como el "*conjunto de actuaciones que tienen como objetivo la implantación de formas de desplaza-*

---

37. MARTÍN REBOLLO, L. (2023): *Manual de Derecho Administrativo y guía para el estudio de las Leyes Administrativas*. Aranzadi, p. 560. Al hilo de esto el F.J. 10 de la STC 41/2016, de 3 de marzo (ECLI:ES:TC:2016:41), establece en relación con las materias propias de los Municipios, que: "*La atribución en sentido estricto sigue correspondiendo a la legislación sectorial estatal y a las Comunidades Autónomas, cada cual en el marco de sus competencias*".

38. MARTÍN REBOLLO, L. (2023:562).

39. F.J. 10 de la STC 41/2016, de 3 de marzo (ECLI:ES:TC:2016:41).

40. Por ejemplo, la Ordenanza de movilidad sostenible del concejo de Gijón/Xixón (art. 3.1.a); la Ordenanza de Movilidad Sostenible de Madrid (numeral III del preámbulo y de manera implícita art. 3.1.a); la Ordenanza de Movilidad Urbana de Zaragoza (numeral III del preámbulo y art. 3.1); la Ordenanza de Movilidad de la Ciudad de Málaga (numeral II del preámbulo y art. 4.c); la Ordenanza de Movilidad Sostenible del Ayuntamiento de Valencia (de manera implícita en su art. 1) la Ordenanza de Circulación de la Ciudad de Sevilla (de forma implícita conforme a su art. 1); la Ordenanza de Movilidad Sostenible del Municipio de Burgos (exposición de motivos y art. 1); la Ordenanza reguladora de la movilidad amable y de la utilización de los espacios públicos en el Concello de Pontevedra (apartado VI de la exposición de motivos); la Ordenanza Xeral de Circulación e uso da vía pública del Concello de Santiago (art.1); la ordenanza de movilidad del Ayuntamiento de Murcia (de manera implícita en su art. 1); entre otras.

41. En este sentido las ordenanzas que regulan las Zonas de Bajas Emisiones.

miento más sostenibles en el ámbito geográfico que corresponda, priorizando la reducción del transporte individual en beneficio de los sistemas colectivos y de otros modos no motorizados de transportes y desarrollando aquéllos que hagan compatibles crecimiento económico, cohesión social, seguridad vial y defensa del medio ambiente, garantizando, de esta forma, una mejor calidad de vida para los ciudadanos. Estos planes deberán dar cabida a soluciones e iniciativas novedosas, que reduzcan eficazmente el impacto medioambiental de la movilidad, al menor coste posible[42]. Estos pueden tener cabida en el ámbito autonómico, supramunicipal o municipal, como mínimo deben realizar un diagnóstico de la situación, los objetivos a lograr, las medidas que se pretenden adoptar, hacer referencia a las fuentes de financiación, así como los procedimientos para su seguimiento, evaluación y revisión (art. 101.4 LES). Además, la LES reconoce la condición de plan de movilidad sostenible a aquellos aprobados por municipios y agrupaciones de municipios de más de 100.000 habitantes en el marco de *"de los planes y programas para el cumplimiento y mejora de los objetivos de calidad del aire"* conforme al art. 16.4 de la Ley 34/2007, de 15 de noviembre, de calidad del aire y protección de la atmósfera.

En relación con lo anterior, el art. 14.3 de la LCCTE establece su obligatoriedad en los municipios de más de 50.000 habitantes y en los de más de 20.000 cuando estos superen los valores límite de los contaminantes del Real Decreto 102/2011, de 28 de enero, relativo a la mejora de la calidad del aire[43]. Huelga decir también que, de acuerdo las referidas leyes autonómicas sobre movilidad y transporte corresponde a los Municipios la aprobación de los Planes de Movi-

---

42. Art. 101 de la LES.

43. Lo anterior, encuentra relación con lo establecido en el art. 25 del Proyecto de Ley de Movilidad Sostenible en el que se propone, sin perjuicio de lo establecido en la LCCTE la obligación de contar con un plan de movilidad sostenible simplificado en los municipios de más de 20.000 y menos de 50.000 habitantes. En este sentido el proyecto nos proporciona una definición de "Plan de movilidad sostenible simplificado de entidades locales: *"instrumento de planificación de la movilidad concebido para los municipios de menos de 50.000 habitantes que, sin incluir necesariamente el contenido completo de un plan de movilidad sostenible, permita de manera ágil y sencilla realizar un diagnóstico y adoptar las medidas específicas para fomentar una movilidad con menor impacto ambiental que mejor se adapten a la situación específica del municipio correspondiente"* (art. 2.1.o). Los cuales podrán estar basados en directrices metodológicas, las que a su vez se erigen como Documentos complementarios del Documento de Orientaciones para la Movilidad Sostenible (DOMOS) y, en las que se establezcan los objetivos, contenido y estructura, así como los instrumentos para su cumplimiento, seguimiento y revisión. De manera tímida se señala que, se podrá acordar el contenido de estas directrices por el Foro Administrativo de Movilidad Sostenible, el cual se crea por el Proyecto de Ley con base en lo previsto en el art. 145 de la LPAC cuya finalidad es la cooperación eficaz y coherente de la Administración General del Estado, Las Administraciones Autonómicas y las Entidades Locales en materia de movilidad. En el que solamente tendrán derecho a una vocalía los municipios de más de 1 millón de habitantes y "otras entidades" designadas por la asociación de entidades locales, véase art. 9 y 19 del Proyecto de Ley. Lo anterior, suscita dudas relacionadas con la eficacia e idoneidad de estas directrices ya que no se garantiza que los ayuntamientos obligados tengan participación en su elaboración, aunque como alternativa tampoco se prevé la elaboración de directrices metodológicas realizadas por los Ayuntamientos basados en determinados parámetros que podrían estar recogidos en una norma reglamentaria.

lidad Urbana, los cuales se erigen como principales instrumentos de planeación en la materia a nivel local[44].

Un Plan de Movilidad Urbana Sostenible a escala municipal, supone el ejercicio *"de una de las potestades que el ordenamiento jurídico ha atribuido a los poderes públicos para que ordenen su actuación dentro de su respectivo ámbito de competencia"*[45], y que, en este caso, debe ajustarse al contenido mínimo impuesto por el art 14.3 de la LCCTE. Lo que implica, para las Entidades Locales, entre otras cuestiones, replantear del diseño de los desplazamientos de los ciudadanos en sus territorios para entenderlo como *"una performance en el territorio, y al transporte como el medio o vector que realiza el desplazamiento"*[46] respetando, a su vez, los principios de la movilidad sostenible previstos en el art. 99 de la LES[47]. Por tanto, los PMUS deben incorporar las formas de trans-

---

44. En este sentido, en Asturias el art. 17.1 Ley 12/2018, de 23 de noviembre, de Transportes y Movilidad Sostenible señala que los Concejos con poblaciones de más de 30.000 habitantes deberán aprobar un Plan de Movilidad Urbana Sostenible; en Cantabria el art. 14.4 de la Ley 1/2014, de 17 de noviembre, de Transporte de Viajeros por Carretera señala que serán los municipios los encargados de aprobar los Planes de Movilidad Sostenible cuando no superen su ámbito municipal; el art. 16.3 de la Ley 11/2023, de 9 de noviembre, de movilidad sostenible de Euskadi señala que los municipios de más de 5.000 habitantes deberán aprobar su plan de movilidad; el art. 57 de la Ley 9/2018, de 20 de diciembre, de transporte público de viajeros por carretera de Castilla y León regula los Planes de Movilidad Sostenible del Transporte Urbano, además, señala el art. 50.1 que, *"Los Ayuntamientos deberán garantizar la coordinación entre el planteamiento urbanístico y la planificación del transporte"*; el art. 8.2 de la Ley 8/2006, de 18 de octubre, de transporte interurbano por carretera de La Rioja, señala que corresponde a los municipios la elaboración de los planes de movilidad en su territorio; el art. 9 de la Ley 9/2003, de 13 de junio, de la movilidad regula lo relativo a los Planes de Movilidad Urbana; el art. 20.4 de la Ley 14/2005, de 29 de diciembre, de ordenación del transporte de personas por carretera en Castilla-La Mancha, señala que corresponde a los Municipios la tramitación de los planes de movilidad; el art. 10 de la Ley 6/2011, de 1 de abril, de Movilidad de la Comunitat Valenciana, regula los planes municipales de movilidad; el art. 5.b) de la Ley 10/2015, de 24 de marzo, por la que se establece el sistema competencial en el transporte urbano e interurbano de la Región de Murcia, señala que los municipios son Administraciones públicas competentes en materia de movilidad y transportes urbanos y de acuerdo con el art. 7.a) podrán estudiar y planificar la movilidad de los ciudadanos para integrarla en su planificación urbanística; el art. 189.2 de la Ley 4/2014, de 20 de junio, de transportes terrestres y movilidad sostenible de las Illes Balears, señala que el municipio es el ámbito de aplicación de los planes de movilidad urbana sostenible y su art. 190 regula su contenido.

45. ARNÁEZ ARCE, V.M. (2011): "La planificación como instrumento al servicio de los principios de actuación de las Administraciones Públicas", *Jado: Boletín de la Academia Vasca de Derecho*, núm. 22, p. 53. Así pues, los PMUS atienden a una necesidad programática y de seguimiento de las Entidades Locales que los elaboran y aprueban, respetando los contenidos mínimos impuestos por la propia LCCTE con el objetivo de reducir las emisiones derivadas de la movilidad. Lo anterior, contrariamente a lo que señala la STJ de Extremadura 118/2025, de 21 de marzo (sala de lo contencioso-administrativo) - ECLI:ES:TSJEXT:2025:205- que los califica como una norma reglamentaria, cuando los PMUS carecen contenido normativo obligatorio en sus relaciones con los particulares.

46. GUTIÉRREZ, A. (2012): ¿Qué es la movilidad? Elementos para reconstruir las definiciones básicas del campo del transporte, *Revista Bitácora Urbano Territorial*, vil. 21, núm. 2, p. 65.

47. El art. 99 de la LES establece cuatro principios en la materia: *"a) El derecho de los ciudadanos al acceso a los bienes y servicios en unas condiciones de movilidad adecuadas, accesibles y seguras, y con el mínimo impacto ambiental y social posible. b) La participación de la sociedad en la toma de decisiones que afecten a la movilidad de las personas y de las mercancías. c) El cumplimiento de*

porte urbano, dado que se sitúan como *"pieza central en el funcionamiento cotidiano de las ciudades"*[48] en consonancia con las nuevas tendencias de movilidad.

En cuanto al contenido obligatorio de los PMUS relacionado con el transporte público[49] se deben incluir medidas encaminadas a la mejora y uso de la red de transporte público, así como lo relativo a su electrificación y al uso de combustibles sin emisiones de gases de efecto invernadero. Lo anterior, supone en la mayoría de los casos la renovación de flotas basadas en tecnologías limpias y renovables, que mejoran la calidad del aire en las ciudades y, por consiguiente mitiga los efectos adversos del cambio climático. En cuanto a las medidas relacionadas con la movilidad se deben incentivar la realización de tramos a pie y el uso de bicicleta como formas de movilidad activas e incluir otras formas de desplazamientos a través de vehículos eléctricos compartidos y vehículos de movilidad personal, así como el establecimiento de zonas de bajas emisiones (en adelante ZBE)[50].

3. LAS ZONAS DE BAJAS EMISIONES

Quizás una de las medidas que presenta más importancia dentro de los PMUS son las ZBE, cuyos objetivos principales son claros: la mejora de la calidad del aire y hacer frente al cambio climático[51].

El art. 14.3 de la LCCTE define a las ZBE como *"el ámbito delimitado por una Administración pública, en ejercicio de sus competencias, dentro de su te-*

---

los tratados internacionales vigentes en España relativos a la preservación del clima y la calidad ambiental, en lo que concierne a la movilidad y la adecuación a las políticas comunitarias en esta materia. d) El establecimiento de nuevos servicios de transporte deberá supeditarse a la existencia de un volumen de demanda acorde con los costes de inversión y mantenimiento, teniendo en cuenta, en todo caso, la existencia de modos alternativos de la debida calidad, precio, seguridad, así como los resultados de su evaluación ambiental".

48. CANO CAMPOS, T. (2009): "El transporte público urbano y su regulación jurídica". En Carbonell Porras, E. y Cano Campos, T. (Dir.), *Derecho Público del Transporte en la Ciudad: renovación y nuevas perspectivas de la movilidad urbana.* Servicio de Publicaciones de la Facultad de Derecho de la Universidad Complutense de Madrid, p. 396.

49. En consonancia con lo establecido en la normativa europea en materia energética (Directiva 2018/2001 del Parlamento Europeo y del Consejo, de 11 de diciembre de 2018, relativa al fomento del uso de energía procedente de fuentes renovables y, Directiva 2019/1161 del Parlamento Europeo y del Consejo, de 20 de junio de 2019, por la que se modifica la Directiva 2009/33/CE relativa a la promoción de vehículos de transporte por carretera limpios y energéticamente eficientes; así como en lo establecido por el Reglamento (UE) 2023/1804 del Parlamento Europeo y del Consejo de 13 de septiembre de 2023 relativo a la implantación de una infraestructura para los combustibles alternativos y por el que se deroga la Directiva 2014/94/UE)y, con el principio de fomento de los medios de transporte de menos coste medio ambiental y energético (Capítulo III del Título III) establecido en la LES.

50. Véase art. 14.3 de la Ley 7/2021, de 20 de mayo, de cambio climático y transición energética.

51. Véase art. 3.1 del Real Decreto 1052/2022, de 27 de diciembre, por el que se regulan las zonas de bajas emisiones.

rritorio, de carácter continuo, y en el que se aplican restricciones de acceso, circulación y estacionamiento de vehículos para mejorar la calidad del aire y mitigar las emisiones de gases de efecto invernadero, conforme a la clasificación de los vehículos por su nivel de emisiones de acuerdo con lo establecido en el Reglamento General de Vehículos vigente". Estos, a su vez deben ser coherentes con los correspondientes planes relativos a la calidad del aire a escala local. Lo anterior, enlaza con el contenido del art. 25.2.b) de la LBRL que reconoce a los municipios la competencia en materia de medio ambiente urbano, en específico, sobre la contaminación acústica lumínica y atmosférica de las zonas urbanas. En este sentido, el art. 16.4 de la Ley 34/2007, de 15 de noviembre, de calidad del aire y protección de la atmósfera señala, por una parte, la posibilidad de elaboración de planes y programas para la protección de la atmósfera y, por otra parte, la adopción de medidas de restricción total o parcial del tráfico, incluyendo restricción de los vehículos más contaminantes, a ciertas matrículas, a ciertas horas y a ciertas zonas. Así pues, el art. 7. g) del TRLTCSV establece que los municipios tienen la posibilidad de restringir la circulación a determinados vehículos por motivos ambientales. Y es que, como hemos visto antes por mandato legal las ZBE deben incluirse en los PMUS sin perjuicio de que les corresponda a los municipios su posterior delimitación a través de una ordenanza[52].

Dado que la LCCTE no pormenoriza el contenido de las ZBE se aprueba el Real Decreto 1052/2022, de 27 de diciembre, por el que se regulan las zonas de bajas emisiones, por el que se establecen requisitos mínimos. El cual establece en el Apartado A del Anexo I los contenidos mínimos ZBE aplicables a los proyectos, sin perjuicio de su posterior delimitación y regulación por las Entidades Locales en su normativa, aunque también define algunos contenidos complementarios de carácter potestativo en el Apartado B del Anexo I. Los proyectos deberán establecer y recoger objetivos cuantificables principales y medidas asociadas al cumplimiento de estos objetivos. Los primeros son obligatorios y estarán encaminados a la mejora de la calidad del aire y a mitigar el cambio climático[53], y los segundos, que promuevan le cumplimiento de los objetivos de calidad acústica, el impulso del cambio modal hacia modos de transporte más sostenible y a la promoción de eficiencia energética en el uso de medios de transporte[54]. Las ZBE deben estar bien delimitadas siendo adecuadas y suficientes para cumplir con los objetivos antes señalados, deberán impulsar medidas que fomenten y prioricen la movilidad activa y la utilización de medios de transporte público con la finalidad de impulsar el cambio modal a medios de transportes sostenibles, de manera que, incluirán restricciones o incluso prohibiciones de acceso, circulación y estacionamiento de los vehículos más contaminantes[55]. Además, se señala que las Entidades Locales deberán establecer un sistema de

---

52. Véase art. 1.3 del Real Decreto 1052/2022, de 27 de diciembre.
53. Véase apartados 1 y 3 del art. 3 del Real Decreto 1052/2022, de 27 de diciembre.
54. Véase art. Apartados 2 y 4 del art. 3 del Real Decreto 1052/2022, de 27 de diciembre.
55. Cfr. art. 5 del Real Decreto 1052/2022, de 27 de diciembre.

monitorización y seguimiento basado en indicadores que permitan evaluar la eficacia de las medidas que se adopten y que permitan cumplir con los objetivos principales de las ZBE, en al contexto y problemáticas específicas. Los indicadores de medición se recogen en el Anexo II[56] aunque se abre la posibilidad de utilizar "otros equivalentes", de cualquier modo, se deben incluir como mínimo los relacionados con la concentración de dióxido de nitrógeno, el reparto modal de uso del automóvil particular y el porcentaje de vehículos cero emisiones con respecto al total de la flota de vehículos privados, de transporte de mercancías y colectivo[57].

Dado que el Real Decreto 1052/2022, de 27 de diciembre es una norma de mínimos en cuanto a la fijación de objetivos, su delimitación, la implementación del sistema de indicadores y las medidas de restricción de las ZBE, por lo que *"puede haber diferencias significativas de unas administraciones a otras"*[58] pues no establece un sistema homogéneo precisamente por la necesidad de adaptación específica de las Entidades Locales, las que luego en el caso de los municipios plasmarán en ordenanzas municipales, *"En tanto que algunos municipios irán a mínimos, otros serán más ambiciosos"*[59]. Sin embargo, la Federación Española de Municipios y Provincias ha realizado una ordenanza tipo con la finalidad de auxiliar a las corporaciones locales en su elaboración[60]. De acuerdo con las cifras publicadas en el Ministerio para la Transición Ecológica y el Reto Demográfico actualmente hay 56 ZBE, 93 en trámite y 20 pendientes[61].

También se establece la exigencia procedimental de someter los proyectos de ZBE al trámite de información pública con una duración de al menos de treinta días[62]. Poniendo en conocimiento a los ciudadanos a través de un anuncio en la web institucional o por cualquier otro medio previsto en la Ley 27/2006, de 18 de julio, por la que se regulan los derechos de acceso a la información, de participación pública y de acceso a la justicia en materia de medio ambiente[63]. Al hilo de esto es importante señalar que, en la actualidad hay varias sen-

---

56. Divididos en cuatro categorías distintas: de cambio climático, ruido, calidad del aire asociados al tráfico rodado y eficiencia energética
57. Cfr. art. 12.3 del Real Decreto 1052/2022, de 27 de diciembre.
58. CASADO CASADO, L. (2023): "Gobiernos locales y protección del medio ambiente en España. La protección de la calidad del aire como uno de los principales desafíos de las ciudades". *Revista de Direito Econômico e Socioambiental,* Curitiba, v. 14, n.º 1, p. 51. DOI: https://doi.org/10.7213/revdireconsoc.v14i1.30797
59. Ibid.
60. Véase Federación Española de Municipios y Provincias (2013): "Ordenanza Tipo de la FEMP sobre las Zonas de Bajas Emisiones" [30-06-2025]. Disponible en web: http://femp.femp.es/files/566-3294-archivo/20230201%20OT%20ZBE%20%20(Marzo%2023).pdf
61. Véase Página web del Ministerio [8-07-2025]. Disponible en web: https://www.miteco.gob.es/es/calidad-y-evaluacion-ambiental/temas/movilidad/zonas_de_bajas_emisiones_en_espana.html
62. En consonancia con lo establecido el art. 49 de la LBRL y en el art. 133 de la LPAC.
63. Véase art. 11 del Real Decreto 1052/2022, de 27 de diciembre.

tencias por las que se anulan algunas ordenanzas en las que se establecen ZBE por deficiencias en esta exigencia procedimental[64].

4. EL SURGIMIENTO DE NUEVAS FORMAS DE MOVILIDAD: *CARSHARING* Y VEHÍCULOS DE MOVILIDAD PERSONAL

La movilidad compartida surge como alternativa al vehículo privado, su reciente auge viene motivado por la idea de mejorar la sostenibilidad en las ciudades y, asociada a energías limpias y ambientalmente más amables[65], de forma que, complementan a los medios de transporte tradicionales, especialmente, en los tramos de "última milla". Normalmente se consideran vehículos de movilidad compartida a los automóviles, motocicletas, bicicletas de pedaleo asistido[66] y vehículos de movilidad personal que se ponen a disposición de los usuarios en entornos urbanos para su utilización a cambio de una prestación dineraria ya sea por la propia utilización del vehículo o por la compartición del viaje[67]. Y es que, el modelo *"sharing"* es *"tendencialmente eficiente económica y ambientalmente"*[68].

---

64. En este sentido el F.D. 6 de la SSTJ Justicia de Castilla y León de Burgos 99/2025, de 16 mayo 2025 (ECLI:ES:TSJCL:2025:1779) y F.D. 6 de la STJ de Madrid 463/2023 de 24 de septiembre de 2023 (ECLI:
ES:TSJM:2023:10067).
65. Ya que tienen la *"capacidad de reducir el consumo de energía y las emisiones por viajero y kilómetro recorrido. Además, pueden facilitar el avance hacia la movilidad electrificada en ciudad y contribuyen a reducir la congestión y la ocupación del suelo público destinado a aparcamiento"*, véase Ministerio de Transportes, Movilidad y Agenda Urbana (2021:50).
66. Tradicionalmente, los desplazamientos a pie y en bicicleta son considerados formas de "movilidad activa" pues supone en su práctica supone beneficios a la salud y con menor impacto ambiental, es por ello que ambos se sitúan en la cúspide de la pirámide de movilidad urbana de viajeros, cfr. Ministerio de Transportes, Movilidad y Agenda Urbana (2021:51). En este sentido el Proyecto de Ley de Movilidad Sostenible la define como: *"desplazamiento de las personas en medios no motorizados o utilizando la actividad física humana, como caminar o desplazarse en bicicleta o ciclo"*, véase art. 2.1.k) del Proyecto de Ley de Movilidad Sostenible.
67. En consonancia con la definición de "servicio de movilidad compartida" prevista en el art. 5.h) de la Ley 11/2023, de 9 de noviembre, de movilidad sostenible de Euskadi, en la que se entiende como tal a los *"servicios consistentes en la puesta a disposición de las personas usuarias de vehículos para su alquiler sin conductor o conductora por periodos de tiempo normalmente cortos. Se incluye en esta categoría el préstamo o uso temporal de coches, motos, bicicletas, patinetes u otros vehículos de movilidad personal"*. El Proyecto de Ley de Movilidad Sostenible también define los servicios de movilidad compartida como aquellos *"consistentes en la puesta a disposición de las personas usuarias de vehículos para su alquiler sin el conductor o la conductora por periodos de tiempo normalmente cortos. Se incluyen en esta categoría entre otros, el 'carsharing', 'motosharing', bicicleta compartida, patinetes u otros vehículos de movilidad personal"*, cfr. art. 2.1.s).
68. BOIX PALOP, A. (2019): "Los desafíos internacionales de la regulación de la movilidad urbana y la nueva agenda urbana", en FORTES MARTÍN, A. (Dir.), *Movilidad urbana sostenible y acción administrativa. Perspectiva social, estrategias jurídicas y políticas públicas de movilidad en el medio urbano*, Thomson Reuters Aranzadi, p. 102.

Como adelanta el título de este epígrafe este apartado solo se centrará en dos vehículos de este tipo de modelo: el *"carsharing"* y los vehículos de movilidad personal (en adelante VMP). Los cuales también se integran a la denominada "micromovilidad", entendida como una forma de movilidad en las ciudades que *"apuesta por el empleo de medios de locomoción 'micros', responsables desde el punto de vista ambiental y muy eficientes en estrictos términos de demanda energética"*[69]. Esta expresión también se suele utilizar *"para denominar conjuntamente algunos ciclos (ya sean mecánicos o con pedaleo asistido por un motor eléctrico) y patinetes y otros vehículos o aparatos ligeros, impulsados por un motor eléctrico, y pensados primordialmente para la movilidad individual"*[70].

4.1. *Carsharing* o vehículos de uso compartido y multiusuario

El *"carsharing"* o vehículos de uso compartido o temporal[71] tal y como señala su nombre *"consiste en compartir el instrumento que permite el desplazamiento, en especial el automóvil (carsharing), que es utilizado por varios usuarios de forma sucesiva (vehículo multiusuario)"*[72]. La sostenibilidad de estos vehículos incide en la utilización de energías más limpias y menos contaminantes, además, favorecen los desplazamientos desde zonas urbanas a interurbanas y, al revés, normalmente cuando no hay otra forma de transporte público durante el trayecto de inicio a fin. Así pues, estaríamos ante la evolución del "alquiler

---

69. FORTES MARTÍN, A. (2021:35). Algunas ordenanzas los denominan: Vehículos de uso compartido sin base fija, por ejemplo, la Ordenanza de movilidad y tráfico, de 17 de febrero de 2022, del Ayuntamiento de Pozuelo de Alarcón (-art. 33- BOCM N.º 51 de 1 de marzo de 2022); la Ordenanza municipal de movilidad y tráfico, de 3 octubre 2024, del Ayuntamiento de Galapagar (-art. 29- BOCM N.º264 de 5 de noviembre de 2024); la Ordenanza municipal de movilidad y tráfico, de 4 de junio de 2024, del Ayuntamiento de Ciempozuelos (-art. 33- BOCM N.º 144 de 18 de junio de 2024); entre otras.

70. ANAYA-BOIG, E. (2022): "La micromovilidad como forma de transporte". *Oikonomics. Revista de economía y sociedad,* núm. 18, p. 2.

71. Denominación realizada por la Fundación del Español Urgente como alternativa al anglicismo "carsharing", véase FUNDÉU (2013): "Préstamo o uso temporal de vehículos alternativas a car sharing" [8-07-2025]. Disponible en web: https://www.fundeu.es/recomendacion/prestamo-o-uso-temporal-de-vehiculos-alternativas-a-car-sharing/

72. CARBONELL PORRAS, E. (2018): "Servicios de movilidad colaborativa: modalidades y diferencias de régimen jurídico", *Anuario aragonés del gobierno local,* n. 10, p. 279. Además, la profesora CARBONELL PORRAS en este trabajo dentro del *carsharing* hace una diferenciación de acuerdo con el propietario del vehículo, si el propietario de la flota de vehículos es una empresa estaremos ante *carsharing business-to-consumer, B2C,* si por el contrario el vehículo es de un particular estaremos ante *carsharing peer to peer, P2P.* A estas dos categorías se le sumaría la de "coche de barrio" por la cual las plataformas ponen en contacto a vecinos para comprar y compartir un vehículo. En los dos primeros modelos se utilizan y diseñan plataformas móviles para poner en contacto a los usuarios con los dueños del vehículo, aunque el primero de estos es el que se utiliza mayormente en la actualidad.

de vehículos sin conductor"[73] por la implementación de medios digitales para su contratación[74]:

> *"Se trata de un servicio que permite alquilar coches por cortos períodos de tiempo, que pueden variar entre una hora y varios días (para realizar un trayecto, ir de compras, hacer una excursión, etc.). Esta iniciativa surge con el propósito de optimizar el uso de los vehículos, de manera que éstos no permanezcan tanto tiempo aparcados y que sus propietarios puedan adquirir un beneficio cuando no los necesitan. El uso de las plataformas de carsharing es cómodo y sencillo: los usuarios de dichas plataformas (generalmente a través del móvil) alquilan un coche por minutos u horas. Dichos vehículos van a estar distribuidos por toda la ciudad, de modo que en cualquier momento el usuario va a tener la opción de acceder al vehículo, viendo satisfechas sus necesidades de movilidad cuando lo necesite"[75].*

Los principales problemas que les suponen a las Entidades Locales relacionados con los vehículos compartidos[76] orbitan alrededor del uso del espacio público y su aparcamiento. Para mitigar estos problemas y ofrecer seguridad jurídica, algunos Ayuntamientos ha incorporado en sus ordenanzas en ejercicio de sus competencias en materia de circulación el establecimiento de una "autorización demanial temporal", generalmente previa licitación pública[77]. Además, este tipo de vehículos deberán estar identificados con la señal V-26 contenida en

---

73.   En este sentido la Dirección General de Tráfico los define como: "*la actividad empresarial de arrendamiento de vehículos sin conductor desarrollada por aquellas empresas con una flota de vehículos en propiedad, leasing o renting que, estando dadas de alta en el Impuesto de Actividades Económicas (IAE), comercializan sus servicios a través de una plataforma tecnológica que permite contratar y acceder al servicio contratado de forma totalmente autónoma, en cualquier momento (24x7), con un precio determinado por la duración y/o la distancia del arrendamiento, en fracciones desde minutos, horas o kilómetros, con monitorización en tiempo real de la ubicación y de la duración del arrendamiento, bajo una tarifa global que incluye todos los aspectos del servicio*", véase DGT(2020): "Instrucción 20/V-140", p. 2 [8-07-2025]. Disponible en web: https://www.dgt.es/export/sites/web-DGT/.galleries/downloads/muevete-con-seguridad/normas-de-trafico/VEH-vehiculos/Instruccion_20_V_140.pdf

74.   Conforme a lo establecido en el art. 133 Ley 16/1987, de 30 de julio, de Ordenación de los Transportes Terrestres.

75.   SUÁREZ SEDANO, A. (2024): *Análisis jurídico del fenómeno de la economía colaborativa: especial referencia al sector asegurador*, Reus, p. 140.

76.   Este tipo de vehículos puede tener o no base fija, por lo que la DGT los clasifica en dos: los de "estacionamiento dedicado (Station-based)", esto es, "*los vehículos se recogen y se devuelven en determinados estacionamientos específicos dedicados*" y, en los de "estacionamiento libre (Free-Floating)", es decir, "*los vehículos se recogen y se devuelven en cualquier estacionamiento libre, dentro del área de operación del servicio de carsharing*", véase DGT (2020:3).

77.   En este sentido la D.T. de la Ordenanza municipal reguladora de circulación de peatones, bicicletas y vehículos de movilidad personal, de 16 de septiembre de 2021, del Ayuntamiento de Mairena del Aljarafe establece una autorización demanial temporal conforme al art. 23; art. 33.2 de la Ordenanza de movilidad y tráfico, de 17 de febrero de 2022, del Ayuntamiento de Pozuelo de Alarcón; D.T y art. 39 de la Ordenanza municipal sobre el uso de todo tipo de vehículos de movilidad personal, de 21 de mayo de 2024, del Ayuntamiento de Utrera; art. 29.2 de la Ordenanza municipal de mo-

el Anexo XI del Real Decreto 2822/1998, de 23 de diciembre, por el que se aprueba el Reglamento General de Vehículos (en adelante Reglamento General de Vehículos), la cual deberá de colocarse "preferentemente en el ángulo superior izquierdo" y estar registrados en el Registro de Vehículos[78].

4.2. Los Vehículos de Movilidad Personal

Los vehículos de movilidad personal (en adelante VMP) emergen también como una opción al vehículo privado y a otros medios de transporte en las ciudades, sobre todo para realizar trayectos cortos, por lo que pueden considerarse de *"primera y última milla"*[79]. Se consideran VMP a aquellos vehículos *"de una o más ruedas dotado de una única plaza y propulsado exclusivamente por motores eléctricos que pueden proporcionar al vehículo una velocidad máxima por diseño comprendida entre 6 y 25 km/b"*. Los cuales solamente *"pueden estar equipados con un asiento o sillín si están dotados de sistema de autoequilibrado"*[80]. Por lo que, en principio pueden considerarse como VMP a los patinetes eléctri-

---

vilidad y tráfico, de 3 octubre 2024, del Ayuntamiento de Galapagar; art. 33 de la Ordenanza municipal de movilidad y tráfico, de 4 de junio de 2024, del Ayuntamiento de Ciempozuelos; entre otras.

78. Numeral 4 de la Instrucción 20/V-140 de la DGT.

79. En este sentido véase VESTRI, G. (2020:558). En este mismo sentido, véase FORTES MARTÍN, A. (2021:35).

80. Anexo II.A del Reglamento General de Vehículos. Además, también se excluyen de esta definición *"los Vehículos sin sistema de autoequilibrado y con sillín, los vehículos concebidos para competición, los vehículos para personas con movilidad reducida y los vehículos con una tensión de trabajo mayor a 100 VCC o 240 VAC, así como aquellos incluidos dentro del ámbito del Reglamento (UE) n.° 168/2013 del Parlamento Europeo y del Consejo, de 15 de enero de 2013"*. Esta definición también se inserta en la Sección 1 del Anexo Manual de características de los vehículos de movilidad personal de la Resolución de 12 de enero de 2022, de la Dirección General de Tráfico, por la que se aprueba el Manual de características de los vehículos de movilidad personal. Algunas ordenanzas municipales también los definen en consonancia con lo establecido en el Reglamento General de Vehículos: la Ordenanza de movilidad del Ayuntamiento de Murcia (-art. 47- BORM nº95 de 25 de abril de 2024); la Ordenanza de los usos, tráfico, circulación y seguridad de las vías públicas de carácter urbano del Ayuntamiento de Vitoria-Gasteiz (-art. 24 bis 3- BOTHÁ nº 49 de 3 de mayo de 2024); Texto refundido de la Ordenanza Municipal de circulación del Ayuntamiento de Albacete (-art. 46- BOPA nº 33 de 18 de marzo de 2022); la Ordenanza Municipal regulado las condiciones de circulación de los vehículos de movilidad personal, en las vías urbanas de la Ciudad de Alicante (-art. 1- BOPA nº 146 de 4 de agosto de 2020); la Ordenanza de movilidad sostenible del concejo de Gijón/Xixón (-art. 49- BOPA nº 103 de 31 de mayo de 2021); la Ordenanza reguladora de la movilidad ciclista de movilidad personal del Ayuntamiento de Ciudad Real (-art. 30-BOP Ciudad Real nº 213 de 5 de novimbre de 2020); la Ordenanza Integral de Movilidad Sostenible de Granada (-art. 60- BOG nº 86 de 9 de mayo de 2025); la Ordenanza de Circulación de la Ciudad de Sevilla (-art. 51 bis- BOPS nº 2016 de 16 de septiembre de 2020); entre otras. Aunque también hay ordenanzas que prefieren remitirse a lo establecido por la DGT, como, por ejemplo, la Ordenanza de Movilidad Urbana de Zaragoza (-art. 55-BOPZ nº 192 de 21 de agosto de 2024) y la Ordenanza municipal reguladora del uso de los vehículos movilidad personal (VMP) en el municipio de Calvià (art. 4 de BOIB nº 32 de 6 de marzo de 2021).

cos, con lo cual deben respetar tanto la normativa en materia de circulación como lo previsto en las ordenanzas municipales[81].

De forma transitoria ante una dispar regulación de estos vehículos la Dirección General de Tráfico (en adelante DGT) se vio obligada a emitir una instrucción en 2019 (Instrucción 2019/S-149 TV-108) con el objetivo de realizar aclaraciones técnicas y criterios sobre la adecuación a la normativa de tráfico vigente aplicable a los vehículos de movilidad personal[82]. En la actualidad, el marco jurídico aplicable a los VMP está constituido por el TRLTCSV, el Real Decreto 1428/2003, de 21 de noviembre, por el que se aprueba el Reglamento General de Circulación para la aplicación y desarrollo del texto articulado de la Ley sobre tráfico, circulación de vehículos a motor y seguridad vial, aprobado por el Real Decreto Legislativo 339/1990, de 2 de marzo (en adelante Reglamento General de Circulación), Reglamento General de Vehículos y, por la Resolución de 12 de enero de 2022, de la DGT, por la que se aprueba el Manual de características de los vehículos de movilidad personal.

Entre el articulado del marco jurídico se establecen una serie de especificaciones técnicas para estos vehículos y obligaciones para sus conductores entre las que destacan: la obtención de un certificado que garantice de los requerimientos técnicos exigidos para poder circular[83]; la prohibición de circular en travesías, vías interurbanas, autopistas, autovías y aceras, salvo que la normativa reglamentaria fije excepciones[84]; la utilización de casco de protección de acuerdo con las previsiones reglamentarias (está aún pendiente de desarrollo)[85]. Además, la velocidad que podrán alcanzar se sitúa entre los 6 y los 25km/h. En relación al certificado de circulación el responsable para obtenerlo podrá ser el fabricante o el representante autorizado. Al hilo de esto, los vehículos comercializados podrán circular aunque no dispongan de certificado hasta el 22 de enero

---

81. En ejercicio de sus competencias en materia de circulación reconocidas en el TRLTCSV y en el art. 25.2.g) de la LBRL, por lo que se centran principalmente en aspectos sobre la circulación y estacionamiento de este tipo de vehículos en su s territorios.

82. Dirección General de Tráfico (2019): "Instrucción 2019/S-149 TV-108" [13-07-2025]. Disponible en web: https://www.dgt.es/muevete-con-seguridad/conoce-las-normas-de-trafico/normativa-para-sanciones-y-multas/index.html?category=instrucciones

83. Cfr. arts. 3.k y 22 bis del Real Decreto 2822/1998, de 23 de diciembre, por el que se aprueba el Reglamento General de Vehículos.

84. Véase art. 25.5 del TRLTCSV. Por su parte, el art. 38.4 del Reglamento General de Circulación señala la prohibición de circular con estos vehículos por túneles urbanos.

85. Véase art. 47 del TRLTCSV y Oficio de 7 de junio de 2022 de la DGT en la que se señala que: "Habida cuenta de que hasta la fecha no ha sido modificado el Reglamento General de Circulación desarrollando esta previsión legal, el conductor de un vehículo de movilidad personal no está obligado a utilizar el casco de protección en ningún caso, tanto si circula por municipios que han regulado este aspecto mediante ordenanza municipal, como si lo hacen por aquellos que no lo hayan hecho", véase DGT (2022): "USO CASCO EN VMP" [13-07-2025]. Disponible en web: https://fevemp.es/wp-content/uploads/2023/11/20220607-Instruccion-Tecnica-sobre-uso-del-casco.-Oficio-DGT-2022-06-07-USO-OBLIGATORIO-CASCO-CONDUCTORES-VMP-VEHICULOS-DE-MOVILIDAD.pdf

de 2027 pero a partir de esa fecha será necesario[86], además, los que se han comercializado desde el 22 de enero de 2024 deben estar certificados. En este sentido la DGT ha publicado una lista en la que se detallan hasta la fecha las marcas y modelos certificados tanto de VPN para transporte personal como para VPN para transporte de mercancías y otros servicios, así como los laboratorios certificados de VPN[87].

REFLEXIONES FINALES

Parece innegable la importancia actual que supone la movilidad en las ciudades ya que, en condiciones óptimas permite a los ciudadanos acceder a distintos servicios públicos, actividades sociales, así como el ejercicio de otros derechos constitucionales asociados a esta como, por ejemplo, el derecho a la libre circulación (art. 19 CE), el derecho a la protección de la salud (art. 43 CE) y el derecho a disfrutar de un medio ambiente adecuado (art. 45).

La movilidad urbana sostenible debe atender a las necesidades específicas de las personas que habitan en las ciudades, los municipios llamados a convertirse en protagonistas en este escenario deben promover y asegurase que los ciudadanos cuenten con diversas formas de movilidad energética y ambientalmente más eficientes, en las que se integren soluciones basadas en el transporte público y la inclusión de las nuevas formas de movilidad compartida, basado en un modelo multimodal. Además, se deben permitir la participación de los ciudadanos en la elaboración de planes y ordenanzas que afecten este ámbito.

En relación con el actual marco jurídico aplicable a los vehículos de movilidad personal, ha de reconocerse el loable esfuerzo de los Municipios en la elaboración de ordenanzas en su ámbito territorial. Sin embargo, en la mayoría de estas se han dejado en el tintero cuestiones importantes que podrían haberse incluido como el establecimiento de una edad mínima para su conducción o la obligatoriedad de un seguro de responsabilidad civil (ante esta deficiencia se ha establecido el seguro obligatorio de responsabilidad civil para vehículos personales ligeros, de acuerdo con la Disposición adicional primera de la Ley 5/2025, de 24 de julio, por la que se modifican el texto refundido de la Ley sobre responsabilidad civil y seguro en la circulación e vehículos de motor, aprobado por el Real Decreto Legislativo 8/2004, de 29 de octubre y la Ley 20/2015, e 14 de julio, de ordenación, supervisión y solvencia de las entidades aseguradoras reaseguradoras). Igualmente, no conviene perder de vista que es necesario una adecuada planificación del espacio urbano, especialmente en relación con la

---

86. Véase DGT(2024): Certificación de VMP [13-07-2025]. Disponible en web: https://www.dgt.es/nuestros-servicios/para-colaboradores-y-empresas/vehiculos-de-movilidad-personal-vmp/certificaciones/

87. DGT (2025): "Vehículos de Movilidad Personal (VMP)" [13-07-2025]. Disponible en web: https://www.dgt.es/nuestros-servicios/tu-vehiculo/vehiculos-de-movilidad-personal-vmp/

compartición de aceras con peatones, personas con movilidad reducida y bicicletas, de forma que es necesaria una ponderación entre la seguridad de las personas y la necesidad real de la compartición con este tipo de vehículos, siempre teniendo en cuenta las cifras de siniestralidad.

REFERENCIAS BIBLIOGRÁFICAS

ANAYA-BOIG, E. (2022): "La micromovilidad como forma de transporte". *Oikonomics. Revista de economía y sociedad,* núm. 18, pp.10.

ARNÁEZ ARCE, V.M. (2011): "La planificación como instrumento al servicio de los principios de actuación de las Administraciones Públicas", *Jado: Boletín de la Academia Vasca de Derecho,* núm. 22, pp. 37-54.

BOIX PALOP, A. (2019): "Los desafíos internacionales de la regulación de la movilidad urbana y la nueva agenda urbana", en FORTES MARTÍN, A. (Dir.), *Movilidad urbana sostenible y acción administrativa. Perspectiva social, estrategias jurídicas y políticas públicas de movilidad en el medio urbano,* Thomson Reuters Aranzadi, pp. 77-124.

CANO CAMPOS, T. (2009): "El transporte público urbano y su regulación jurídica", en CARBONELL PORRAS, E. y CANO CAMPOS, T. (Dir.), *Derecho Público del Transporte en la Ciudad: renovación y nuevas perspectivas de la movilidad urbana.* Servicio de Publicaciones de la Facultad de Derecho de la Universidad Complutense de Madrid, pp. 391-447.

CARBONELL PORRAS, E. (2018): "Servicios de movilidad colaborativa: modalidades y diferencias de régimen jurídico", *Anuario aragonés del gobierno local*, n. 10, pp. 273-320.

CASADO CASADO, L. (2023): "Gobiernos locales y protección del medio ambiente en España. La protección de la calidad del aire como uno de los principales desafíos de las ciudades". *Revista de Direito Econômico e Socioambiental,* Curitiba, v. 14, n. 1, pp. 1-72. DOI: https://doi.org/10.7213/revdireconsoc.v14i1.30797

FORTES MARTÍN, A. (2021): *Los desplazamientos sostenibles en el Derecho a la ciudad.* Iustel.

GIFREU FONT, J. (2020): "Derecho a la ciudad ¿un sumatorio de derechos ciudadinos o un derecho independiente?", en BARRERO RODRÍGUEZ, C. y SOCÍAS CAMACHO, J. M. (Coord.), *La Ciudad del siglo XXI: Transformaciones y retos: actas del XV Congreso de la Asociación Española de Derecho Administrativo",* INAP, Madrid, pp. 29-58.

GUTIÉRREZ, A. (2012): ¿Qué es la movilidad? Elementos para reconstruir las definiciones básicas del campo del transporte, *Revista Bitácora Urbano Territorial*, vil. 21, núm. 2, p. 65.

MARTÍN REBOLLO, L. (2023): *Manual de Derecho Administrativo y guía para el estudio de las Leyes Administrativas.* Aranzadi.

MOREU CARBONELL, E. (2014): "Reflexiones sobre el papel del Derecho para la movilidad sostenible", en BOIX PALOP, A. y MARZAL RAGA, R. (Coord.),

Ciudad y movilidad, la regulación de la movilidad urbana sostenible. Universidad de Valencia, pp. 79-90.

SUÁREZ SEDANO, A. (2024): *Análisis jurídico del fenómeno de la economía colaborativa: especial referencia al sector asegurador*, Reus.

TERRÉS VIVES, M. (2021): "Hacia una movilidad urbana sostenible, inteligente e inclusiva", en ESTEVE PARDO, J. (Coord.), *La Agenda 2030 implicaciones y retos para las administraciones locales*. Fundación Democracia y Gobierno Local, claves 32, pp. 121-170.

TOLIVAR ALAS, LEOPOLDO (2016): "Urbanismo compacto y movilidad", *Revista Jurídica de Castilla y León*, núm. 39, pp. 80. Disponible en web: https://www.jcyl.es/web/jcyl/AdministracionPublica/es/Plantilla100Detalle/1131978346397/_/1284557112627/Redaccion

TOLIVAR ALAS, L. (2020): "Gobierno de y desde la ciudad", en BARRERO RODRÍGUEZ, C. y SOCÍAS CAMACHO, J. M. (Coord.), *La Ciudad del siglo XXI: Transformaciones y retos: actas del XV Congreso de la Asociación Española de Derecho Administrativo"*, INAP, Madrid, pp. 59- 83.

VESTRI, G. (2020): "Los vehículos de movilidad urbana personal como respuesta medioambiental en la estrategia de movilidad urbana sostenible", en Barrero Rodríguez, C. y Socías Camacho, J. M. (Coord.), *La ciudad del siglo XXI. Transformaciones y retos: actas del XV Congreso de la Asociación Española de Derecho Administrativo*, INAP, Madrid, pp. 575-585.